JN295418

ファミリービジネス

知られざる実力と可能性

後藤俊夫 [編著]

東京　白桃書房　神田

はしがき

「ファミリービジネスは日本の経済を支える主役である」といえば多くの読者は驚くかもしれないが，まさしく事実であり，海外諸国では常識である。アメリカ・ヨーロッパ諸国をはじめとする世界の経済と産業はファミリービジネスが支えている。本書を執筆した動機は，この事実を皆さんにお伝えし，ファミリービジネスに対する理解を深め，誇りをもって欲しいという強い想いである。

中でも特に，次のような悩みあるいは疑問をもっている学生ならびに社会人の方々に，ぜひ本書を読んで励みにしていただければ幸いである。
・実家の家業を継ぐべきか悩んでいる
・就職活動がうまく進まず困っている
・ファミリービジネスでの生活に誇りがもてない

ファミリービジネス研究は海外諸国では1950年代から盛んになり，今後の発展が大きく期待される分野であるが，国内では21世紀に入ってようやく注目されはじめている。また，欧米を含む海外ではファミリービジネス関係者が自らに誇りをもっているのに対し，日本では世論におけるイメージもよいとはいえず，海外諸国との温度差が大きいという珍しい分野である。

本書は，そうした状況をふまえて，多くの皆様への福音書となることを目指して，ファミリービジネスについて体系的にまとめた恐らく国内最初の書籍である。その特徴としては，次の5点に配慮した。

① ファミリービジネスの全体を，図表をまじえてわかりやすく解説し，学生だけでなく社会人にも読みやすくした
② 各章の最後に，演習課題を掲げ，理解度を確認できるよう配慮した
③ ケーススタディを合計7件収録し，実例に照らし合わせて理解を深めることができるようにした
④ 海外の最新理論，確立された古典的理論の双方を反映した
⑤ 理論の解説も加え，意欲的な学部生と特に大学院生の研究に配慮した

構成

　本書は，全体を基礎編および応用編に分け，基礎編（第1章～第2章）ではファミリービジネスの基本を理解し，応用編（第3章～第8章）ではファミリービジネスが直面する課題と対応を習得できるよう構成した。各章のテキスト分量は必要最小限に抑える一方，章末には演習課題，ケーススタディを配した。なお，応用編に入る前に補章で代表的な理論を解説している。

　ケーススタディ（第2章～第5章）については，『フジサンケイ ビジネスアイ』での連載（2006.9～2007.3）を基本として加筆・修正を加えて収録したものである。

　演習課題はテキストを熟読すれば回答できる初級レベルと実務に即した中級レベルの両方を並置してある。ケーススタディは各章の内容に即した実例であり，テキストと併せて読むことで理解を深められるようにしてある。

　第1章では，まずファミリービジネスの定義，経済産業に占める比重，国際比較を解説する。また強みと弱み，主な研究テーマを示し，ファミリービジネスを学ぶ意義を明らかにする。

　第2章では，ファミリービジネスの特徴として，業績優位性と長寿性にふれた後，ビジネスとファミリーなどの関係を3円モデルで説明する。そして，所有と経営の一致，特有の経営資源，受託責任について最新の理論からわかりやすく説明する。

　第3章では，ファミリービジネスの成長と発展を段階別に解説する。まずライフサイクルに沿った発展モデルを示した後，過渡期の問題点を述べる。またファミリービジネスの重要な検討項目である創業家以外の経営者の登用と株式公開（IPO）にふれ，事業売却などにも言及する。

　第4章では，ファミリービジネスの経営戦略について述べる。ここでは，まずプロセスに沿って，経営戦略の特徴を概観し，一般の企業に見られないビジョンと企業目的を述べた後，イノベーション，ブランド戦略など長期にわたる持続的成長に欠かせない課題対応についてふれる。

　第5章では，ファミリービジネスの承継という実務的にも最も重要なテーマを取り上げる。事業承継を構成する要素として，承継プロセスを説明した

後，関係者の役割と課題，関係者相互の関係性について，課題と対応策を説明する。さらに，資産の承継にかかわる諸課題と対応を明らかにする。

第6章は，ファミリービジネスのガバナンスがテーマである。ファミリービジネスの特徴として，コーポレートガバナンスとともにファミリーガバナンスが重要であり，所有と経営，ガバナンスの仕組みと運営について解説する。また，ライフサイクルと世代間対立および創業家以外の経営陣の位置づけを明らかにする。

第7章では，まずファミリービジネスに特徴的な価値観を明らかにする。非経済的業績は経済的業績とならんで重視され，それが一般企業と大きく異なる特徴となっている。中でも倫理志向，社会的責任の重視，さらに地域社会志向について特徴を述べる。

第8章では，ファミリービジネスの文化とグローバル化について重点的に説明する。まず，ファミリービジネスの異文化経営にかかわる国民文化，ファミリー文化，および企業文化の3要素の存在を指摘する。次に，ファミリービジネスのグローバル化に関して解説する。

読者対象

本書は3種類の読者を想定している。第1に，大学で用いるテキストとして，学部生および大学院生を対象としている。第2に，ファミリービジネスの当事者として，家業を承継している方々ないし今後の承継を予定している方々を想定している。本書が将来について悩む方々への福音書となれば本望である。第3に，広くファミリービジネスに関心をもつ一般の読者にも読みやすいように執筆した。

活用方法

本書を大学のテキストとして使用する場合は，半期あるいは通年で完了することを想定している。通年の場合は，1章を4回の講義で深く学習させることができる。その場合，講義は2回とし，残りの2回でケーススタディお

よび演習課題を取り扱えば，理解を深め，関心を高める効果が大きい。半期の場合は，1章を2回の講義で進めると理解しやすい。ケーススタディは適宜講義で参照するにとどめ，関心のある学生は，演習課題にチャレンジすると効果的である。なお，演習課題は，各章とも基本的に次の構成となっている。設問1～2が基本問題であり，テキスト本文を熟読すれば回答できる内容である。設問3～5が応用問題であり，テキストの内容を企業の実例に応用して考える設問である。「ある1社を想定して」と注記しているように，自社あるいは想定しやすいファミリービジネスを自由に選定して，取り組むとよい。また，設問5は各章末に掲載してある「ケーススタディ」事例を対象とした応用問題である。

　ファミリービジネスにかかわる読者は全体を通して読む方法が一般的であるが，切実なテーマに関する部分から読んでいただいてもかまわない。もし理解しにくい用語があった場合は巻末の索引で，初出のページに示した解説を参照すれば理解を深めることができる。

　一般の読者の場合も同様で，最初から読んでもよいし，関心のある個所から読みはじめてもかまわない。いずれにせよ，全体に目を通していただければ筆者としては嬉しい限りである。

　なお，最近は商工会議所や各種団体で事業承継などファミリービジネスの本質にかかわる問題に対応するためのセミナーや講習会が開催されるケースが増えている。そのような場面では，受講者用のテキストとして，あるいは講師用の参考書として，応用編を中心に効果的な活用が可能である。その際にもケーススタディの活用が理解を深める上で効果的である。

さらに理解を深めるためのアドバイス

　本書の効果を高めるには，常にファミリービジネスの事例を脇に置き，テキスト内容に即して分析するのがよい。ファミリービジネスは受講生の周辺を含めて全国あらゆる場所に存在するので，なるべく実際の場面を想定して，テキストの内容を現実に即して理解すると，関心が高まり，学習効果も期待できる。

はしがき

　これは大学の学部で本書をテキストとして，あるいは社会人のセミナーや講習会で参考書やテキストとして用いる場合，ともに有効な方法である。読者あるいは学生の直接関係するビジネスや事業承継を考える上で，本書は有益なガイドブックであるが，そうした事例をグループで発表すると，一層効果が増すであろう。

　大学院の場合，理論的枠組みの理解が重要となるので，テキスト本文の熟読に加えて，補章の理論の解説をしっかり読みこなす作業が重要となる。特にファミリービジネスをテーマとして修士論文を執筆する場合を想定し，巻末に文献リストを付録として収録してあるので，これらを参照して，主要論文・書籍にあたるとよい。

最後に

　筆者はいずれも実務経験が豊富であり，経営の実践に対する貢献を常に念じている。執筆分担は，第1章～第2章・第3章～第7章・終章が後藤俊夫，補章・第8章が嶋田美奈である。

　筆者達はファミリービジネス研究会を2009年春から毎月開催し，理論研究と実務応用の工夫を重ねてきた。本書の執筆にも，同研究会における議論の成果が反映されていることを記し，メンバー各位に謝意を表したい。

　末尾になるが，本書の企画から編集を通じて，白桃書房には大変お世話になった。特に編集部の藤縄歓子氏の尽力がなければ，短期間に上梓できなかった点を含め，厚くお礼申し上げる。

　ファミリービジネスは国内経済を支える大黒柱であり，その成長と円滑な事業承継は国家レベルの重要テーマである。本書が，その進展に些かでもお役立ちできれば，筆者として最高の喜びである。また，本書の内容に誤りがないよう万全を期したつもりではあるが，不備に対するご指摘，コメントあるいは要望を寄せていただければ幸いである。

2012年3月

後藤俊夫

目　次

はしがき

第1章　ファミリービジネスとは ―― 1
1．定義　2
2．ファミリービジネスが経済に占める比重　4
3．ファミリービジネスの現況　8
4．ファミリービジネスの強みと弱み　12
5．研究対象としてのファミリービジネス　14

第2章　ファミリービジネスの優位性と特徴 ―― 19
1．業績優位性　20
2．長寿性　25
3．ファミリービジネスシステム：3円モデル　30
4．所有と経営の一致：エージェンシー理論の視点　34
5．ファミリービジネス特有の経営資源：資源ベース理論の視点　36
6．受託責任の遂行：スチュワードシップ理論の視点　45

　ケーススタディ　丁子屋　48

補章　ファミリービジネスに関する主な理論 ―― 51

目　次

第3章　ファミリービジネスの成長と発展 —— 63

1．ファミリービジネスの発展段階　64
2．過渡期の問題　68
3．専門的経営　72
4．株式公開　83
5．事業売却・再取得，ターンアラウンド　86
6．円滑な発展：ファミリーの結束と障害の排除　91

ケーススタディ　マルハチ村松　92

第4章　ファミリービジネスの経営戦略 —— 95

1．経営戦略プロセス　96
2．ビジョン，企業目的，企業目標：非経済的業績志向　101
3．起業家精神の持続とイノベーション活動の重要性　107
4．市場志向とブランド戦略の重要性　112
5．持続的成長の実現　117

ケーススタディ　鈴与　124

第5章　ファミリービジネスの承継 —— 127

1．ファミリービジネスにおける承継の特徴　128
2．承継プロセス　129
3．創業者の役割と課題　132
4．後継者の役割と課題　136
5．その他の利害関係者の役割と課題　146
6．利害関係者相互の関係性　149
7．円滑な承継の阻害要因　155
8．資産の承継　157
9．承継計画の策定　162

ケーススタディ　ナベヤ岡本グループ　**170**

第6章　ファミリービジネスのガバナンス ―― 173

　1．ファミリービジネスにおけるガバナンスの重要性とその課題：所有と経営の観点から　**174**
　2．コーポレートガバナンス　**179**
　3．ファミリーガバナンス　**184**
　　ケーススタディ　渋沢栄一家の家法　**192**

第7章　ファミリービジネスの社会的責任 ―― 197

　1．ファミリービジネスの価値観　**198**
　2．ファミリービジネスと「社会の公器」の概念　**204**
　　ケーススタディ　S.C.ジョンソン&サン　**205**

第8章　ファミリービジネスの文化とグローバル化 ―― 209

　1．ファミリービジネスと異文化　**210**
　2．ファミリービジネスのグローバル化　**216**
　　ケーススタディ　銀座梅林　**224**

終章　ファミリービジネスとファミリービジネス研究の将来展望 ―― 227

　1．日本におけるファミリービジネスの将来展望　**228**
　2．ファミリービジネス研究の将来展望　**232**

参考文献
索引

第1章

ファミリービジネスとは

第1章では，冒頭でファミリービジネスの定義を明らかにした上で，経済産業に占める比重とその重要性を指摘する。つづいて，ファミリービジネスの強みと弱みを指摘した後，研究テーマとしてのファミリービジネスの位置づけを示し，ファミリービジネスを学ぶ意義を明らかにする。

1　定義

　身の回りを見わたせば，自動車のトヨタ，ホンダ，スズキ，フォード，フィアット……，あるいはラグジュアリーブランドのエルメス，ルイ・ヴィトンやグッチ，フェラガモ，ZARA……いずれもファミリービジネスであることを知って驚くのではないだろうか。ファミリービジネスの現況や特徴などについては後ほど説明するとして，まずはファミリービジネスとは何か，その定義を見ていこう。

1．定義にかかわる4つの要素

　ファミリービジネスと一口にいっても，統一された1つの定義はまだ存在しない。しかし，「ファミリーの影響力」「ファミリーの経営参画」「複数のファミリーメンバーの関与」「次世代へ承継する意思」の4要素はファミリービジネスの定義にあたって主要な要素であり（図表1-1），これらに着目して定義の詳細な検討が続けられている。それぞれの要素を簡単に説明しよう。

　第1に，ファミリーの影響力とはファミリービジネスの経営に関する重要な意思決定に対するファミリーの影響力を意味する。ファミリーの影響力は，基本的には法的な所有権，株式会社であれば株式所有によって行使される。相対的多数の所有権を確保している場合に，ファミリーの影響力があり，ファミリービジネスであるといえるが，相対的多数の水準をめぐってはまだ統一された見解はない。

　第2に，ファミリーの経営参画とは，取締役会などにおける経営方針の討議・決定への参加を意味する。ファミリーの代表が社長，会長として実権を確保する場合が多いが，取締役会の相対的多数をファミリーメンバーとする方法もある。

　第3に，複数のファミリーメンバーの関与を定義に含める理由は，そうしなければ全ての企業がファミリービジネスに含まれてしまうからである。例えば経営責任者が唯一の株主かつ経営者，つまりオーナー経営者であって他のファミリーメンバーが全く所有・経営に関与していなければ，ファミリー

第1章　ファミリービジネスとは

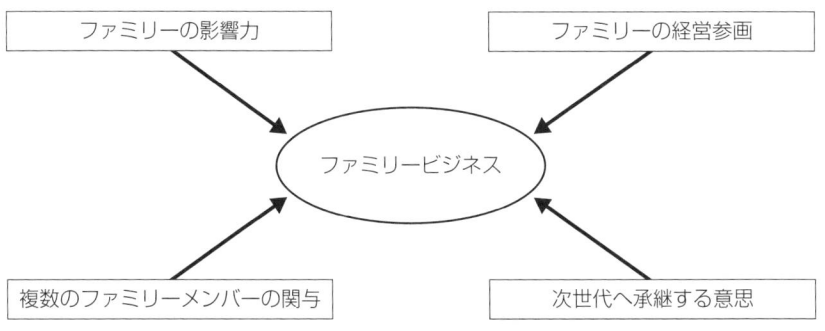

図表1-1　ファミリービジネスの定義を構成する要素

ビジネスとは定義されない。

最後に，次世代へ承継する意思を定義に含む理由は，上記複数メンバーの関与と関連している。つまり，現段階ではファミリー関係者で関与しているのは創業者だけであるが，次世代に承継する意思があれば，ファミリービジネスと定義してよいとするものである。しかし，意思という主観的要素は定義に含めるべきではないと筆者は考える。

2．ファミリービジネスの定義

以上をふまえて，本書ではファミリービジネスを「ファミリーが同一時期あるいは異なった時点において役員または株主のうち2名以上を占める企業」と定義する。「あるいは異なった時点」と付加しているのは，株主経営者が息子などファミリーメンバーに事業承継して，ファミリーの株主と経営者を合わせて1名の事態を想定している。これは典型的ファミリービジネスであるが，複数のファミリーメンバーの関与を「異なった時点」に拡大しておかないとファミリービジネスと定義されず不合理なためである。このように定義すれば，上述した「承継する意思」に言及する必要はない[1]。

1 　代表的な定義として，例えばStochholm School of Economicsが調査に用いた定義と比べてみよう。それは，①3名以上のファミリーメンバーが経営に関与，②2世代以上にわたるファミリーの支配，③次世代のファミリーに経営権を譲渡する意図，の1項目以上を満たすものをファミリービジネスと定義する。しかし，3名以上とする必然性はなく，2世代以上についても同様であり，不十分さが残っている。基本的に定義は単一であることが望ましく，その意味でも適性を欠いている。

ただし，個々のファミリービジネスの実態を見て判断することが肝要である。なお，ファミリービジネスに対置する用語として，本書では「一般企業」を用いる。

3．その他の用語の定義

さて，ファミリービジネスの話をはじめるにあたり，そもそも「ファミリー」とは何かという点を定義しておかなければならないだろう。日本では親族関係の親疎を示す等級を「親等」と呼び，民法では血族で6親等以内，姻族で3親等以内の身内を「親族」と定義している。ファミリービジネスにおけるファミリーの範囲を明確に指定している先行研究は見あたらないが，少なくとも4親等（従兄弟）までは含めるべきと筆者は考える。以降本書では，ファミリーという言葉を用いる際には，4親等まで含めるものとする。

「ファミリー」には創業家以外も含まれるかという問題については，創業家とは関係がなくなっても，新しいファミリーの影響下でビジネスが継続されるので，本書では是とする。ファミリービジネスが長い歴史を経る中で，創業家以外のファミリーが持株を増やし，経営トップの地位を承継して現在に至る事例は海外には多く，日本にも存在する。

また，「ファミリー」には，個人に限らず，その影響下にある法人（関連会社，財団など）も含まれる。

なお，family business と family firm という用語は互換的に用いられる場合が多い。family firm はファミリービジネスという事業運営の主体を意味するのに対し，family business は family firm が経営する事業を意味する場合もある。本書では両者を含めた用語としてファミリービジネスを使用する。

2　ファミリービジネスが経済に占める比重

1．日本におけるファミリービジネスの比重

日本ではあまり知られていない事実であるが，ファミリービジネスは圧倒的多数の国で一国経済に大きな比重を占めている。ファミリービジネスが経済に占める比重は日本でも全く同様に大きい。実態調査は数少ないが，静岡

図表1−2　日本における企業数比率：資本金階級別

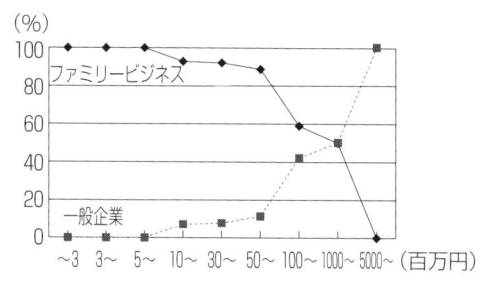

出典：後藤（2006）

県を対象とした調査結果（後藤，2006）[2]によれば，ファミリービジネスは同県に存在する全企業数の96.9％，常用雇用者数の77.4％を占めている（図表1−2）。また，日本の大企業に関しても，ファミリービジネスが上場企業に占める比率は40％であり（倉科，2003），アメリカの比率とほぼ同水準である。

2．世界におけるファミリービジネスの比重

　ファミリービジネスは各国の経済に大きな比重を占めており，アメリカやヨーロッパ諸国でもファミリービジネスは国の生命線などと呼ばれ，EU（ヨーロッパ連合）では専門委員会を設けて，その推進に努めているほどである。従来，ファミリービジネスを開発途上国に特有の現象とみなす傾向があり，開発経済論で取り扱われる場合が多かったが，認識を改めたい。

　アメリカではファミリービジネスが納税企業数の89％，GDPの64％，雇用者数の62％を占めている（Astrachan & Shanker, 2003）。アメリカ経済に占めるファミリービジネスの比重は図表1−3の通りである。

　アメリカ以外の海外諸国でも実証研究が蓄積され，先進国・開発途上国のいずれにおいても大きな比重を占める実態が確認されている。世界各国にお

---

[2] 本調査は，「帝国データベース」（2005年版）を用いて実施した（詳細はp. 8参照）。同書は一定規模かつ信用力を収録基準としており，資本金別分布などは必ずしも県下に存在する全企業の分布とは合致していないため，全体の分布に適合する必要作業を加え補正した。

図表1-3 アメリカ経済に占めるファミリービジネスの比重

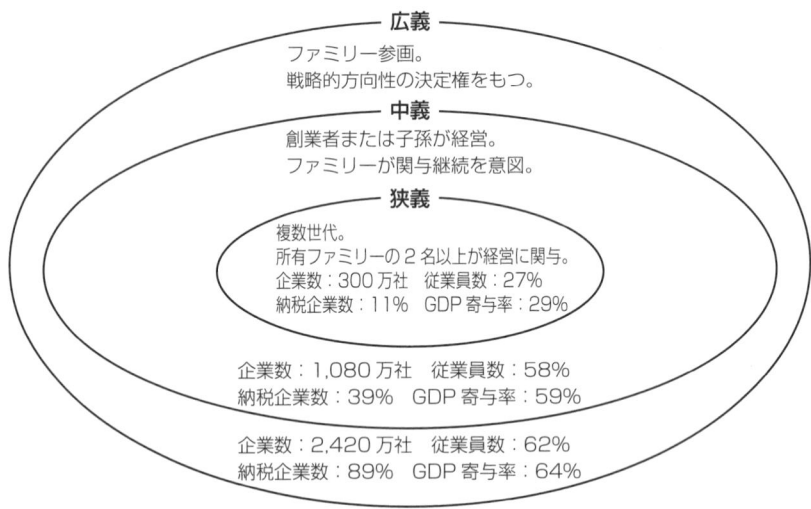

出典：Astrachan & Shanker (2003)

図表1-4 各国におけるファミリービジネスの比率

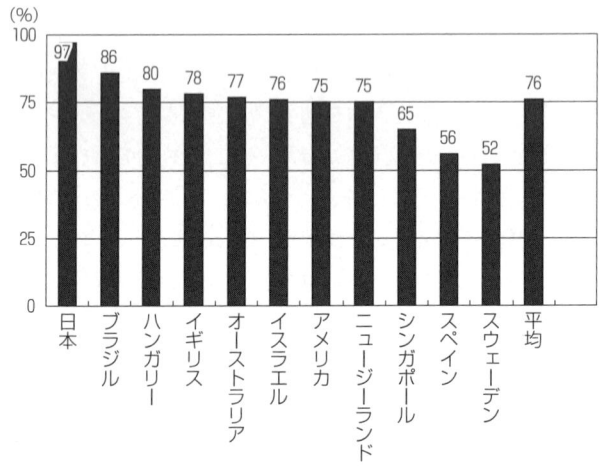

出典：Reynolds et al. (2004) に加筆修正

けるファミリービジネスの比率を比較した結果は，図表1-4の通りである。

3．企業規模別のファミリービジネス比率

また，企業規模で見ると，大企業においてもファミリービジネスの比重は高い。例えばアメリカでは1965年のFortune 500社を対象とした調査によれば，ファミリービジネスの比率は47％であった。最近のS＆P 500社を対象とした調査でも35％と報告されており（Anderson & Reeb, 2003），アメリカの大企業においてもファミリービジネスが一定の比重を占める事実に変わりはない。こうした事実をふまえて，ファミリービジネスは一国経済の生命線，あるいは「背骨」として重要だといえよう。

4．世界の主要ファミリービジネス企業

ここで，世界の主要ファミリービジネス企業を概観しておこう。*Family Business*誌2009年版による売上高トップ10社は図表1-5の通りである。首位はウォルマートで，トヨタ自動車が第2位に入っている[3]。10社中のうち株式非公開企業は第4位のコーク・インダストリーのみである。なお，100

図表1-5　世界のファミリービジネス売上高トップ10社

順位	会社名	ファミリー	本社所在地	業種	売上高（億ドル）
1	ウォルマート	Walton	アメリカ	流通	3,790
2	トヨタ自動車	豊田	日本	自動車製造	2,630
3	フォード	Ford	アメリカ	自動車製造	1,720
4	コーク・インダストリー	Koch	アメリカ	石油，農業	1,100
5	サムスン	李	韓国	複合	1,050
6	アルセロール・ミタル	Mittal	ルクセンブルク	鉄鋼	1,050
7	サンタンデール銀行	Botin	スペイン	銀行	890
8	プジョー・シトロエン	Peugeot	フランス	自動車製造	890
9	カーギル	Cargill, MacMillan	アメリカ	穀物取引	880
10	SKグループ	Chey	韓国	通信他	880

出典：*Family Business*誌（2009）に基づき筆者作成

位でも売上高が101億ドルとその規模は巨大である。

3　ファミリービジネスの現況

わが国ファミリービジネスの全国データが存在しないため，ここでは静岡県で実施した調査（後藤，2006）を中心に，現況を概観しよう。なお，調査方法であるが，「帝国データバンク」から，ファミリービジネスサンプルのデータベースを作成した。無作為抽出した対象企業193社（金融業および各種団体を除く）に対して，1964年から10年間隔（1964，1974，1984，1994，2004年）で企業属性など20項目を定点測定した[4]。なお，静岡県は全国経済の３％弱と一定規模を占め，各種属性も全国平均に近いと考えられる。

1．業種別分布

製造業が全体の36.8％と最も多く，以下，流通業（33.1％），サービス業他（16.6％），建設業（13.5％）の順である。この分布は，静岡県に所在する企業全体の業種分布と比べるとサービス業がやや多く，流通業がやや少ないが，概ね類似している。

2．社齢

創業時点に法人を設立していた企業（49.6％）と，創業後に一定期間を経てから法人改組した企業（50.4％）が半数ずつである。前者は設立年の平均値が1966年であるのに対して，後者は平均すると1939年に創業し，1964年に法人設立し，創業から法人設立までの孵化期間に25.3年を費やしている。社齢の平均は，前者（38歳）と後者（65歳）の間に大きな差が認められる。

創業者が第２世代に承継できないまま市場から退場してしまう企業はその

---

[3] 同誌は，トヨタ自動車の創業家からの社長登用によって，同社をファミリービジネスと認定した。以前のリストに同社は含まれていなかった。

[4] 定点観測は時系列的変化を重視して選択したが，実はファミリーを特定する上でも効果が大きい。婚姻によって一族外に嫁いだ子女，嫁いだ先の両親や義理の兄弟姉妹を外部から把握する作業は極めて困難であるが，これらがファミリービジネスの経営者あるいは株主となる場合は珍しくないので，この工夫は重要である。

多くが孵化期間内に退場していると思われ，孵化期間の長さはファミリービジネスの社齢を長期化させる効果をもたらしている。

3．株式所有比率

ファミリーの株式所有比率は50％台をピーク（13.5％）として，0％から100％までほぼ正規分布している。ただし，100％（10.1％）および0％（7.9％）は例外的に高い。ファミリーが株式を50％以上保有している比率は全体の58.4％に達している。

資本金階級別に見ると，ファミリーの株主所有比率（カッコ内は各々0％および50％未満の構成比を示す）は，資本金が1,000万円以下（5.6％，16.7％），5,000万円以下（5.9％，31.8％），1億円以下（11.5％，26.9％），1億円超（17.4％，47.8％）であり，資本金の増大に伴って漸増している。反対に，ファミリーの株主所有比率が50％以上の構成比は，資本金の増加に伴って低減している。

4．株主数

株主9名以下の企業が全体の約半数（46.6％）であり，19名以下（26.4％）を含めると全体の7割を占める。49名以下（16.0％），99名以下（3.7％）を含めると，株主100名未満が全体の93％に達する。一方，株主100名以上の企業は，100〜999名が4.9％，1,000名以上が2.5％である。

株主数が100名を超える企業では，公開企業が非公開企業をやや上回っている。株式公開する目的の1つが市場からの資金調達であり，その結果として株主数が激増するのは一般的傾向である。また，多数株主の積極的獲得を企業の基本方針にしている企業も多い。一方，非公開企業の場合は株主数が比較的少数であり，10名以下が圧倒的多数であるが，株主数が100名を超える企業も存在する。非公開企業が多数株主をもつ理由としては，公開の準備という事情も考えられる。

5．主なファミリー株主

ファミリービジネスの筆頭ファミリー株主の分布は，代表取締役社長が全

体の6割強（61.4％）を占め，会長（9.8％），その他役員（7.8％）を合わせると79.0％となる。つづいて，親会社（7.2％），関連会社（8.5％）の他，個人株主（5.2％）という分布である。

代表取締役社長が最も高い比率を示している一方，一部の会長は社長職を後継者に承継した後も従来の持株の全てあるいは一部を保持している。その他役員のうち，約1／3は非常勤役員であり，日常的には経営に関与していない。株主のうち，経営に関与しない株主は個人株主と非常勤役員であり，両者を合計すると7.8％となる。このデータからも，ファミリービジネスでは経営者と株主がほぼ一致しており，経営と所有が分離されていない状況がわかる。

6．配当

調査では，ファミリービジネスの配当率には一般企業とは異なる2つの特徴が見られた。第1は，配当率の分布である。最も多いのは10～20％の範囲であり，0％という企業も見られる一方，非常に高い配当を行っている事例も少なくない。また，50％以上の配当を実施したことがある企業が対象企業全体の14.7％を占めており，中には，数期連続して高配当を行ってきた企業もある。

第2の特徴は，配当率が必ずしも業績と連動していない点である。赤字が連続していれば高配当を続けるのは難しいとしても，一般企業が当期業績に基づいた上で，最終的に株主対応を総合的に勘案して配当政策を決める方法とは，明らかに異なっている。

7．ファミリー役員の比率

ファミリーが役員全体に占める比率は，50％以上が全体の半数強（54.8％）を占めており，50％未満は半数以下（45.2％）となっている。40～60％（25.0％）を頂点として，全体的になだらかな曲線を描いている。

ファミリーの経営方針を実現するには，経営者の半数以上を確保することに重要な意味がある。しかし実際には，役員の半数を確保しなくてもファミリーの経営方針を実現できる可能性は残されている。取締役会における相対

的多数の確保が重要であり，また最終的には株式所有の多数を確保しておけば，株主総会で基本方針の決定ができる。

　ファミリーの役員比率を企業規模（資本金階級および従業員）との関連に着目して分析すると，全体的な傾向として，ファミリーの役員比率は資本金が小さいほど高く，資本金の増加に従って低減している。ファミリーの役員比率が50％以上の比率は資本金1,000万円以下（51.2％），5,000万円以下（52.8％），1億円以下（37.5％），1億円超（0.0％）である。会社規模を売上高で見ても，ファミリーの役員比率は売上高が小さいほど高く，売上高の増加に従って低減している。

8．経営責任者の年齢

　経営責任者の平均年齢は60.0歳であり，その分布を見ると，60歳台（60～69歳）の44.9％を筆頭に，50歳台（25.2％），70歳台（15.9％），40歳台（10.3％），40歳未満（2.8％）の順である。平均年齢（60.0歳）自体は日本の経営者全体から，それほど乖離してはいない。しかし，80歳以上（0.9％）を含む70歳以上が16.8％を占めている点に注目する必要がある。

　ファミリービジネスの経営責任者の平均年齢を時系列的に追跡したところ，1964年の36.9歳から1994年の57.3歳，2004年の60.0歳へと着実に高齢化しており，将来が懸念される。一方，一般企業は1994年の63.2歳から2004年の57.9歳へ若返りが図られている。一般企業の大半を占める大企業ならびに関連会社では人材層が厚く，若返りが可能であるが，ファミリービジネスでは人材難など世代交代の阻害要因が少なくない。

　経営者の高齢化は企業活性化の阻害要因（中小企業庁編，2004）であり，後継者が決まらないまま経営者が高齢化していれば問題は深刻であり，後継者難が高齢化の原因とも考えられる。後継者が決まらずに経営者が高齢化して，突然の事態が発生すれば，企業経営に重大な支障をきたすリスクが予想され，そのような事例も少なくない。

9．事業承継

　ファミリービジネスにおける事業承継は平均すると14.3年に一度である。

一般企業に比べファミリービジネスの経営者は任期が長期であり、長期的視点による経営の一貫性を実現する仕組みが可能である。

4　ファミリービジネスの強みと弱み

　ファミリービジネスの強みと弱みについて、後藤（2005c）はファミリービジネスならびに一般企業の経営者から得た回答を比較分析した（n=282、回収率28.2%）。その結果は図表1-6、1-7の通りである[5]。

1．ファミリービジネスの強み
　ファミリービジネスの強みとして、迅速な意思決定・行動および責任感の強さが指摘できる。最終的な決断はファミリーに委ねられているため、意思決定は迅速であり、果敢な決断と行動が可能である。また、ファミリービジネスでは企業の存続ならびに資産の維持拡大が極めて重視され、一般企業の経営者とファミリービジネス経営者、とりわけ株主経営者の経営に対する責任感は異質である。借入金に対する個人保証は、その象徴である。
　例えば、ファミリービジネスの経営者は次の2点で一般企業の経営者と比べて新規事業の開発ならびに研究開発に有利である。第1は先行投資リスクを負担できる立場であり、第2は経営にあたる任期が長く、長期的視点で経営を考えられる強みである。なお、ファミリービジネスによる強みの自己評価が、一般企業による評価を上回っている点は興味深い（図表1-6）。

2．ファミリービジネスの弱み
　しかし、ファミリービジネスは万全ではないどころか、危険性を秘めている点も忘れてはならない。株主経営者が暴走すれば、長所は一瞬にして短所に転じ、深刻な結果をもたらす。まさに諸刃の剣である。
　ファミリービジネスの弱みとして、専門経営者の欠乏、身内びいき、少数

---

[5]　対象地域は沖縄県。調査期間は2006年11月。多層無作為抽出、質問紙郵送法にて実施。

第1章 ファミリービジネスとは

図表1-6 ファミリービジネスの強み

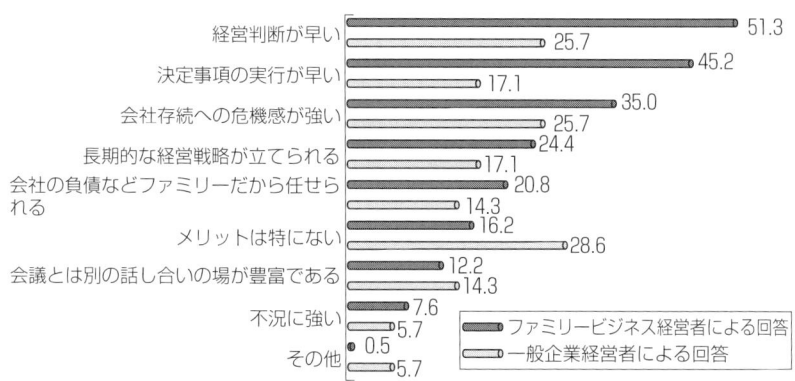

注：単位は％。複数回答のため合計は100％を超える。
出典：後藤（2005c）

図表1-7 ファミリービジネスの弱み

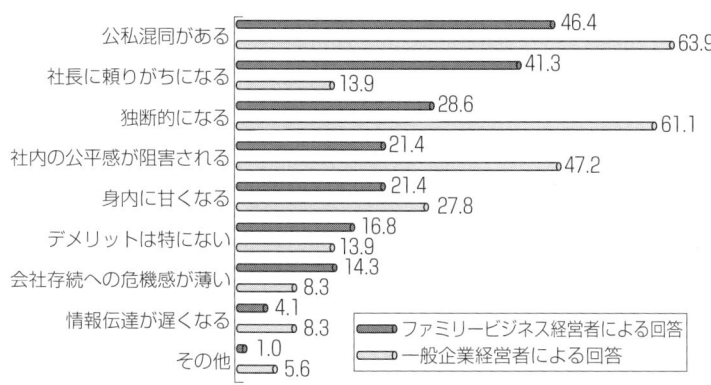

注：単位は％。複数回答のため合計は100％を超える。
出典：後藤（2005c）

株主の利益確保などが指摘されてきた。また，人材枯渇とならんで，必要な資本の入手について資本市場へのアクセス困難および金融側における不信感が指摘されてきた。図表1-7でもファミリービジネスの弱みとして，公私混同，社長に頼りがち，独断的，公平感の阻害などが指摘されている。

　一般企業に比べてファミリービジネスによる自己評価が甘いのは，図表1-6と同様である。

5　研究対象としてのファミリービジネス

1．主な研究テーマ

　ファミリービジネス研究は1950年代に欧米ではじまった新しい研究分野である。1980年代以降，アメリカ・ヨーロッパを先頭としてファミリービジネス研究の発展が著しい。その背景要因は4点に要約される。

　第1に，ファミリービジネスが従来の経営論で説明しきれないからである。従来の経営論は経営と所有の分離を前提としてきたが，ファミリービジネスは経営と所有の一致が多いだけでなく，その経営戦略においても規模拡大とは一線を画している。当然の帰結として，ガバナンスも思想と実態が独特である。その内容については本書で順次述べるが，従来の経営論で説明しきれないばかりか，その対極に位置づけられるのがファミリービジネスであり，いわば常識を超えた存在に関心が集まるようになった。第2に，ファミリービジネスが先進国を含めて企業の大半を占めている実態があり，これは上述した通りである。第3に，業績が一般企業よりも優れており，経済を支える主役としての評価が高いことである。この点は，第2章で詳しく述べる。第4に，ファミリービジネスを一国の経済の推進役として健全な成長を実現させるために，新しい政策が求められているからである。特に相続税のあり方をめぐる議論が各国で盛んであり，政策の理論的根拠が求められている。

　ファミリービジネス研究は海外でも比較的新しい学問分野であるが，その中でも日本は例外的に研究が遅れている。日本におけるファミリービジネス研究は2000年以降にはじまった状況で，研究成果の蓄積は乏しいが，海外諸国と比較して興味ある事実が明らかになりつつある。彼我の差が大きい反面，

日本から海外に向けた研究成果の発信が強く期待されている。

　ファミリービジネス研究の基本的テーマは，次の2点に要約される。
　・ファミリービジネスは一般企業と比べて，どのように異なるのか？
　・ファミリービジネスが健全に成長するためには，何が必要か？
　当分野の著名な学術誌である *Family Business Review* 誌に過去20年間に掲載されたファミリービジネス研究の中心的テーマは，事業承継，業績およびガバナンスの3つである。中でも，事業承継は1988〜1997年に掲載された論文の9割以上を占めていた。この比重は1996〜2003年では，22％に低下したが，他のテーマの論文数を凌駕して現在に至っている。

2．学際的な特徴

　ファミリービジネス研究は，極めて学際的な傾向が強い。ファミリービジネス研究には多くの隣接分野が存在し，その理論あるいは知見を応用して自らの研究を進めてきた。隣接分野に知見を提供する場合もあり，共同して理論を構築する可能性もあるであろう（図表1-8）。
　今後重要な学問分野として発達していく上で，周囲の関連する研究分野との連携を保つ必要がある。同時に，既存の経営学ならびに財務・会計学分野においても，特に図表1-8の隣接分野と密接な関係を保ち，ともに大きく発展することが望まれる。

3．実業界におけるファミリービジネスの再発見

　実は，ファミリービジネスは世界最古のビジネスであり，世界最新のビジネスでもある。太古，人々が力を合わせて事業をはじめるに際して，必要な経営資源すなわちヒト，モノ，カネは全て身近で信用できる家族に頼らざるを得なかった。また，21世紀の現在，起業するにあたって，友人と共同経営する場合もあるが，多数がファミリーに依存している実態は国内外とも変わらない。このように，ファミリービジネスは身近な存在であるが，身近であるが故に重要性が忘れられがちでもある。
　既に25年も以前になるが，1986年6月，アメリカの *The New York Times* 紙が「ファミリービジネスの再発見」と題する大きな記事を掲載した。その

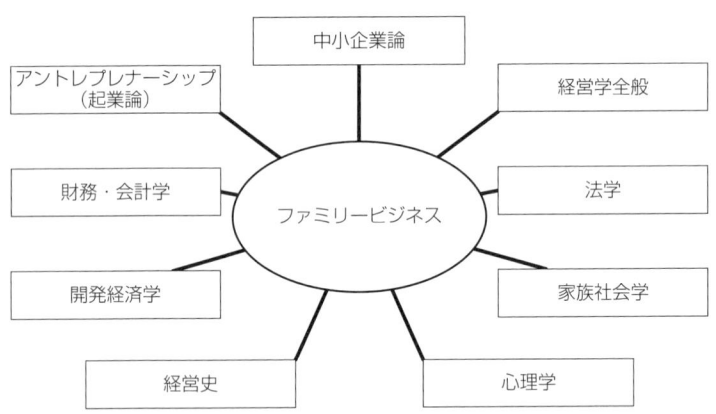

図表1-8 ファミリービジネス研究を取り巻く主な隣接分野

書き出しは「アメリカ経済の問題点およびその解決策をめぐる10年来の議論が、ファミリービジネスという驚くべき成功モデルを生み出した」ではじまっている。アメリカ経済を復活させるために必要な経営手法と経営価値観を体現する存在として、ファミリービジネスが再発見されたという。その特徴を製品の高い品質、従業員の重視、長期的視点と指摘した上で、「これらはまさに日本が培ってきた一方、アメリカが無視してきた大切な価値観ではなかったか」と鋭く指摘している。

1980年代のアメリカがファミリービジネスを新しい経営モデルとして再発見したという指摘は、1991年のバブル経済崩壊以降、長い経済不振に直面している日本に対する深長な問題提起でもある。従来の規模拡大と株主利益最大化を眼目とした大企業の経営が変調をきたし、大きな蹉跌を重ねる中で、それに代わる新しい経営モデルの探求は、まさに1980年代のアメリカにとって喫緊の課題であった。

筆者の眼前には、今日の日本が1986年のアメリカと二重写しになって存在する。今まさにアングロサクソン型の経営論に揺さぶられつつ、わが国は新しい経営形態を模索し、苦悩している。アメリカは、1986年にファミリービジネスを新しい経営モデルとして再発見し、そこから再起してきた。現在の日本がファミリービジネスを再発見することを心から期待し、その可能性を

信じたい。

＜演習課題＞
1．ファミリービジネスの定義を述べなさい。
2．ファミリービジネスが日本の経済に占める比率を，世界各国と比較しよう。
3．ファミリービジネスが日本の経済に占める比率が高い理由を考えよう。
4．（ある1社を想定して）ファミリービジネスの強みと弱みを考えよう。
5．ファミリービジネスに関する関心事を列挙しよう。

第2章

ファミリービジネスの優位性と特徴

第2章ではファミリービジネスが，業績および長寿性において優位である点にふれた後，ファミリービジネスのシステムを3円モデルで説明する。そして，ファミリービジネスのシステムに特徴的な3つの要素，所有と経営の一致，特有の経営資源，受託責任について，エージェンシー理論，資源ベース理論，スチュワードシップ理論を中心にわかりやすく説明する。

ファミリービジネスが一般企業と異なる最大の要因は，ファミリーの存在に他ならず，ファミリーはファミリービジネスを特徴づけ，一般企業より優れた業績を実現する原動力である。しかし一方で，ファミリーはファミリービジネスの持続的成長の障害ともなりかねない（Ward, 1987, p. 3）。
　本章では，ファミリービジネスの優位性と特徴を解説する。

1　業績優位性

　ファミリービジネスは一般企業よりも業績がよい——日本の読者にはあまり知られていない事実で，意外に思うのも無理はないが，その理由は極めて簡単で，ファミリーが関与するからに他ならない。

1．先行研究

　ファミリービジネスの業績分析は学術研究における重要テーマの1つであり，多くの研究がファミリービジネスの一般企業に対する業績優位性を指摘してきた。業績には経済的業績と非経済的業績があるが，ここではまず経済的業績における優位性を取り上げる。
　図表2-1に株式公開企業を対象とした主な先行研究の概要を示した。対象地域はアメリカだけでなく，ヨーロッパ，アジア，南米など広範に分布し，業績指標も収益性，成長性，生産性，配当性向など多岐にわたっている。これらの研究は，ファミリービジネスの一般企業に対する総体的な優位性，一定の条件下における優位性を示す研究およびその他に大別される。
　中でも一般企業に対する総体的な優位性を指摘する研究が最も多い。一例として，Anderson & Reeb（2003）が米国 S & P 500社（銀行・公益企業除く）403社を対象とした分析結果を紹介しよう（1992〜1999年対象）。ファミリービジネス（141社）と一般企業（262社）を比較した結果，ファミリービジネスの収益性（特にROA）とトービンのq（時価総額／資本再取得価格）が一般企業を大きく上回った。また，EVA（経済的付加価値）は，創業者が経営している場合に上回っていた。ただしROAの優位性は，ファミリーの持株増加につれて低下する点に留意が必要である。なお，こうした業績優

位性は，ファミリーメンバーが CEO の場合に顕著である。

一定の条件下における優位性を示す研究として，例えば Adams et al. (2009) はアメリカの Fortune 500社を対象（1992～1999年）とし，創業者 CEO の場合に ROA およびトービンの q における優位性を示すと指摘した。

2．業績優位性に対する異論

少数ではあるが，ファミリービジネスにおける業績優位性を否定する研究も存在する。Miller et al.（2007）はファミリーの親戚が所有または経営に関与する場合，市場価値は優位ではなく，創業者が CEO の場合のみファミリービジネスの業績優位性が存在すると指摘した。

ファミリービジネスの業績優位性に対する異論の多くは3点に集中している。第1は，業績優位性が発揮される条件である。Anderson & Reeb (2003) がファミリー持株比率の一定幅以内における優位性を指摘したのは，その一例である。

第2は，ファミリービジネスが示した優位性の解釈である。Anderson & Reeb (2003) に対して，「優位性は大株主の存在が原因であり，ファミリーの存在に起因するのではない」という反論が提示された。しかし，Andres (2008) は，他の大株主の影響を排除して，創業者時代における業績優位性を立証した。

第3に，ファミリービジネスが業績優位性を示さない場合の解釈である。しかし後述するように，ファミリービジネスは必ずしも経済的業績の向上だけを企業目的としないので，それ自体は非効率性を意味するものではないとも解釈できる。

ファミリービジネスは一般企業と異なる価値観をもち，異なった行動をとることが珍しくない。したがって，財務的業績の優位性を論じる場合もファミリービジネスの特異性を考慮に含み，総合的に勘案して，業績評価をする必要がある。

3．日本のファミリービジネスの業績優位性

日本の調査研究も，ファミリービジネスの業績優位性を示している。図表

図表2-1　ファミリービジネスと一般企業の業績比較

研究者(発表年)	対象企業・年	対象項目		結果
Anderson & Reeb(2003)	米国S&P 500（金融除く）1992〜1999年	ROA　純利益，ROE，トービンのq	○	ファミリー所有と業績の関係は非線形。ファミリーCEOは外部CEOより好業績。
Lee (2006)	同S&P 500（金融除く）1992〜2002年	従業員伸率，収入伸率，利益伸率，売上純利益率	○	ファミリーが経営関与すると業績が改善。従業員，収入，利益の伸率が一般企業を上回る。
McConaughy et al. (1998)	同S&Pペア比較 1986〜1988年	ROA, ROE, 利益率, 生産性	○	収益性，価値ともファミリーが優位。2代目以降支配が創業者より優位。
McConaughy & Phillips(1999)	同S&P 175社比較 1986〜1988年	時価簿価比率，生産性	○	創業者支配が成長性高く，投資（設備・R&D）も高い。2代目以降支配の収益はより高い。
Allouche et al. (2008)	日本，東証一部上場1,271社ペア比較1998, 2003年	ROA, ROE, ROIC	○	ファミリービジネスの業績が優位。
Andres (2008)	ドイツ，275社 1998〜2004年	ROA,トービンのq	○	ファミリービジネスが収益性が高い。創業家が役員会や監査役会にいると高い。
Barontini & Caprio (2006)	欧州11カ国，675社 1999〜2001年	ROA,トービンのq	○	業績は創業者，次世代以降，一般企業の順に高い。
Martínez et al. (2007)	チリ，175社 1995〜2004年	ROA, ROE, トービンのq	○	ファミリービジネスの業績が優位。
Maury (2006)	西欧13カ国，1,672社（金融業除く）2003年	ROA, ROE, トービンのq	○	ファミリー所有下で業績が優位。ただし株主保護が低い場合市場価値は高くない。
Pindado et al. (2008)	欧州9カ国，2000〜2006年	ROA, ROE, トービンのq	○	ファミリービジネスの業績が優位。所有が市場価値に影響。所有が高すぎると価値が下落。

第2章 ファミリービジネスの優位性と特徴

研究者(発表年)	対象企業・年	対象項目		結果
Sraer & Thesmar (2006)	フランス,1,000社(金融・不動産除く)1994〜2000年	ROA, ROE, 時価簿価比率, 配当性向	○	ファミリービジネスの業績が優位。業績は創業者,次世代以降,一般企業の順に高い。
Adams et al. (2009)	米国 Fortune 500 1992〜1999年	ROA,トービンのq	△	創業者CEOの場合,市場価値,業績が高い。
Favero et al. (2006)	イタリア 1998〜2003年	ROA,株式市場データ	△	ROAはファミリービジネスが高いが,市場価値は同水準。
Gálve & Salas (1996)	スペイン(金融除く)1990〜1991年	生産効率, ROE	△	生産性はファミリービジネスが高いが,収益性は同水準。
Kowalewski et al. (2010)	ポーランド,217社 1997〜2005年	ROE, ROA	△	ファミリー所有と業績は逆U曲線。ファミリーCEO企業は非ファミリーCEOより優位。
Miller et al. (2007)	米国 Fortune 1000	トービンのq		親戚が所有または経営に関与する場合,市場価値は優位でない。創業者の場合のみ業績優位。
Villalonga & Amit (2006)	同 Fortune 500, 508社 1994〜2000年	トービンのq, ROA		ファミリー所有は,創業者がCEOまたは会長の場合のみ価値を実現。
Bennedsen et al. (2007)	デンマーク,5,334承継事例 1994〜2001年	ROA, ROCE		ファミリーCEOは業績に負の影響。非ファミリー・専門CEOが極めて高い価値を生じる。
Filatochev et al. (2005)	台湾,228社			ファミリー支配は業績に無関係。
Lauterbach & Vaninsky (1999)	イスラエル,280社	純利益/最適純利益		ファミリーが所有・経営する場合,収益効率が最も悪い。

注1:結果の○はファミリービジネスのほうが総合的に一般企業よりも業績がよいこと,△は一定の条件下でファミリービジネスのほうが業績がよいことを表す。
注2:ROCE:使用資本利益率=利益/(有利子負債+自己資本)。トービンのq:時価総額/資本再取得価格。
注3:対象企業は世界の株式公開企業。
出典:Sacristán-Navarro et al. (2011) を基に筆者作成

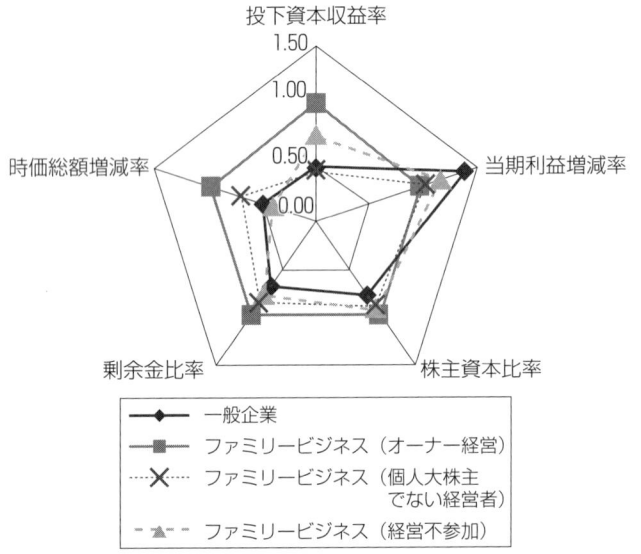

図表2-2 ファミリービジネスと一般企業の業績比較（日本）

注：ファミリー企業（オーナー経営）＝100として相対化表示した当期利益増減率＝過去5年間の平均（基準時点は2004年度決算）時価総額増減率＝10年間（同）.
出典：日経ビジネス誌2006年3月6日号データに基づき，ファミリービジネス（オーナー経営）＝100として相対化表示して筆者作成

2-2は，東京証券取引所（東証）一部上場企業を対象として，ファミリービジネスと一般企業の業績を比較した結果である。ファミリービジネスを，オーナー経営，個人大株主でない経営参加，経営不参加の3グループに区分して比較している。当期利益増減率を除き，投下資本収益率，時価総額増減率，剰余金比率，株主資本比率ともファミリービジネスが一般企業を上回った。中でも，オーナー経営が最も高い業績を示した。

富士（現みずほ）総合研究所の2000年3月期の上場2,515社の分析における経常利益率は，ファミリービジネスの平均（6.32％）が一般企業の平均（4.17％）を上回っている。ただし，業種によっては，ファミリービジネスのほうが低い場合もある（倉科，2003）。

また，1995～2004年における東証一部上場企業を対象とした茶木（2008）では，対象期間全てにおいてファミリービジネスのROAが有意に一般企業

を上回った。さらに，創業者が経営しているファミリービジネスが高いROAを示している。

1990年度の東証一・二部，大証一・二部，地方市場の全上場企業を対象とした斎藤（2006）も，創業ファミリーによって所有され経営されているファミリービジネスの利益率が一般企業よりも高く，また創業者とその子孫によって経営されているファミリービジネスを比較すると，創業者によって経営されている企業の利益率が上回っていた点を指摘している。

ただし，非上場企業を対象とした調査は異なる結果を示しており，今後更なる検討が待たれる。

2　長寿性

既に述べたように，ファミリービジネスは一国経済を支える大黒柱ともいうべき重要な存在であり，その存続と持続的成長は経済の円滑な成長に欠かすことができない。そして，ファミリービジネスの当事者は経営の永続を念

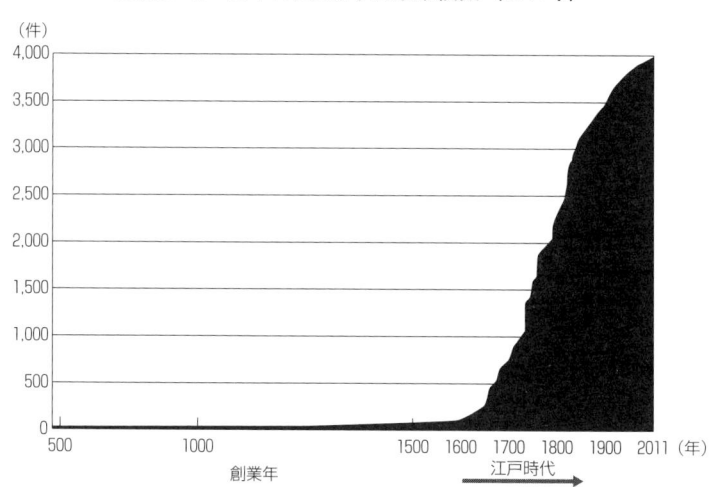

図表2－3　日本の超200年企業累積数（2011年）

注：計3,937社。1,000年以上が21社，500年以上が147社，300年以上が1,938社。
出典：後藤（2009）を更新

図表2-4 世界の超200年企業数（2011年）

長寿企業総数 8,785 社（58 カ国・地域）

国	企業数	国	企業数
日本	3,937	アメリカ	88
ドイツ	1,563	スウェーデン	84
フランス	331	ベルギー	79
イギリス	315	スペイン	77
オランダ	292	デンマーク	66
オーストリア	255	中国	64
イタリア	192	ポーランド	49
スイス	167	ノルウェー	44
ロシア	149	アイルランド	41
チェコ	130	南アフリカ	41

出典：後藤（2009）を更新

じている。

　しかし，後継者に恵まれず，やむなく廃業する事例も少なくない。創業者が興した事業を2代目に承継したものの，3代目には食いつぶす事例は，洋の東西を問わず事欠かない。日本に「売り家と唐様で書く3代目」という川柳があるが，似たような諺は，アメリカ，イギリス，スペイン，イタリア，中国など世界的に広く存在する。

　しかし，わが国には創業以来200年以上継続している企業が3,937社存在している（図表2-3）。海外諸国と比べても，日本は世界でも群を抜いた長寿企業大国である（図表2-4）。

1．日本のファミリービジネスの長寿性，海外のファミリービジネスの短命性

　創業以来200年以上継続する企業は，5大陸，58カ国・地域の中で日本はその44.8％を占めており，長寿企業大国の名にふさわしいといえよう。日本が「長寿企業大国」である要因は，市場の緩やかな成長，近代的なマネジメントの蓄積と実践，家業存続の強い決意，の3点に要約されよう。

　わが国における長寿企業は，企業規模別には大企業から家業規模まで広範に分布しているが，その大半は中小企業が占めている。超200年企業のうち株式公開企業は29社含まれるが，株式を公開している場合でも，長寿企業の半数はファミリービジネスが占めている。以上は創業以来200年以上継続す

第2章　ファミリービジネスの優位性と特徴

る企業についてであるが，超100年企業は全国に52,000社存在すると推定される。これは，全国に存在する法人企業の2％に相当し，うち株式公開企業は347社にのぼる（帝国データバンク，2010年8月時点）。社齢が短い企業が多数を占める新興市場銘柄1,150を除いた株式公開企業数（約2,500社）の14％，すなわち7社に1社は超100年企業なのである。そして超100年株式公開企業の過半数をファミリービジネスが占め，その比率は社齢が長くなるほど高まる。

この事実は国内のファミリービジネスが長期的存続を重視する経営姿勢の反映に他ならない。ファミリービジネス経営者の家業に対する責任は一般経営者の比ではなく，長寿を志向して持続的成長を求めるのは自然の帰結である。

一方，海外諸国では，ファミリービジネスの短命が通説となっている。ファミリービジネスが創業者から第2世代へと承継される比率は全体の30％，さらに第2世代から第3世代へ承継できる比率は16％と指摘され，こうしたデータに基づいて，Ward（1987）は，ファミリービジネスは第1世代から第2世代へ承継できる比率が低いので，一般企業よりも寿命が短いと指摘した。また，Lansberg（1983）は，アメリカにおけるファミリービジネスの平均寿命が24年に過ぎないと指摘した。これに対して，日本のファミリービジネスの場合，平均寿命は52年でありその長寿性がわかる。

しかしながら，これらの数値は一般企業との比較がされておらず，ファミリービジネスの長寿性に関する研究は今後の課題である。先行研究も，ファミリービジネスが一般企業よりも短命か否かについて，必ずしも一致した結論を出すに至っていない。

2．先行研究

ここで，長寿企業に関連する主な先行研究を概観しておこう。
第1は，FBN（Family Business Network）[1]が表彰したファミリービジネ

1　FBNは世界中の数千のファミリービジネスを会員として擁する国際組織であり，ファミリービジネスの国際的な経済発展に対する貢献を称えるため，1996年に「IMD-Lombard OdierDarier Hentsch賞」を設立した。賞の名称はスポンサー組織の名

スを分析したSchwass（2006）である。1996～2004年に表彰された9事例を分析した結果，各世代が創業者精神を共通の価値観として共有し，新しい付加価値を蓄積していることを長寿繁栄の共通の成功要因とした。成長志向の強い意志とともに後継者の選択による強者生き残りが9事例から得られる教訓である。特に後継者が，個人，経営者，事業の3局面において，3段階の成長プロセス（承継前，承継後，引退準備）を経る必要性を指摘している。社外における勤務体験や家族間の心理的対立にも言及している（これらについては第5章参照）。

第2に，200年以上続く長寿企業19社を分析したO'Hara（2004）は長寿要因として，同族の団結，生活密着産業，長子相続，養子の導入，女性の役割，長寿の決意，ビジネス優先，社会・顧客重視，内部摩擦への対応，長期計画の文書化，ガバナンス・システムなど11点をあげている。加えて，基本的なファミリー価値観の維持と変化する能力にも言及した。

第3に，長期に継続するファミリービジネスの要因を分析して長寿の教訓を要約したWard（2004）は，一定期間以上存続した企業は成長性に乏しいと指摘している。持続成長の根底に3円モデル（本章第3節参照）の円滑実行を置き，3つの発展段階（創業者段階，兄弟段階，従兄弟段階）に沿って，課題が複雑化する点を指摘している。特に従兄弟段階は第3世代に入っており，社齢も100年以上が多いが，株式所有の分散，一族関係者の多様化に伴い，ファミリーの視点では自由とコミットメントのバランス，ファミリービジネスの視点では文化と戦略の適応性が最大の課題とされる。

第4に，Miller & Le Breton-Miller（2005）は，高い市場地位を20年以上維持している大規模ファミリービジネス（公開・非公開を含む）40社（社齢が平均104年で，半数以上が100年以上存続）を分析し，業績がよいファミリービジネスの優位性はエージェンシー・コストの低さとスチュワードシップ

前に由来している。表彰基準は次の通りである。①ファミリーによる所有および経営が少なくとも3世代継続している，②健全な財務状態ならびに安定性が実現されている，③製造している製品分野で市場のリーダーであり，該当業種分野で尊敬されている，④効果的なコーポレート・ガバナンス・システムを確立し，維持している，⑤世界中で事業を営んでいる，⑥伝統と革新を効果的に結合している，⑦事業を営んでいる地域社会において社会貢献を行い，よき企業市民像を示している。

第2章　ファミリービジネスの優位性と特徴

に負うところが大きく，それは創業者世代に顕著であり，この優位性は世代を経るに従い減衰すると指摘した。また，長期間存続している企業は大半がファミリービジネスで，長期的経営を志向し，財務方針は保守的で，自己資本比率が高く，生存率が高い。経営方針として短期的な収益性ではなく企業の長期的な目的の実現を重視し，その実現にあたって経営責任者の役割は大きく，企業理念を理解し，実行するリーダーシップが長期生存の鍵であるとしている。成功要因は4C（continuity, community, connection, command）であり，その適切な実行および要素間のバランスが重要と指摘している。一般企業では株式保有の分散ならびに経営の短期志向性が長期的持続を難しくしている。

　第5に，Weber et al.（2003）は，アメリカの最古ファミリービジネス102社（創業1623～1839年）を分析した結果をふまえて，下記の4点をファミリービジネスが成功するヒントとして指摘している。

①規模を追わない（102社の半数は15名未満で，10名以下も多数）
②公開しない（公開企業は3社のみ）
③大都市を避ける（大都市所在は27社のみ）
④ファミリーで維持する

　これらの諸点は日本の老舗企業研究と比較すると興味深い。例えば①は横澤編著（2000）と整合するが，その他については今後の吟味が必要であると考えられる。ファミリービジネスの競争戦略も今後の検討課題の1つとして位置づけておく必要がある。

　最後に，長寿企業の研究ではないが「隠れたチャンピオン[2]」すなわち特定分野で卓越した地位を獲得している中規模企業500社を分析したSimon（2009）は，市場地位と企業の長寿性における密接な関係を示唆している。すなわち，特定市場で圧倒的シェアをもつ企業の76.5％をファミリービジネスが占めており，社歴150年超（7.6％）および75～150年（23.5％）が全体の30％を占める。経営目標を長期的成長による強固な市場地位の確保に置き，

---

[2] 目立たないが特定市場で圧倒的シェアをもつ企業を意味し，「オンリーワン企業」に似た概念である。

経営責任者の任期は平均20年と長く，一般企業に比べて長寿性ならびに緩やかな成長が特徴である。特定分野における卓越した地位の確保は，市場地位を安定化させるだけでなく，事業の成長率を抑えても収益性を向上させることを可能にし，総合的に企業の長寿性を高めている。

3　ファミリービジネスシステム：3円モデル

以上，「業績の優位性」「長寿性」というファミリービジネスの優れた特徴を指摘したが，ここからは，そのファミリービジネスがどのようなシステムで成り立っているかを説明していきたい。

1.　3円モデル

ファミリービジネスはファミリー，ビジネスおよび所有が交錯する複雑な組織であり，3円モデルで示される（図表2-5）。3円モデルは，ファミリービジネスというシステムがファミリー，ビジネスおよび所有の3つのサブシステムから構成されているという認識に立っており，3つのサブシステムの調整メカニズムに注目するものである。それぞれのサブシステムには，ファミリーおよびファミリー以外の利害関係者が分布しており，それぞれの立場によって関心事や利害は異なる。したがって，それぞれの関心事や利害の調整に配慮すると会社運営に有利な展開が可能となる。

ファミリービジネスシステムの関係者は7種類に区分される（図表2-5）。まず，ファミリーメンバーは，次の4種類に区分される。第1は，株式を所有しているファミリー経営者である（①）。株主社長などオーナー経営者が典型的な事例である[3]。第2は，株式を所有していないファミリー経営者であり，次世代経営者などに多い（②）。第3は，ビジネスに関与していないファミリーの株主で，引退した先代，他社に勤務する者，あるいは他家に嫁

---

[3] 中小企業庁編（1999）『中小企業白書（1999年版）』では，「オーナー」を，創業者グループのメンバー，2，3代目もしくは創業家の血縁につながる者のこと，あるいは大株主個人のことをいい，その株主が社長，会長あるいは相談役として経営の第一線に立っている，もしくは実質的な経営権を握っている企業と定義している。

第2章 ファミリービジネスの優位性と特徴

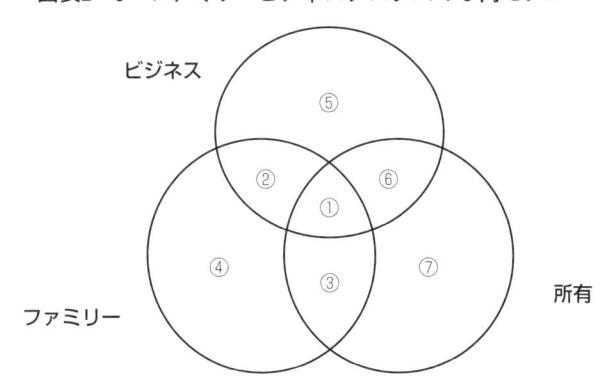

図表2-5 ファミリービジネスシステムの3円モデル

ビジネス ⑤
② ⑥
①
④ ③ ⑦
ファミリー　　　　　　　　　　　所有

	区　分	経営	所有	典型的な事例	
①	株式を所有しビジネスに加わるファミリーメンバー	○	○	株主社長,役員	ファミリーメンバー
②	株式は所有せずビジネスに加わるファミリーメンバー	○	×	次世代経営者	
③	ビジネスに関与しないファミリーの株主	×	○	引退した先代,配偶者	
④	株式・事業とも関与しないファミリーメンバー	×	×	配偶者,未成年者	
⑤	株主でないファミリー以外の事業関係者	○	×	役員,従業員	非ファミリーメンバー
⑥	ビジネスに関与するファミリー以外の株主	○	○	同上,従業員持株会員	
⑦	ビジネスに関与しないファミリー以外の株主	×	○	取引先株主	

注：枠内の数字は表の数字と対応している。
出典：Gersik et al. (1997) に加筆

いだ娘，配偶者などが該当する（③）。第4は，株式・事業とも関与しないファミリーメンバーであり，配偶者や未成年者に多い（④）。

次にファミリーメンバー以外である。第5は，株式を所有しないファミリー以外の事業関係者であり，多くの非ファミリー役員・従業員が該当する（⑤）。第6は，株式を所有するファミリー以外の役員および従業員持株会員である（⑥）。第7は，ビジネスに関与しないファミリー以外の株主であり，取引先など社外関係者が該当する（⑦）。

なお，ビジネスサブシステムをマネジメントサブシステムと解釈する論者（Poza, 2009など）も見られる。この場合，従業員がファミリービジネスの

関係者から除外されてしまうが，従業員はファミリービジネスを支える重要な存在であり，またガバナンスの視点からも忘れてはならない。

一般企業はファミリー要素をもたず，ビジネスと所有の2円モデルで表示される。それと比較すると，ファミリービジネスシステムは7種類の異なった関係者の利害調整を必要とし，この点が企業規模の大小にかかわらずファミリービジネスシステムを複雑かつ困難にする最大の要因である。一方で，異なる関係者それぞれの関心事や利害の調整に配慮すれば会社運営に有利な展開が可能となる。

なお，上記の7区分のうちで最も問題になるのは，ビジネスに関与していないファミリーの株主（③）である。日ごろ顔を合わせる機会があれば会社に対する愛着も期待できようが，そうでなければ会社運営に無関心で自らの利害だけで行動する証券市場の一般株主と変わらない存在となる。株式所有の明確なルールを決めておかなければ，全くの他人に株を売却してしまう恐れもある。また，株式を所有していないファミリー経営者（②）には，次世代を担う平取締役だけでなく，社長も該当し得る。引退した先代が最大の株主であり続ければ院政の象徴であり，現社長が真に信頼されていないともいえよう[4]。

ここで大切な点は，ファミリービジネスおよびファミリーとして，自社の3円モデルに関する理想像を描き，その実現に向けた長期的な努力を継続することである。創業から時を経て次世代へ事業が承継するとともに，ファミリービジネスの関係者は創業者から第2世代では兄弟，第3世代では従兄弟へと拡散し，関係者が量的に増加するだけでなく，質的にも相互関係は複雑さを増すのが通常である。その結果，第3世代以降では，放置すれば関係者間の利害衝突が頻発しやすくなる。しかし，衝突は決して不可避ではなく，防止が可能である。自ら関与するファミリー，ビジネスならびに所有の3要素の間に，どのような関係性を確立するかという意思を明確にもち，関係者同士の合意を得れば，理想とする3円モデルの実現は不可能ではない。関係

---

[4] ある事例では，2代目（創業者の長男）が息子に社長の座を譲ったが，会長として株式の過半は自ら支配し続けた。「株を50％以上渡せば，クーデターで追い出されるかもしれない」という本音が，問題の難しさを如実に示している。

者間の不要な摩擦・対立をあらかじめ避けるためのコミュニケーションや各種のファミリーガバナンスの仕組みも，このデザインから生み出される。そしてこの3円モデルの将来像をデザインできるのは創業者のみであり，また実行すべき重責を担っている。

2．理想的な3円モデルの実現

　ファミリービジネスは規模が小さく，したがって経営が容易だと想定されがちであるが，これは全くの誤解であると既に述べた。ファミリーと所有，ビジネスの調整こそ，ファミリービジネスシステムを難しくする原因である点も繰り返し強調した通りである。しかし反対に，3要素の調整ができれば，ファミリービジネスは一般企業よりも好業績をあげられる可能性が高い。それは，前述のように，ファミリービジネスが一般企業よりも平均的に業績および長寿性とも上回っている点からも明らかである。

　ファミリービジネス研究の当初には，このような関係性が業績に与える影響は見落とされていた。しかし，3要素の調整はファミリービジネスの長期的成長持続に極めて重要である点が，経営戦略視点による分析で明らかになった。ファミリーとビジネスの関心は相反する場合が少なくないので，両者のトレードオフに注目し，最適バランスの実現を目指す必要がある。

　3要素の中でも，ファミリービジネスの経営を一般企業より複雑かつ難しくしているのもファミリー要素であれば，好業績および長寿性を実現する源泉もファミリー要素に他ならない。3円モデルは，3つのサブシステム相互連携の難しさを示唆する一方，3要素の各々を歯車とみなせば，一般企業には存在しないファミリー要素の意義が浮き彫りになる。ファミリーが正常に作動すればファミリービジネスの優位性が増強されるが，一族関係者が私益優先や内輪もめをはじめると，この歯車は空転どころか反対回りをはじめ，ファミリービジネスの優位性を消滅してしまう。まさにファミリービジネスの優劣は紙一重なのである。

　ファミリー要素は人間関係そのものであり，感情を含む非合理的な判断が重要な役割を果たす。したがって，ファミリービジネスシステムは合理性（ビジネス要素）と非合理性（ファミリー要素）の両面をもち，対立しがち

な両者を調整しなければならない。

具体的に3円モデルを利用して問題解決を図る方法をあげてみよう。社内の人間関係がしっくりいかず、一致団結できない場合、この3円モデルに沿って、関係者を類型化すると問題点が見えてくる場合が少なくない。まず、ファミリーおよびファミリービジネスの全ての関係者が3円モデルのどこに該当するか、実際に書き出してみる。次に、それぞれの利害や関心事、言動を思い出し、そこから見えてくる問題点の有無を、経営者と当事者の異なった視点で明らかにする。もし、当事者の視点から見た問題点がわからなければ、経営者として問題が大きい。日常の会話や勤務状態からの判断に加え、積極的に問題を探る努力が求められる。3円モデル現状分析を利用して、意思疎通を深めたい。

4　所有と経営の一致：エージェンシー理論の視点

ファミリービジネスの特徴として、所有と経営の一致があげられる。いわゆるオーナー企業のファミリービジネスはその典型的存在であり、経営者が株式の多数を所有する絶対的存在であり、株主と経営者が一致している。

1．エージェンシー問題

株主（依頼人＝プリンシパル）と経営者（代理人＝エージェント）の間に生じる利害の不一致をエージェンシー問題、利害の不一致によって発生するコストおよび不一致を防止するために必要なコストをエージェンシー・コストと呼ぶ。所有と経営が分離している一般企業ではエージェンシー・コストが発生するが、オーナー企業などに代表されるファミリービジネスはエージェンシー問題から比較的無縁であり、監視やインセンティブ（特別報酬）など余分な経費を必要としない（図表2-6）。

ただし、ファミリービジネスは一般企業と比べるとプリンシパルとエージェント間におけるエージェンシー問題が少ないが、実はエージェンシー問題と無縁でもない。例えば、株式所有がファミリー関係者間で分散されている場合には、少数株主というプリンシパルからすれば、経営者はエージェント

第2章　ファミリービジネスの優位性と特徴

図表2-6　ファミリービジネスと一般企業の比較

	ファミリービジネス	一般企業
株主と経営者	一致が多い	不一致（経営者に経営委託）
株主と経営者の利害	一致	不一致（経営者は利己的傾向が強い）
監視機能	不要	必要（経営者の自己利益志向を防止）
インセンティブ	不要	必要（同上）

として少数プリンシパルの利害を最大化しているとはいい難いので，エージェンシー問題が発生する。

ファミリービジネスでエージェンシー問題が最も懸念されるのは，兄弟が株式を折半して保有している場合であり，兄弟間の対立を生じる原因ともなる。また，ファミリー以外が株式を保有している場合，その株式保有比率は少数の場合が多いので，ここでも少数株主としてのエージェンシー問題が発生する。

2．先行研究

こうしたファミリービジネスにおけるエージェンシー問題については，近年多くの研究が進められている。

Jensen & Meckling（1976）は，株式公開しているファミリービジネスが一般の公開企業の業績を上回ることを立証し，所有が集中していると企業価値が高まると主張した。このエージェンシー理論がファミリービジネス研究に与えた貢献は大きく，ここから様々な仮説が生まれ，検証されてきた。

エージェンシー理論に基づく仮説の1つに，利害一致仮説がある。この仮説によれば，経営者の持分率が増加するに従い，経営者は自己利益のための機会主義[5]的行動よりも企業利益のための経営をするようになる。したがって，経営者と外部株主間の葛藤が減り，経営者と外部株主間のエージェンシー・コストが減少する。すなわち，利害一致仮説は経営者の持分率が増加す

5　機会主義（opportunism）とは，虚偽や欺瞞，混乱化などの働きかけを含む狡猾な策略を伴う自己利益の追求を意味する。ある定まった考えによるものではなく，形勢を見て有利なほうにつこうという意味で日和見主義とも訳される。

るに伴い企業価値が増大すると主張する。

反対に，経営者安住（エントレンチメント）仮説は，経営者が企業内部でもつ権力が増大すると，自己利益を志向して利己的行動が強まると主張する。経営者の権力の源泉は株式保有を基盤とし，役員の人事権の掌握（宮島他，2002）にあると考えられる。この権力が経営者の在職期間の長期化に伴って増加すると想定している。

では，利害一致仮説と経営者安住仮説のいずれが正しいのだろうか。Anderson & Reeb（2003）は利害一致仮説と経営者安住仮説を比較するため，Fortune 500社のサンプルを用いて，経営者の所有と企業の業績の関係を測定した。その結果，ファミリーの所有が約30％に達するまでは会社業績が上昇するが，それを超えると業績が低下する傾向を指摘している。

これらの研究結果は，ファミリービジネスにおける所有と経営の一致ないし分離の相対的低さが業績の優位性を実現する一方，所有の集中がもたらす弊害の存在を指摘している。安住が強まれば，経営者に対する規律づけ機能が低下することに伴って，経営者が私的便益への支出を増加させかねない。

森川（1993）などでも，20年以上トップに君臨する「権力者型経営者」について，自身のポスト維持のためには経営力強化に専念することを許さない権力行動が見られ，長期政権に伴うモラールの低下，周囲に年齢のかけ離れたイエスマンばかりを揃えることからくる情報の不疎通，老化，驕りの結果生じる失敗などが問題点として指摘されている。

ファミリービジネスでは一般企業に比べて経営者の任期が長く，長期的視点に立った経営方針と意思決定が可能である。その強みが，時として経営者の安住を生み，長期政権による数々の弊害をもたらしかねないという問題を内蔵している。こうしたファミリービジネスの長所が欠点と表裏一体となっている点を，常に考慮しておく必要がある。

5　ファミリービジネス特有の経営資源：資源ベース理論の視点

資源ベース理論は，企業競争力の源泉を，経営資源，特に他者が容易に真

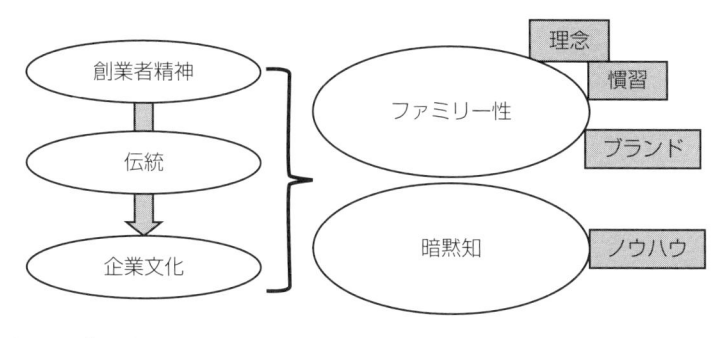

図表2-7　ファミリービジネス特有の経営資源

[図：創業者精神→伝統→企業文化　｝　ファミリー性（理念・慣習・ブランド）、暗黙知（ノウハウ）]

似できない資源とする。

　一般企業においても，ファミリービジネスと同様に経営資源として従来のヒト・モノ・カネに加えて，第4の経営資源としてその企業に特有の企業文化が重視されている。しかしファミリービジネスの場合，その固有の企業文化の経営資源としての重要性が質量ともに格別大きいのは，その企業文化の根源的要素であるファミリー性（次項参照）が自らのDNA的存在であり，強烈な個性の源泉となりやすいためである。また，ファミリーにおける承継を通じて長期間にわたって固有文化を伝承できる条件を備えているため，経営資源として競争優位性を発揮しやすい。

　以下，ファミリー性をはじめとする，ファミリービジネス固有の経営資源について説明していこう。

1．ファミリー性

　企業固有の資源の代表的な例として，企業文化が指摘できるが，ファミリービジネスの場合，その基盤であるファミリー性（familiness）が固有の文化を構成しており，特に長寿を続ける過程で極めてユニークな文化を醸成することが特徴的である。

　ファミリー性とは，「ファミリー，個人およびビジネス間のシステム相互作用から生じる，企業に固有な資源の束」と定義される。ファミリービジネスと一般企業との相違を説明する理論的根拠として，Habbershon & Williams（1999）が資源ベース理論を用いて提起した。

ファミリー性の根源は創業者精神にあり，世代を経由する伝統を経て凝縮され，固有の企業文化として定着する。ファミリー性は企業理念の基礎であり，ファミリービジネス関係者では共有する慣習，顧客に対してはブランドに象徴される存在である。その少なからぬ部分は暗黙知として，他者の追随を許さない競争優位を実現している（図表2-7）。

ファミリー性に着目して，競争優位性を戦略的に評価する方法が提起されているが，そのプロセスは次の通りであり，総合的な戦略計画策定の一部として位置づけられる。

第1に，まず入力項目として，ファミリーの信条，実務，方針，教条，その他ファミリー性の要素となり得るものを抽出する。第2に，これらの要素を4種類の経営資源，すなわち物的，人的，組織的，プロセス的資源，に従って分類・評価し，固有の資源であるファミリー性を明確化する。第3に，企業の能力を分析し，ファミリー性と比較する。ここで，ファミリー性という経営資源が企業の競争優位性を実現する能力に転換されているか，評価がはじまる。第4に，企業の能力を社外の競争環境に照らし合わせて評価し，実際に企業がどれほど他社に対して競争優位性を得ているかを見出す。第5に，上記の競合分析を反映して，企業の戦略の策定・評価を行う。第6に，ファミリーミーティング[6]，経営幹部会議，コンサルタント打ち合わせなどの介在プロセスを経て，ファミリー性を継続的に再評価し維持・強化する。

ファミリーに由来する優位性は，数世代にわたる富の創出という目標をファミリービジネスが達成するための手段であり，それが特色あるファミリー性を生み出す。このようにファミリー性はファミリーと企業の間のシステミックな相乗効果によって強化され，競争力を実現する可能性を秘めているが，可能性を発現させるには，個々のファミリーメンバー，ファミリー単位，ファミリービジネスの間を明確に結合する努力が欠かせない。

創業者精神に起源を発するファミリービジネスの固有文化として，ファミリー性が競争優位性を実現する源泉であり続けることこそ最も重要であり，

---

[6] ファミリーメンバーが一堂に会してファミリーの運営について話し合うコミュニケーションの場であり，ファミリービジネスも重要な議題の1つである。第6章参照。

経営ならびに所有における承継は，それを実現する手段でもある。これは，ファミリー内で代々承継される場合だけでなく，創業家以外に承継される場合でもファミリー性が企業文化という形で承継されていれば適用できる。反対にファミリー内で承継していても，ファミリー性を忘れ去ってしまえば経営資源としての企業競争力を失ってしまうのはいうまでもない。

2．F-PEC

ファミリー性と関連した概念として，F-PEC が提唱されている。これはファミリービジネスとしての強度を権力（P：power），経験（E：experience），文化（C：culture）の3要素で測定する概念である（Astrachan et

図表2-8　F-PEC を構成する18要素

区分	内容
権力	・ファミリーの株式所有比率 ・経営陣のファミリー構成比率 ・取締役会のファミリー構成比率
経験	・所有している世代 ・会社経営に携わっている世代 ・統治会議に参加している世代
文化	・メンバーはファミリービジネスの目標・計画・目的に合意している ・メンバーはファミリービジネスに忠誠心をもっている ・メンバーと会社は価値観を共有している ・メンバーは友人・従業員などと話す際にファミリービジネスを支持している ・メンバーはファミリービジネスの将来を真剣に気にかけている ・私はファミリービジネスの将来に関するファミリーの意思決定を理解し，支援している ・メンバーはファミリービジネスのメンバーであると部外者に誇り高く語っている ・メンバーはファミリービジネスの成功のため通常の期待以上の努力を惜しまない ・ファミリーは事業に影響力がある ・ファミリービジネスに関与するという意思決定は，私の生活にプラスに影響している ・ファミリービジネスに参加することは，長期的に実に得るものが多い ・メンバーは類似の価値観を共有している

出典：Astrachan et al.(2002)に基づき筆者作成

al., 2002)。元来は，ファミリービジネスの定義が決着しない状況下で，企業をファミリービジネスと一般企業に二分する従来の考え方の代替として提起された。権力は所有比率（直接，間接），統治会議（創業家，創業家以外）および取締役会（創業家，創業家以外）構成比率，経験は所有世代，経営世代，統治会議の参加世代の経験，創業家の事業関与者数，文化は創業家と企業における価値観の重複，ファミリービジネスに対するコミットメントを意味しており，全体を構成する18要素は図表2-8が示す通りである。

3．社会関係資本

　社会関係資本（ソーシャル・キャピタル：social capital）は，人々の連携すなわち関係性を資本とみなす概念である。ヒト，モノ，カネなど多くの経営資源は単独で価値を生じるのに対し，社会関係資本は相互の関係性に着目するユニークな概念である。人々の協調行動が活発化すれば社会の効率性が高まるという考え方が根底にあり，社会の信頼関係，規範，ネットワークといった社会組織が重要視される。

　社会関係資本という用語の初出はDewey（1900）に遡り，またHanifan（1916）は「善意・仲間意識・社会的交流」という意味で社会関係資本を用いている。ファミリーメンバーは社外から，ネットワーキングあるいは各種関係を通じて価値のある社会関係資本を社内にもち込んで，社内に存在する各種のスキルを補完する。

　ファミリーは関係者間の長期的かつ濃密な関係性が特徴であり，社会関係資本の創出には理想的な環境とされる。またファミリーには，社会関係資本の資源，構築者，使用者という3面がある。すなわち，ファミリー自体が社会関係資本という資源であるとともに，社会関係資本の構築者であり，その使用者でもあるという複数の側面を有している。

　こうした特徴はファミリービジネスにも共通しており「ファミリービジネス社会関係資本」と「ファミリー社会関係資本」という概念が用いられる。ファミリービジネス社会関係資本は，企業における関係者の相互関係から生じる資源である。一方，ファミリー社会関係資本は創業家の人的・財務的資源ならびに社会関係資本から構成される。ファミリー社会関係資本はファミ

リービジネス社会関係資本の構築に影響を及ぼすと同時に反対の関係も存在するので，ファミリー社会関係資本とファミリービジネス社会関係資本は相互に関係を深める互酬的関係にある。

　ファミリー社会関係資本については，次のことがいえる。まず，ファミリー関係者間の安定性が高まれば，相互の価値観や行動規範の理解が高まり，ファミリーとしての統合が助長され，結果的にファミリービジネスの持続性が強まる。次に，ファミリー関係性の持続は，相互依存と相互作用を増大し，共有する規範・価値に基づいて従来よりも高い信頼，互酬性およびファミリー関係者間交換の原則を生み出す。その結果，ファミリーメンバー間で各メンバーが他のメンバーと社会的取引をする機会を生じ，他のファミリーメンバーを提供者とする行為が可能となる。最後に，ファミリーは外部に対して境界を設けるので，ファミリーのネットワークは外部と一線を画しつつ，内部の関係を濃密にする。

　このようにして，ファミリーメンバーは他のメンバーから提供される情報，影響および同志的な結合の恩恵を得る。したがって，これらの特徴がファミリー内に献身，寛大さおよび同志的意識を高め，ファミリーのチームとしての機能を高める。

　ファミリー社会関係資本の強化は，ファミリーならびにビジネスの持続性を強め，メンバーの繁栄を助ける。ファミリー社会関係資本が，恐らく最も長く続く強力な社会関係資本の形態の1つとされる原因は，これらのユニークな特徴に起因すると考えられる。ファミリー社会関係資本は企業の業績ならびに持続性に大きく貢献しているが，特に長期業績に対する貢献度が高い。

　多くのファミリービジネスにおける戦略的優位性の源泉として，長期にわたって蓄積された社会関係資本が位置づけられる。これは簡単に売買や移転ができず，他者が容易に真似できない希少かつ無形の経営資源だからである。こうした無形財産の移転と管理は，多くのファミリービジネスが長期的持続を目的とする上で最も重要な活動である。

　ファミリービジネスは，人的ならびに財務的資源で一般企業よりも量的に劣ることが多いにもかかわらず，財務業績では一般企業を上回っている。その要因の1つが，社会関係資本の強さが他の経営資源の量的弱さを相殺して

いる点だと考えられる。

確かに，有形の経営資源が弱体であっても，社内外の社会関係資本が強力な資源としてファミリービジネスの業績を押し上げる効果を発揮している事例は少なくない。その典型的な例として，長期にわたって利害関係者との関係性を大切にしてきた多くの老舗企業があげられる。老舗企業が「信用こそ最高の財産」と口にするのは，まさに顧客，従業員，納入業者，地域社会など利害関係者と長期にわたって築き上げたネットワークと，相互の信用関係の重要性を意味している。

事業承継の成功要因としても，社会関係資本の活用と関係者相互における信頼の存在の重要性が指摘される。また，逆境下において創業者が企業の活性を維持する戦略として，地方自治体，重要顧客・供給業者に選好される社会関係資本の開発や人的資源と社会関係資本にアクセスするファミリーネットワークの活用などがあげられている。

ファミリービジネスにおける社会関係資本の重視と社内外における濃密な社会関係資本の存在がファミリービジネスの主な成功要因として指摘できる。ファミリービジネスは社会的な結びつきの複雑なネットワークに立脚しており，それがユニークな資源の源泉となっている。ここから出発して，資源ベース理論と知識ベース理論[7]を用いて，ファミリービジネスにおける知識移転ならびに後継者成長の統合モデルが開発された（Cabrera-Suárez et al., 2001）。

4．人的資源

どのような企業組織も，競合優位性を実現する上で人材の効果的活用が重要である。例えば，アメリカの全産業を平均すると人件費が製造原価全体の約55％を占めており，人材開発ならびに組織能力の開発は極めて重要である。この指摘は特にファミリービジネスに重要な意味をもつ。ファミリービジネスにおける最も重要な資源および能力は情報と暗黙知に基づく（Cabrera-Suárez et al., 2001）とされるが，双方とも人的資源に他ならない。とりわけ

---

[7] 知識ベース理論は知識を企業がもつ主な資源とする理論。

第2章　ファミリービジネスの優位性と特徴

暗黙知は，特定の知識が属人的に承継されてきた伝統産業において，競合優位性の中核的存在として重視される。

　ファミリービジネスにおいては，ファミリーの強い価値観，ファミリーのビジネスに対する強いコミットメントが特徴であり，組織能力の確立に欠かせない共通の心情，変化を受け入れる能力，リーダーシップ，人材開発実践といった要素の発動において，一般企業より極めてそれらの活用の可能性が高いという長所がある反面，人的資源管理については改善の余地が極めて大きい。

　人的資源を効果的に活用し，収益性向上に貢献するには，人的資源の識別，管理，開発が欠かせないが，ファミリービジネスの多くが意識的に実践してきたとはいえない。

　例えば，アメリカにおける人材開発に関する初めての調査によれば，ファミリービジネスにおける体系的な人材管理の実施状況は次の通りで，改善の余地の大きさを示している（Astrachan & Kolenko, 1994）。
- ・正式な従業員評価を定期的に実施している（59％）
- ・文書化した従業員マニュアルがある（57％）
- ・文書化した業務記述書がある（53％）
- ・文書化した承継計画書がある（21％）
- ・入社を希望するファミリーメンバーの入社要件を正式に定めた文書がある（16％）
- ・ビジネスにかかわっているファミリーメンバーによる定期的な会合がある（51％）
- ・文書化したビジネスプラン（戦略計画）がある（42％）
- ・定期的な役員会議がある（42％）

　なお，ファミリービジネス研究も人的資源管理に大きな関心を寄せておらず，人材開発テーマは1990年代初頭までの研究全体の4.2％にとどまっており，その研究の中心は経営トップ陣のリーダーシップの発揮と承継が占めていた。

図表2-9　ファミリービジネスが保有している5つの資本

資源	定義	ファミリービジネス		非ファミリービジネス
		肯定面	否定面	
人的資源	人々が獲得した知識,技能,能力	傑出したコミットメント,温かく親密な関係性,企業固有の暗黙知となる可能性をもつ。	高レベル管理者の獲得・保持が困難。経路依存性が高い。	左記の肯定面はないが,否定面も少ない。
社会関係資本	関係性を通じて得られ,ネットワークに埋め込まれた資源	ファミリーに埋め込まれており,関係先から見た正当性が高まる。人的資本を高める効果をもたらす。	アクセス可能なネットワークが限られている。エリートネットワーク（Fortune 500など）から遮断されている場合が多い。	多様性が高い。管理者の便益のために利用される場合があり,エージェンシー・コストの原因となる。
寛容資本	投資され,清算の恐れのない財務的資本	短期的成果にとらわれず効果的な資本管理が可能。創造的かつ革新的戦略の追求を可能にする。	ファミリー以外の投資家が排除される。ファミリーの財務的能力に制約される。	多くの場合,長所も短所もない。
存続資本	ファミリー構成員が借用・提供・共有する,貯蔵された人的資源	厳しい経済環境下および事業再構築の支援となる。セーフティネット。	全てのファミリービジネスに備わっているわけではない。	従業員およびステークホルダーのコミットがないため,存在しない。
低コストのガバナンス	企業管理に関連するインセンティブ,監視,管理等のコスト	ファミリーが所有・運営する構造,信頼感およびファミリーの絆がガバナンス・コストを低減させる。	ファミリービジネスによっては,効果的な構造,信頼,強力なファミリーの絆をもたず,ガバナンス・コストが増加する。	専門的経営および資本の多様化のため,ガバナンス・コストが増加する場合が多い。

出典：Sirmon & Hitt（2003）に基づき筆者作成

5．経営資源の管理運用

　成功しているファミリービジネスの調査（Sirmon & Hitt, 2003）によれば，その成功は全てのファミリービジネスが保有している5つの経営資源

(人的資源，社会関係資本，寛容資本，存続資本，低コストのガバナンス)の効果的な管理運用に直接関連している（図表2-9）。既述のものもあるが，これらはいずれもファミリービジネス独特の資本であり，個々の管理運用に関する説明は次の通りである。

第1の人的資源については，異なったファミリーメンバーが社内で保有するスキルを相補う形で組み合わせ，仕事の分担を明確にしていれば，ファミリービジネス成功の可能性が著しく向上する。

第2の社会関係資本は，人々の協調行動の活発化により社会の効率性が高まる（Adler & Kwon, 2002）という視点で，社会の信頼関係，規範，ネットワークといった社会組織の重要性を説く概念であり，前述の通りである。

第3の寛容資本とは，ファミリービジネスがファミリーメンバーから得ている出資金および借入金など清算の必要がなく長期的視点を特徴とする財務的資本である。ファミリービジネスにおける出資者と経営者の関係は，清算の可能性を低く抑制している。

第4の存続資本とは，会社が存亡の危機に瀕している時，ファミリーメンバーが無償で提供する人的資源および緊急の財務的資本を意味する。存続資本はファミリービジネスの典型的な強みであり，経営者はファミリーメンバーの会社の生存を守ろうとする強い意思を理解し，存続資本の効果的な管理運営に努めなければならない。

第5は低コストのガバナンスである。これは第6章におけるガバナンスに関する解説でふれる。

これらの経営資源の適切な管理・運用も，ファミリービジネスの成功に重要である。

6　受託責任の遂行：スチュワードシップ理論の視点

1．スチュワードシップ理論

スチュワードシップ（stewardship）とは受託責任と訳され，他人から委託された仕事を委託者のために実行する職務ならびにその精神を意味する。旅客機のキャビン・アテンダントがスチュワーデスと呼ばれていた時代を想

図表2-10 ファミリービジネスのスチュワードシップ

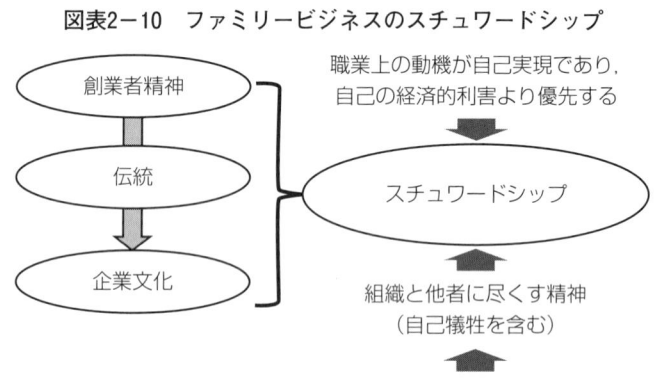

```
創業者精神 ─┐     職業上の動機が自己実現であり,
           │     自己の経済的利害より優先する
  伝統    ─┤
           │      ┌─────────────┐
           │      │ スチュワードシップ │
  企業文化 ─┘      └─────────────┘
                  組織と他者に尽くす精神
                  （自己犠牲を含む）

                  所属する組織の目的,長寿および
                  利害関係者への奉仕を願う
```

起する読者が多いかもしれない。受託責任者は他人からの委託を受け,与えられた裁量権の範囲内で忠実に業務を実行する責務がある。

　スチュワードシップ理論によれば,多くのリーダーや経営者は自らの経済的欲求を求めるよりも,むしろ担当する職業の目標達成に向け,受託責任を果たそうとする傾向が強い。このように,所属する組織と利害関係者の利益のために行動する姿勢は,利他主義とも呼ばれる。

　スチュワードシップに基づく利他主義が強まれば,ファミリービジネスではエージェントである経営者がプリンシパルである株主の目的達成を志向し,エージェンシー・コストが低減する結果が期待される。

　また,スチュワードシップ理論は,所有と経営の一致がファミリービジネスの優位性を生み出していると指摘している。ファミリービジネスの一員であるという自覚が,所属する組織に対する忠誠心と信頼を生み出す。すなわち,経営者はよきスチュワードであり,取締役会は経営陣の監視ではなく,経営陣との相互作用によるメンターとしての価値創出ならびに戦略的意思決定に対する参画が重要な役割となる（図表2-10参照）。

2．スチュワードシップとエージェンシー問題

　スチュワードシップは,リーダーすなわち経営者がファミリーメンバーあ

るいはファミリーに感情的に連携しているファミリービジネスに顕著に見られる。このような経営者は、ビジネスの使命に深く関与し、従業員を含む利害関係者を大切にし、所属するファミリーと組織全体のために最善を尽くそうとする動機づけが高い。そしてそれが、長期的な貢献を生み出し、さらに卓越した能力と経済的業績を生み出す。

とりわけ、自らの姓名が会社名や商品名に刻まれ、生まれてから現在まで、そして将来にわたる自らの人生が会社の評判につながっているようなファミリー身内の者が経営者になれば、細部まで気配りを巡らすスチュワードとなるであろう。また、会社に対して生涯をささげ、組織の資源や各種の投資を大切に管理する可能性が高い。

あるファミリーは、その信条（クレド）において、スチュワードシップを「従業員、地域、そしてファミリーの未来世代の恩典のためにファミリーの経営資源を拡大する責務」と定義している（Aronoff & Ward, 1992）。責任感あるスチュワードシップは、結果として私企業に倫理の土台を提供し、私有財産の相続という特権を正当化する。

スチュワードシップは富を守るのではなく、価値増大を積極的に進めるとともに、富を自身と分離していく点が特徴的である。もし富を自身の金銭と認識すると、受動的でリスク回避の傾向に陥りがちになり、金銭が自らの生活を守るためのものとなってしまうが、スチュワードシップでは金銭を関係者全体に恩恵を与えるために新しい富を創出する経済的資源と位置づけ、必要なリスクをとるのが自然であり、長期的な経営が妥当となる。この結果は、社会にとって有益であると同時に、ファミリーにも有益である。

ファミリーとビジネスの価値および目的が一致していれば、とりわけ第1世代（創業者時代）においては、全ての関係者を会社の目標追求のための協同的かつ利他的な行動に導きやすい。一定の状況下では、利他主義と血縁関係の縛りがエージェンシー問題を緩和する可能性があるとも指摘されている（Eaton et al., 2002）。

その原因は、①ファミリー独特の歴史、用語およびアイデンティティの創出、②共同的所有関係、③ファミリーのエージェント間における意思疎通および協働に対するインセンティブに基づく情報の非対称性の低減、④企業の

長期的業績および戦略に対する忠誠心ならびにコミットメントを可能とする独特の能力の創出, の4つとされる（Van den Berghe & Carchon, 2003）。

　組織において, スチュワードシップとプリンシパル＝エージェンシー, いずれの関係性が優勢となるのだろうか。それは, 心理的要因（ファミリービジネスにおける自らのアイデンティティおよび権力の行使）ならびに状況的要因（経営理念および組織文化）によって決まると主張する研究も存在する。

　なお, 自己を犠牲にして組織と他者に尽くすスチュワードシップは, 全てのファミリービジネスで実現されるわけではなく, 一定の条件を必要とする。採用するガバナンス・システムによっては, 非常に短期的かつ利己的な利益しか眼中にないファミリービジネスが出現する可能性も否定できない。

ケーススタディ：丁子屋

＜会社概要＞
社　　名：丁子屋
創　　業：1596（慶長元）年
所　在　地：静岡県静岡市駿河区
代　表　者：柴山馨（13代目）
事業内容：飲食店（とろろ汁）

　1596（慶長元）年創業の丁子屋は地元名産の自然薯を用いたとろろ汁の有名店である。江戸時代からずっと栄えていたと思われているが, 実は全く異なっており, 12代目・柴山信夫の生活も波乱万丈だった。

　近隣の岡部町で7人兄弟の家に生まれた信夫は満州に行き, 敗戦で4年余のシベリア抑留から帰国して1951年, 養子に入る。農業するつもりで来た同家が飲食店をしており, しかも安藤広重の東海道五十三次「丸子（鞠子）宿」に描かれた歴史的な店と知り, 本人は仰天したという。

　その頃は敗戦のため客もまばらな状態だった丁子屋を世に出すには, ともかく営業先決と考え, 商売は一切わからないまま翌年看板を作った。自分で設計して隣の建具屋に作ってもらい, 夜陰に乗じて穴を掘り, 立てて知らん顔をしていた。「出すのに抵抗を感じた気持ちを今でも覚えている」とのことであった。

第 2 章　ファミリービジネスの優位性と特徴

　10年後に方向転換を決意して，東海道の生い立ちや松尾芭蕉，十返舎一九，広重の3大文化人など歴史的背景の勉強をはじめる。1970年に近くの廃屋から貰って藁葺屋根を復活した時は300万円の借金が必要だった。銀行が貸してくれる状況にほど遠く，親戚の酒屋から借りたが「養子に入ったばかりで借金するとは何事だ」と怒られた。3年で返済を計画していたところ，実際には1年半で完済できた。「ここには豊かな文化的背景があるし，文化・歴史に対する関心も高まる時代に入ってきていたので，旗をあげたら客が集まるようになった」という。
　その後，信夫が一直線に進んだのは，地域起こしと自然農法だった。まず地元小学校の春田先生との出会いで「郷土丸子を愛する会」を立ち上げ，1977年頃にはじまった観光協会との付き合いで勉強会は「丸子路会」に発展，今では全国各地へキャラバン隊を出すまでに発展している。十返舎一九の顕彰碑を庭先に除幕し，一九研究会も数年前に発足した。
　しかし「"丁子屋が自然薯を買うので山が荒される"との風評が立ち，大変なショックだった」という。
　材料の自然薯を栽培することを思い立ち，これも山口県から訪ねてきた河野茂生（鉄鋼会社経営）との出会いで8年間，県内を全域走り回った。この動きは自然を科学した生態系農法へと発展し，NPO「自然生の会」に拡大している。「食の安全は全消費者の願いであり，これを自分の余生と考えている」。
　信夫が商売よりも丸子という地名を世に出そうと一生懸命だった裏では，家族が商売を支えてがんばっており，今では13代目・馨に社長を譲り，孫の広行も入社し，3代揃って店を支えている。「女房は13代目が乳飲み子の頃に半身不随になったが，最近までレジを受け持ち片手でレジを打っていた。名物婆ちゃんで，姿が見えないとお客様から"今日はいないね"といわれるくらいだった」という。
　次代を担う馨は「会長が土壌を作ってくれた。引き継ぐのは大変だが，プレッシャーというより支えにしていく。今からは自分の時代と考え，会長から教わった"振り返れば未来が見える"を支えに新しく切り開いていきたい。他には手を出さず，とろろ汁一本でやっていく他，地域の仲間と一緒に丸子の再生をしたい。丸子があるから丁子屋がある」。全国キャラバンでは13代の嫁が駆け巡り，まさに家族総出の毎日だ。
　高齢を感じさせずに活動を続ける会長は「正直，ここまで大きく育つとは思っていなかった」と2時間語り続けた丁子屋一代記を締めくくったが，「親の背中を見て育った。次の世代も2006年7月から加わった」（馨）という一言は，

ファミリービジネスならではで，ファミリービジネス経営者にとって最大の励みではなかろうか。

(「経済の隠れた主役　ファミリービジネス探訪」
『フジサンケイ ビジネスアイ』2006年12月22日付)

＜演習課題＞
1．ファミリービジネスと一般企業の業績を比較しよう。
2．3円モデルを用いて，各関係者の関心事を整理しよう。
3．ファミリービジネスの業績が一般企業を上回る原因を考えよう。
4．(ある1社を想定して) 関係者を3円モデルにあてはめてみよう。
5．ケーススタディを読み，その成功の秘訣を3点あげてみよう。

補章

ファミリービジネスに関する主な理論

　この章では,ファミリービジネス研究で用いられる主要理論を取り上げる。ファミリービジネスを理解する上で必要なライフサイクル理論,エージェンシー理論,スチュワードシップ理論,資源ベース理論,そして社会関係資本の概念,システム理論について基礎から解説する。

1. ライフサイクル理論

　ファミリービジネスでは,ビジネスの側面だけでなく,ビジネスを所有する家族や家族を形成する個人が経営を左右するため,ファミリーの側面も考慮しなければならない。例えば,創業者の個性や考え方は企業文化となり,後継者の能力は企業の持続的な発展を左右したりもする。中でもファミリービジネスの持続的成長や発展,事業承継は,個人,家族,企業の3つの成長段階がどのように重なり合うかによって影響を受けるため,ライフサイクル理論は理解しておく必要がある。

　ライフサイクル (life cycle) は,「人間は生まれてから死ぬまで,生涯にわたって発達する」という考えを基にして,生涯にわたる精神発達を円環として認識した概念である。ライフサイクル理論は社会的精神発達理論とも呼ばれ,精神分析家で発達心理学者であるエリクソン (E. H. Erikson, 1902-1994) が,『ライフサイクル その完結』で取り上げてから,広く一般にこの概念が浸透するようになった。

　精神分析家であるエリクソンは,師であるフロイト (S. Freud, 1856-1939) の発達論に影響を受けながらも,パーソナリティ発達における心理・社会・歴史的な側面を重視し,個人と社会の相互作用(適応過程)に注目して生涯にわたる精神発達

をライフサイクル論として理論化した。

エリクソンの「心理社会的発達論」は人間の一生（ライフサイクル）を8つの段階に分け，それぞれの段階で解決すべき課題（発達課題）があるとした。8つの段階は次の通りである。

第Ⅰ期　乳児期（0～1.5歳）：基本的信頼　対　不信感
第Ⅱ期　幼児期（1.5～3歳）：自律性　対　恥・疑惑
第Ⅲ期　遊戯期（3～6歳）：自主性　対　罪悪感
第Ⅳ期　学童期（6～13歳）：勤勉性　対　劣等感
第Ⅴ期　青年期（13～22歳）：同一性　対　同一性拡散
第Ⅵ期　成人期（22～40歳）：親密性　対　孤立
第Ⅶ期　壮年期（40～60歳）：生殖性　対　自己停滞
第Ⅷ期　成熟期（60歳～）：統合性　対　絶望

各段階では，肯定的側面と否定的側面が対となって示されている。否定的な部分の存在を前提として，それを克服しつつ，肯定的な部分を維持・強化して前進する姿が想定される。

人間が労働に従事しはじめるのは，青年期の頃である。この段階で獲得すべき発達課題は，「同一性」すなわち，自我同一性（アイデンティティ）を意味する。自己の価値観，将来の夢，希望の職業，自分らしさなどを見つけ，「自分」というものを確立していく時期であるが，もし同一性が獲得されないと「同一性拡散」，すなわち「自分が何者か，何をすべきか，何をしたいのか」わからない状態に陥ってしまう。この第Ⅴ期は，人間にとって最も重要な時期とされる。第Ⅵ期「成人期」では仲間を作り，多様な人々とのコミュニケーションを行いながら，第Ⅶ期「壮年期」で次の世代を育む。結婚，子育ての他，職場における後輩の指導，部下の管理・指導も含まれる。以上全ての発達を統合する時期として第Ⅷ期「成熟期」を迎え，人生における英知を獲得する。

前段階の発達課題は次段階の発達段階の基礎となり，個々人によって各段階を迎える年齢には差があるが，自分自身が今現在どの段階にいて，何を身につけていくことが大切なのかという重要な問いに対し，エリクソンの発達課題は示唆を与えてくれる。

また，ライフサイクルに沿って親子間の支援関係をとらえると，親から経済的，

補　章　ファミリービジネスに関する主な理論

物理的な支援をより多く享受した次世代は，その後親の面倒を見ていくといった時間のラグを伴った親子間の関係を想定できる。しかし，自我同一性（アイデンティティ）の確立により，親世代に反抗する機運も生じる。

　ファミリーのライフサイクルは，家族の形成から，その消滅までのサイクルをとらえるものであり，単身者から夫婦へ，夫婦2人から子供が誕生し家族へ，子供が成長し，やがて独立する。創業者がはじめた事業に，結婚によりパートナーが参加し，その後，成長した子供が事業を手伝いはじめるというファミリービジネスの成長とともに，家族も成長し，子供の成長とともに次世代へと事業が承継される土台が家族の中でも創り上げられていくのである。ファミリーのライフサイクルはファミリービジネスの永続性と繁栄に影響を与える。

　ファミリービジネスでは同時に，企業のライフサイクルも考慮する必要がある。企業にも創業期，成長期，成熟期，衰退期というライフサイクルがあり，成長期や成熟期に経営革新などの取り組みを行い，事業を再び活発化させる再生期を経て，成長期に戻らなければ衰退していく。それまでの伝統や既存事業を守りながら革新を進めようと経営方針や戦略を転換するためには，企業のどのライフサイクルにどのようなファミリーメンバーが事業に参加し，事業承継によって後継者が経営陣に加わるなど，ファミリービジネスでは企業とファミリー，個人のライフサイクルを合わせて企業経営を考えなければならない。

2．エージェンシー理論

　ファミリービジネスで最も用いられるエージェンシー理論は，アダム・スミス（1776）にはじまり，Berle & Means（1932），マックス・ヴェーバー（1947）と連なる思想に基盤を置いており，Jensen & Meckling（1976）およびRoss（1973）の発表によって注目を浴びるようになった。

　ファミリー企業の競争優位に関する研究は，当初，エージェンシー理論を背景に経営者の株式の所有比率が企業の経営にどのような効果を及ぼすかを軸として，実施されている（Miller & Le Breton-Miller, 2006）。

　この理論では，依頼人（プリンシパル）が自らの利益のための労務の実施を代理人（エージェント）に委任する関係をプリンシパル＝エージェント関係（principal-agent relationship）と呼ぶ。エージェンシー関係とは，プリンシパルが

エージェントに彼らのために特定のサービス（そのサービスはエージェントへの意思決定の権限委譲を含む）に従事させる契約である。

エージェントとプリンシパルの分離によって，経営者の目的（自らの報酬最大化）と株主の目的（自らの利益最大化）が一致するとは限らない。この結果生じる利益の不一致をプリンシパル＝エージェント問題（エージェンシー問題）と称する。対価を支払わずに便益を享受するフリーライド（ただ乗り）も同様に発生する可能性がある。プリンシパル＝エージェント問題の背後には情報の非対称性が存在する。

エージェンシー関係にある両者は情報収集，処理，伝達能力に限界があるため両者の情報は非対称的であり，利害が一致せず，情報の非対称性が存在する状況において，エージェントがプリンシパルの意図通りに行動するとは限らない。このため情報優位にあるエージェントが，情報の非対称性を利用して自己利害を機会主義的に追求する可能性があり，ここで起こる非効率な問題がモラルハザードである。また情報格差により契約前にプリンシパルの不備につけこむ非効率な行動が逆選択であり，これらは非効率な資源利用行動からエージェンシー問題と呼ばれる。このようなエージェンシー問題の発生を防ぎ，エージェントの行動によって，財の非効率な利用と配分から生じるエージェンシー・コストの発生を防ぐため，プリンシパルの利害からエージェントが逸脱しないよう適切なインセンティブや制度を展開し，コストをかけてエージェントをモニタリングする制度の必要性が生じる。

一方，ファミリービジネスの場合は経営者と株主が一致する場合が多いことから，プリンシパル＝エージェント問題が生じにくいとされる。

エージェンシー関係ではエージェンシー・コストが必然的に発生し，経済効率性を阻害する。エージェンシー・コストの代表例が，プリンシパルがエージェントの行動をモニタリングするコストであり，このコストの削減を主眼とする企業統治理論の発展の嚆矢となった。

Jensen & Meckling（1976）は株主＝CEO関係に限定した論文であるが，エージェンシー・コストは如何なる協力的活動と如何なる組織レベル，そしてプリンシパルとエージェントの識別が曖昧な場合でも発生し得るもので，チーム生産（team production[1]）で発生する問題に似ていると指摘した。

---

1 チーム生産を提起した Alchian & Demsets（1972）は，1人では運ぶことのできない

なお，Jensen & Meckling（1976）は株式会社を含む企業一般について，「契約の束（nexus of contracts）」としての企業観を基にした理論を構築した点でも重要である。契約関係の束として機能する法的擬制の一形態に過ぎず，組織の資産とキャッシュフローに対する分割可能な残余請求権（一般的には，他の契約当事者である個人の承認を得ることなく売却することができる）によって特徴づけられると論じ，現在，アメリカの法学界，経済学界で主流となっている。

また，専門化による効率がエージェンシー・コストを上回るという主張も存在する。Fama & Jensen（1983a）は，所有と経営の分離はエージェンシー問題を発生させる反面，組織の全てのレベルにおける専門化による効率的な意思決定，および無制限のリスク共有によるリスクを受容する意欲によって得られる効率はコストを上回ると主張した。

3．スチュワードシップ理論と利他主義

エージェンシー理論に次いで，昨今のファミリービジネス研究では，スチュワードシップ理論が用いられるようになっている。2つの理論は企業統治，ガバナンスの観点から，Davis et al.（1997）が構成要素を対比させて分析しているように，エージェンシー理論では人は自己の効用を最大化しようとする合理的な経済人としての行動傾向があると想定しているため，経営者によるコントロールを必要とする。しかしスチュワードシップ理論では，組織や社会の目的を達成しようと行動することで個人の効用が最大化され，自己実現につながると想定されているため，経営者は企業環境，組織環境を整えて参加型の経営を促す役割をもつ。相反する対照的な理論ともいわれるが，ファミリービジネスの研究では補完的な役割をもつ理論として研究されている（Audia et al., 2000）。

スチュワードシップ（stewardship）は，他人から委託された仕事を，その他人のためにする職務であり，執事，家令，支配人，事務長が該当する。元来，キリスト教ではキリストの体である教会に奉仕するという意味で用いられた。旅客機のキャビン・アテンダントがスチュワード（スチュワーデス）と呼ばれていたのも同様

荷物を2人で運ぶ場合，両者がチームとして協力しないと目的が達成されないことを例示している。この場合，2人が投入する労力は「結合されたインプット（joint input）」であり，片方のみでは生産活動を行うことができない。

であり，会計分野でスチュワードシップを「受託責任」と呼ぶように，受託責任者は他人からの委託を受け，与えられた裁量権の範囲内で忠実に業務を実行する責務がある。

　スチュワードシップ理論によれば，経営者や管理者の多くは現在の段階を越えてより高いレベルに到達しようとする，成長，達成の強い欲求をもっており，個人的欲求を超えて所属組織とその利害関係者のための利他主義行動をすることが多い（Davis et al., 1997など）。思想的には，組織や社会の利益に奉仕する行動が，自己の利益に奉仕する行動よりも高い効用をもつと考え，ある場合には自己犠牲も辞さない（Davis et al., 2000）。スチュワードシップ理論が想定する人間像は，エージェンシー理論が想定した単純に経済的便益を追求するエコノミック・マンとは対照的である。

　したがって，行動パターンとして，自己利益を重視するのではなく，集団の利益に奉仕し，経営を取り巻く社会構造的要因の見地では，コントロール型の経営理念・方針ではなく，参加型に適している。リスク志向では，コントロール型ではなく，信頼に基づく自己管理を基本とする。時間軸は短期ではなく，長期であり，目的は売上・コストなど業績目標の実現ではなく，むしろプロセスを重視した成果向上を重視している。企業文化としては，エージェンシー理論が個人主義と大きな権力格差に合致するのと対照的に，集団主義と小さな権力格差が適合する（柏木，2005）。

　スチュワードシップ理論は，経営学の主流をなすには至っていないが，今後注目を要すると思われる。その判断は，エージェンシー理論との比較においてなされると考えてよいであろう。エージェンシー理論が前提として経営者の自己利益追求行動を所与としているのに対し，スチュワードシップ理論では経営者は，依頼人の意図に沿う行動をするように動機づけられていると前提している。日本社会における集団主義的かつ階層的な社会からすれば，スチュワードシップ理論は受け入れやすい。

　エージェンシー理論では，依頼人と代理人の利害対立を防ぐためにモニタリングの仕組みとしてコーポレートガバナンスが導入され，日本でも追随する傾向にある。しかし，プリンシパル＝エージェンシー問題が，アメリカのような契約社会を想定しているとすれば，アメリカ流のコーポレートガバナンスの導入は，少なくとも日

本においては弊害をもたらす可能性がある。

4．資源ベース理論

「企業とは生産資源の束である」というペンローズの（E. Penrose）企業観を土台とした資源ベース理論は，個別企業ごとにそれらの生産資源は異なっているという経営資源の異質性（resource heterogeneity）と，複製コストが大きく供給が非弾力的であるという経営資源の固着性（resource immobility）を前提にしている。経営資源は効率的，有効的に戦略を計画，実施することを可能にする全ての資産，能力（capability），企業属性と特性，情報，知識とされる（Barney, 1986）。

エージェンシー理論はプリンシパル，エージェント関係における契約理論であるため，組織全体において分析することができず（Tokarczk et al., 2007），企業のパフォーマンスと企業行動の優位性のつながりを説明できない（Habbershon & Williamson, 1999）。このため，組織自体を説明し，ファミリービジネスの戦略，資源，スキルからパフォーマンスにつながる競争優位を分析評価するため近年，資源ベース理論を用いた研究が行われている。

資源ベース理論の代表的な論文の1つがBarney（1991）である。バーニー（J. B. Barney）は，これらの定義をより一般的に適応するため，VRIOフレームワーク（V: valuable, R: rare, I: imperfectly imitable, O: organization）を提示した。

リソース・ベースト・ビュー（資源ベース理論）とは，文字通り「経営資源に基づく視点」から個別企業の競争優位の源泉をとらえよう，という考え方である。経済的価値（V）の創出，希少性（R）で模倣困難性（I），それを有効活用する組織構造（O）というVRIOの条件にマッチした資源をもつかもたないか」が二極化の分かれ目であるとする。

この議論では，広範囲の企業属性が経営資源として認知できる。ここで経営資源とは，企業のコントロール下にあって，企業の効率と効果を改善するような戦略を構想したり実行したりすることを可能にするものである（例えば，ケイパビリティ，コンピタンス，組織内のプロセス，企業の特性，情報，ナレッジなど）。また，メンバーの忠誠心，モチベーション，社会とのつながり，ファミリーの資源や善意を取り込む能力も，見えない価値のある資源である（Anderson et al., 2009）。企業の持続的競争優位はこれらが達成されることにより可能になる。資源は財務資本（financial capital），物的資本（physical capital），人的資本（human capital），組織資本（organizational capital）に分類され，これらの資源が企業のコントロール下にあれば，企業の効率性の向上，効果の改善に向けた戦略を計画し実行することが可能になる。

ファミリービジネスでは，ファミリー要因（family factor）によって影響を受ける全ての特徴をファミリー性と位置づけており，ファミリー性は資源と能力に深くつながったファミリー要因の集まりであり，優位性を促進するものと抑制するもの，何ら優位性に影響を与えないものが存在する（Habberhson & Williams, 1999）ことを示している。ファミリービジネスがもつ特有の資本としては，プロセス資本や社会関係資本があげられる。

5．社会関係資本

社会関係資本（ソーシャル・キャピタル：social capital）は，人々の協調行動が活発化することにより社会の効率性を高めることができるという考え方の下で，社会の信頼関係，規範，ネットワークといった社会組織の重要性を説く概念である。社会学，政治学，経済学，経営学などで広く用いられ，人間関係資本，社交資本，市民社会資本と訳される場合もある。直訳すれば社会資本となるが，社会資本は社会基盤（インフラ）を意味する全く別の概念である。

社会関係資本という用語の初出はDewey（1900）に遡り，またHanifan（1916）は「善意・仲間意識・社会的交流」という意味でソーシャル・キャピタルを用いている。基本的に，人々がもつ信頼関係や人間関係（社会的ネットワーク）を意味し，上下関係の厳しい垂直的人間関係でなく，平等主義的な，水平的人間関係を意味する。OECDは，この概念を「グループ内部またはグループ間での協力を容易にする共通の規範や価値観，理解を伴ったネットワーク」と定義している。また，市民同士のコミュニケーションの密度や，市民と行政のパートナーシップが活発であるほど，豊かな社会が形成されるという考え方に立ったソフトな概念であるとしている。

社会関係資本は資源ベース理論による模倣困難かつ希少な資源に該当し，企業業績に正の寄与をする（Nahapiet & Goshal, 1998）。組織内では取引コスト低減，情報流通の促進，知識創造・蓄積，創造性改善，組織外では連携増大の効果が指摘さ

れてきた。

　しかし，社会関係資本は他の資本と同様，万人に平等に入手可能ではなく，全ての社会関係資本が平等に創出されるわけでもない。社会関係資本の個別資源の価値は，資源が社会に占める社会経済的地位に少なからず依存している。社会関係資本は関与する個人・団体には常に正の資産であるが，社会全体に常に便宜を与えるとは限らない。パットナム（R. Putnam）によれば，ソーシャル・キャピタルは共同体や国家における協力ならびに相互扶助的関係をもたらし，現代社会に固有な社会不秩序（例えば犯罪）と戦う有効な手段である。しかし，社会関係資本には情報やスキル，権力への個人的アクセスを増大する側面もあり，自らのキャリア増進のための活用が可能である。この側面に偏重した社会関係資本は，社会全体に便宜を与えない可能性がある。

　また，否定的な側面として，部外者の排除，グループメンバーの過度の要求（集域外にもたらす外部性），個人の自由の制限，規範の下方平準化（Portes, 1998）がある。

　パットナムは社会関係資本を結束型（bonding）vs 橋渡し型（bridging），フォーマル vs インフォーマル，信頼やネットワークの厚さ vs 薄さ，共益を目的とする内部志向型 vs 公益を目的とする外部志向型の４つに分類している。中でも結束型はグループ内の同質的結束を強める内部志向的であり，社会の接着剤として強い絆・結束を特徴とするが，強すぎると閉鎖性・排他性を招く。橋渡し型は他グループとの異質的連携を促し，開放的・横断的で社会の潤滑油的役割を果たす。結束型と接合型は二律背反的であり，後者が社会，政府，個人，共同体に与える効果が注目される。

　社会関係資本は公共財と私的財に区分できる。価値観は対象とする社会やグループのメンバー全般が共有する場合が多いので公共財とされ，ネットワークは個人や企業の間に存在するので私的財と考えられる（稲葉，2007）。

　ネットッワーク理論を援用し，弱い紐帯 vs 強い紐帯という区分も有効である。前者が情報アクセスのブリッジとして機能し，ネットワークに新しい異質の情報をもたらす（Granovetter, 1985）一方，後者は交換を促進し信頼を醸成する（Krackhardt, 1992）が，強すぎる紐帯は新情報の入手を妨げかねない（Uzzi, 1996）。

社会関係資本を構成する中身は構造的（structural），関係的（relational），認知（cognitive）的社会関係資本に区分される。一方，プロセスに関しては，安定性，依存，相互作用，閉鎖の4要素が社会関係資本発達に影響を与えており（Nahapiet & Goshal, 1998），相互作用と交換の増加はこれらを強化・創出する。

6．システム理論

　ファミリービジネスでは，ファミリーのメンバーが相互に影響し合う家族のシステムが，ビジネスのシステムにも影響を与えていると考えられている。このためファミリービジネスを構成する家族，組織，そしてそれを取り巻く環境の間の相互関連性を重視するシステム理論の視点が必要とされる。

　社会システム理論は社会をシステムの観点から読み解こうとする理論である。理論社会学のパーソンズ・タルコット（P. Talcott）は社会を行為のシステムとしてとらえた。

　ここで，行為システムは行動有機体システム，パーソナリティシステム，社会システム，文化システムという4つの下位システムから構成され，構造機能的視点でシステムを自らを存続させるための構造および機能をもつ存在として分析する。

　システムは，複数の要素が互いに相手の同一性を保持するための前提を供給し，相互に依存し合うことで形成されるループであり，自己の内と外を区分（境界維持）することで自己を維持する。また，システムは複雑性の縮減を行うことで安定した秩序を作り出す。

　システム相互を孤立したものとして認識せず，また外部環境との関連でシステムを位置づける点が重要である。社会システム理論の視点に立てば，身体，人格，社会，文化は，それぞれ独自のシステムであり，相互に関係し合いながら人間の行為を生み出す。

　一般システム理論（general systems theory）は，1950年代からルートヴィヒ・フォン・ベルタランフィ（L. von Bertalanffy）らによって提唱された。彼は，理論の適応対象を生物学から人間システムへと拡大し，全体と個を総合的にとらえ，部分の相互関連性，階層，開放性，相互作用性を強調した。

　社会システム理論は社会をシステムの観点から読み解こうとする理論であり，オープン・システムは組織と環境の間の交換における相互関連性を重視する

(Lawrence & Lorsch, 1967など)。1983年の *Organizational Dynamics* 誌(夏号)では,ファミリービジネスをシステム的見地から取り上げる論文が多数発表され,当研究分野が発展する大きな節目となった。

　Davis (1983) は,全体のニーズに適応する別個の部分のニーズから派生する規則に従って機能するジョイント・システムを提示した。Lansberg (1983) は,サブシステム間の重複をもつファミリービジネス・システムを示し,企業の成熟に伴い,重複が対立の根源となる可能性を指摘した。Beckhard & Dyer (1983) は,ビジネス,ファミリー,創業者,および相互を結びつけるメカニズム(例えば取締役会)を含むファミリービジネスを提起した。それぞれの部分は独自のアイデンティティと文化をもち,他の部分と競合するニーズと価値観をもつ場合がある。ビジネスが異なる局面において持続するための意思決定をすることによりジレンマが生じ,それはビジネスの全ての経営のレベルにおいて問題を起こし,創業者および配偶者だけでなく,幾世代にもわたり影響を及ぼす点を指摘した。

　次に,ファミリービジネスとの関連では,家族療法(family therapy)に着目しておく必要がある。家族療法は家族を対象とした心理療法の総称であり,現在では一般システム理論の視点が取り入れられ,システムズ・アプローチによる家族療法が主流となっている。

　中でも,ファミリービジネス研究に大きな貢献をした,ボーエン(M. Bowen)の家族システム論では,家族を一個の「システム」としてとらえ,家族を形成するメンバーのそれぞれが何らかの役割をもち,無意識のうちにも互いに感情的なバランスをとり合いながら,家族として機能しつつ存在していると考える。また家族を1つの「感情の単位」として見ることで,家族は感情をベースとしたそれぞれのメンバーの微妙な力関係によって成り立っており,家族メンバーの誰かに身体的,精神的な病気や家族関係に問題が生じた場合,他のメンバーが反射的に欠けた部分を補い,家族内の感情のバランスを安定させようとすると考えている。このため家族システム論では,家族内で代々受け継がれてきた様々な要素や家族内の力関係やコミュニケーション方法などは,世代を超えて家族の中に存在し,子供の成長などにより家族メンバーの自我が芽生えることで,個人の分化が起こり,家族の団結よりも自己を尊重することで,家族内の力関係のバランスが変化するとされている。

第3章

ファミリービジネスの成長と発展

第3章では,ファミリービジネスの発展段階を明らかにする。まず,ファミリービジネスの発展モデルを提示して,発展段階ごとの特徴および時間的経過による複雑さの増加を指摘する。次に,所有あるいは経営が移転する過渡期に焦点をあてる。つづいて,専門的経営の選択,株式公開,事業売却・再取得,ターンアラウンドなどファミリービジネスの発展に付随して生じる各種の選択肢について個別に説明する。最後に,ビジネスならびにファミリーの円滑な持続発展に不可欠なファミリーの結束についてふれる。

1 ファミリービジネスの発展段階

「ファミリービジネスの維持こそ,経営者にとって地球上で最大の難事である」(Ward, 1987)という指摘を皮切りとして,ファミリービジネスの発展段階の解明が急速に進められてきた。

ファミリービジネスが健全に成長発展を遂げるには,常に現在の立ち位置を把握しておかなければならない。これは,経営者だけでなく,例えば就職先を考える学生でも同じである。

第2章で紹介した3円モデルは構造的側面に焦点を合わせた解明であったが,それを基盤として,ファミリービジネスの創業からはじまる時間的経過に伴う変化に関心が向けられた。

1.ファミリービジネスの3段階発展モデル

まず,Ward(1987)は,業種・製品,ファミリービジネスおよび所有者のライフサイクルに着目して,3者の相互関連の重要性を指摘し,創業者から兄弟の共同経営を経てダイナスティ(dynasty:王朝)に至る発展形態を3段階発展モデルとして提示した。

2.ファミリービジネス発展の3次元モデル(DMFB)

これをさらに発展させたのがGersick et al.(1997)によるファミリービジネス発展の3次元モデル(DMFB:Developmental Model of Family Business)である(図表3-1)。このモデルは,事業軸,ファミリー軸および所有軸の3次元で構成され,3者の相互関係のバランスに伴いファミリービジネスの現在ならびに将来の可能性を想定している。ここで,事業軸は創業から拡大・体系化,そして成熟に至る3段階に区分される。また,ファミリー軸は経営者の若年期,会社への入社,協働,次世代への承継であり,所有軸は単一者支配,兄弟共同経営および従兄弟連合に区分している。3次元のそれぞれについて,概略しておこう。

まず,事業軸について見ると,どのようなビジネスも最初に創業段階があ

第3章 ファミリービジネスの成長と発展

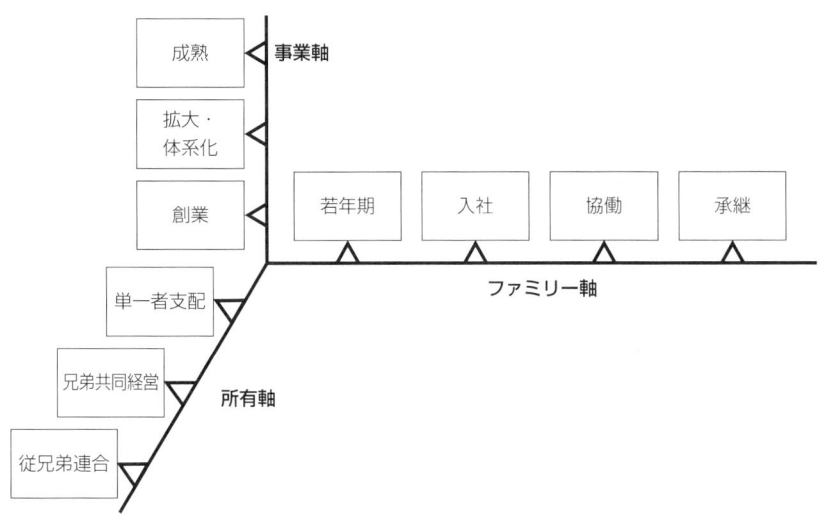

図表3-1　ファミリービジネス発展の3次元モデル（DMFB）

事業軸：成熟／拡大・体系化／創業

ファミリー軸：若年期／入社／協働／承継

所有軸：単一者支配／兄弟共同経営／従兄弟連合

出典：Gersick et al.（1997）に基づき筆者作成

り，将来の成長に向けた各種の準備を行うが，これは生存を賭けた段階でもある。次の拡大・体系化段階では市場における存在基盤を確保し，事業の量的拡大とともに組織体制が質的に複雑化する。事業の成長曲線は，前半の急成長期を経て，低成長期へと移行する。そして成熟段階では製品が陳腐化し，市場全体の成長は停止し，競争の激化と低価格化が表面化する。この段階を脱するには，事業の再生あるいは廃止のいずれかを選択することになる。

次に，ファミリー軸では，結婚，育児，兄弟関係などを通じたファミリーとしての構造および対人関係が重要な節目を構成している。まず当主の若年期では，結婚相手の選択，ファミリービジネスへの関与，両親との関係などが大きな意思決定となる。会社へ入社した段階で，キャリアパスの再確認，兄弟との関係，そして両親を中心とした先代に学ぶ関係をたどる。さらに時間が経過すると両親の世代と協働する段階に入り，その後事業を先代から承継し，最後には次世代へ承継するプロセスをたどる。

最後に，所有軸では，創業者の時代は絶対的な権力を掌握した単一者による支配であり，第2段階は単一者ではなく兄弟などが複数で共同経営にあた

る。そして，3代目以降になると関係者が量的に拡大し，従兄弟を中心とした連合体による意思決定が特徴的な時代を迎える。

このように，3つの次元のいずれにおいてもライフサイクルの変化が特徴的であるが，特に最後の所有軸では，時間的経過に従って量的かつ質的に複雑度が増加している。段階を経るに従って，同一世代におけるファミリービジネス関係者は量的に増加し，かつ相互の利害や価値観が異なるため質的な複雑さも増すためであり，この複雑な利害対立の調整がファミリービジネスシステムを難しくしている。3円モデルが示したファミリー，ビジネスおよび所有というファミリービジネスシステムの3要素の交錯自体が複雑である上に，時間的経過が相互の調整をさらに複雑にする。

なお，このDMFBでは基本的に第1段階は創業者の時代，第2段階は兄弟の時代，そして第3段階は従兄弟の時代と規定している。しかし，現実には所有の変化がこうした基本モデルを常に一方向的に進むわけではなく，その発展は次の3つの類型のいずれかを経る。

①循環型：経営者は交代するが，段階は変わらない（例：兄弟の時代→兄弟の時代）

②逆行型：基本モデルが定めた方向とは反対に逆戻りする（例：兄弟の時代→創業者の時代）

③漸進型：基本モデルが定めた方向に沿って，次の段階に進む（例：兄弟の時代→従兄弟の時代）

欧米では，基本モデルが定めた方向に沿って次の段階に進む漸進型が増加傾向にある。その理由として，次の3点が考えられる。第1は，第二次世界大戦後に創業した世代が，第2段階あるいは第3段階に移行しつつあるからである。第2に，情報通信および物流の発達ならびに市場の拡大により，大規模かつ多面的な企業が好まれるようになっているからである。第3に，ファミリーの側では単一者による所有の傾向が減少しているからである。これは，伝統的な相続の慣習（厳密な長子相続や女性に対する不平等の取り扱いなど）は，多くの社会では既に規範ではなくなっていることによる。

3．ファミリービジネスの所有構造のシステム変化モデル

前述したDMFBをさらに進めて，Carlock & Ward（2001）は所有構造の発展段階として，システム変化モデルを提示した。ここでは，ファミリー，組織，産業，個人という4要素を，所有に影響を与える要素として分離した点に特徴がある。すなわち，所有をライフサイクルではなく，ライフサイクルに規定される4要素および意思決定によって影響される所有形態と規定する。また，ファミリービジネスを6つの所有構造をもつ形態に区分している。6つの所有形態とは，創業，単一者経営，ファミリーパートナーシップ，兄弟共同経営，従兄弟連合，ファミリー大連合であり，DMFBを細分化している（図表3-2）。

図表3-2　ファミリービジネス所有構造のシステム変化モデル：ファミリービジネス所有に影響を与える4つのライフサイクル

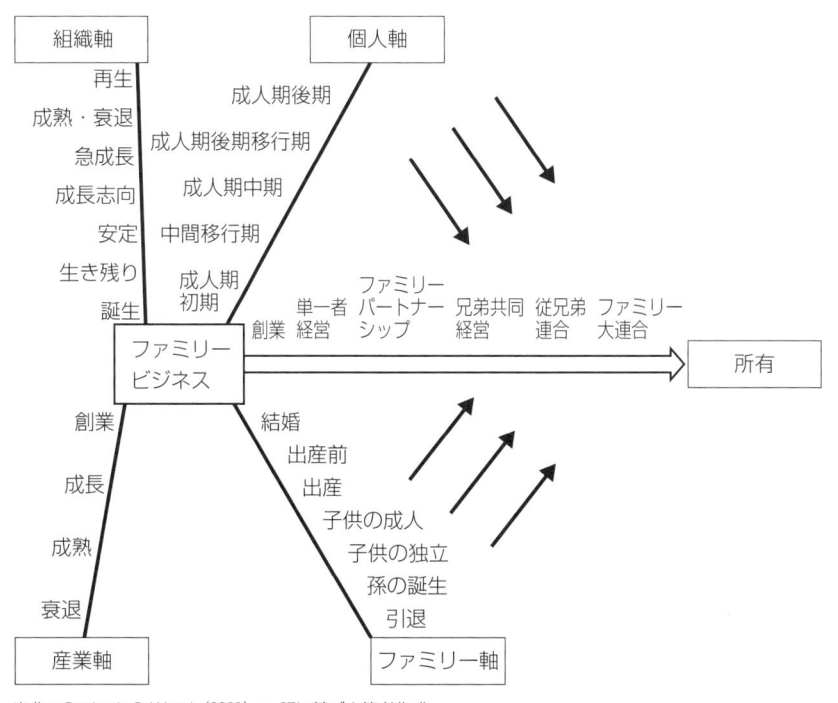

出典：Carlock & Ward（2001）p. 27に基づき筆者作成

4．3円モデルとファミリービジネス発展段階

　もともと3円モデルはファミリービジネスの構造を明らかにする目的で開発されたが，ファミリービジネスの発展モデルとしても非常に有効である。ファミリー，所有およびビジネスの3つのサブシステムが時間の経過に伴って諸段階に移動する様子が効果的に理解できる（Gersick et al., 1997）。例えば所有に着目すると，ファミリービジネスは経営権をもった株主段階からファミリーパートナーシップ，兄弟共同経営，そして従兄弟連合へと移動する。あるいは会社自体が，誕生段階から変化し，その他の諸段階を経過して成熟段階へ到達する。3円モデルを基にファミリー，所有およびビジネスの発展に関する段階を特定することで，ファミリービジネスに関する我々の理解も向上が可能となるだろう。

2　過渡期の問題

1．過渡期の重要性

　それぞれの発展段階に関する理解をさらに深めるのも有意義であるが，ここでは Gersick et al.（1999）に沿って，ある段階から次の段階へ通過する過渡期に焦点をあててみよう。ファミリービジネスの発展において，過渡期は最も重要かつ挑戦課題の多い時期である。それは，意思決定者が多く，最も多くの懸念や不確定要素をかかえる脆弱な時期でもあるからである。

　過渡期は変化に直面する波乱の時期であるのに対し，前の段階と後の段階は相対的に安定期である。ただし，過渡期に関心を注いでいるからといって，個々の段階における安定期の存在を当然と想定しているわけではない。過渡期はビジネスが段階を経ていく経路および基本的変化を再評価する好機であるのに対し，その前後の段階は既に決めた所有構造および組織デザインの範囲内で成長を追求する好機である。

　変化（過渡期）と安定（個々の段階）は，両方とも成功と持続に欠かせない要素であるが，求められる業務と焦点が異なる。安定期の業務は遂行的かつ戦術的であるのに対し，過渡期の業務は探索的かつ戦略的である。別の表現を用いれば，過渡期には全ての選択肢を検討して，どの山峰の征服を目的

第3章 ファミリービジネスの成長と発展

とするか決定するのに対し,安定期には他の選択肢には脇目をふらず,決めた山峰の頂上を目指して,些かの時間も無駄にせずに一気呵成に登頂する。過渡期から安定期に移行するには大きなギアチェンジが求められ,こうした相違およびギアチェンジの理解は,ファミリービジネスの長期にわたる効果的な経営に極めて重要である。

重要なポイントとして,ある段階から次の段階への移行は,予測可能な時期に発生し,一定の経路を経て進行する点に留意を促しておきたい。さらに重要性を強調したいのは,過渡期の性質の十分な理解が,研究者のみならず実務家にも恐らく極めて有効だという点である。もし過渡期の経営を効果的に行う方法を習得できれば,ファミリービジネスの長期にわたる存続が飛躍的に増加する可能性がある。

2．過渡期の構造

各段階から次の段階に移行するにあたって,それぞれ固有の課題に直面するが,どの過渡期にも一定の基本的な構造が存在しており,それをあらかじめ理解しておけば課題の予測が可能となる。過渡期に要する時間は数カ月から数年と幅があり,期間の長短は移行の種類ならびにシステムの複雑度に依存するが,どの過渡期も次のような同じ基本的なパターンに従っている。

過渡期には次の6つの明確な要素が存在している。発展に向けた圧力の連続的蓄積,引き金,開放,選択肢の探索,選択,新しい構造へのコミットメント,である。1つ目の発展に向けた圧力の連続的蓄積は,システムを移行に導く移行期の特徴を示すものであり,残りの5要素は過渡期自体における5つの局面を示している(図表3-3)。

過渡期を促進する原動力を説明するには,氷河を用いた比喩が効果的であろう。氷河はファミリービジネスと同様に,常に環境と相互関係を保つ中で成長を続ける生きたシステムであり,動作と安定のバランスが均衡している。

まず第1の発展に向けた圧力の連続的蓄積では,長い時間をかけて,圧力は氷河の内部で蓄積され,変化に備える。ファミリーおよびビジネスに付随する発展に向けた圧力も常に蓄積しており,変化の必要性に対して準備を行っている。ファミリービジネスの当事者が歳を重ね,ファミリーのダイナミ

図表3-3　過渡期における6つの局面

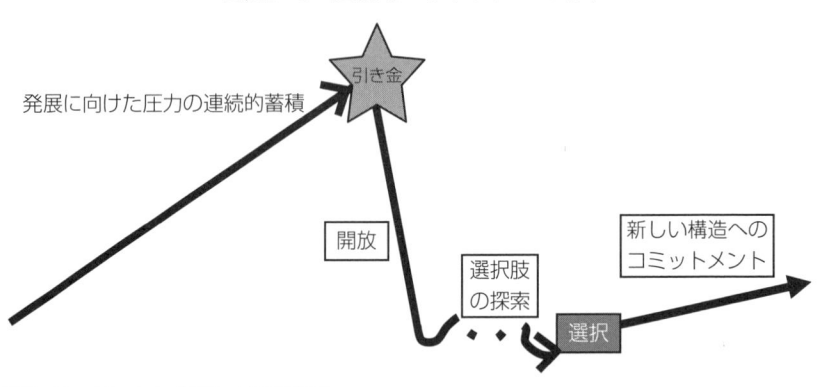

発展に向けた圧力の連続的蓄積
引き金
開放
選択肢の探索
選択
新しい構造へのコミットメント

出典：Gersick et al. (1999) より筆者作成

ズムが発展し，経済環境も変化が拡大していく中で，氷河と同様に，ファミリービジネスも可能な限り変化に抵抗し，従来の習慣および慣習を維持しようと努め，圧力が蓄積されていく。

　第2の引き金とは，システム移行に向けた「準備完了」の信号であり，突然に氷河は急スピードで滑り出す。それは，変化を求める圧力に打ち勝てなくなったという信号であり，ファミリービジネスの場合も，次世代が承継する準備が整い，新しいビジョンの下に事業を改革するエネルギーが充満している事態を意味する。準備が完了した瞬間であるとともに，現経営者と次世代とのエネルギー格差が明白になった瞬間でもあり，引き金は行動を開始する火花となる。

　第3の開放は，新たな発展に向けた圧力の開放であり，氷河が割れ，今まで続いていた古い構造の時代に終焉を告げ，新しい構造を見出す段階である。ファミリービジネスでは，現経営者の引退あるいは株式移転の時期もしくは次世代の昇格に関する日程などの公式な発表が「開放」に該当する。

　第4の選択肢の探索は，過渡期における最も重要な作業であり，新しい所有構造に関する各種の選択肢の検討にはじまり，それぞれについて関係者の夢や人材，能力の視点から可能性を評価測定する。これは，検査，学習ならびに改訂という一連の作業を意味するが，この探索的な段階の運営は，次世

代が経営者として新時代の構想を具体化する段階であり，新しい経営者にとって最大の難関である。

　第5の選択は，最終的に1つの選択肢が選ばれ，他は除外される段階である。この作業は最も注目を集めるが，全プロセスの一部に過ぎない。すなわち，新しい経営者が示した新時代の構想が関係者の合意を得る段階であるが，その後の各種の準備が効果的に続かなければ成功には至らない点に留意が必要である。

　これらの開放，選択肢の探索ならびに選択という3つの作業は逐次的に発生する場合が多いが，要する時間は短期の場合もあれば，長期の場合もある。また，3つの作業を試行錯誤的に反復したり，あるいは一旦結論を下したにもかかわらず保留して，他の選択肢を選び直すファミリーも存在する。こうした事例では，発展に向けた圧力の蓄積が継続するが，既に引き金は引かれているので圧力は高まっており，全システムが不快かつ非建設的なストレスを感じる結果を生じる。最初の選択肢が十分に提示されていなかったため，結論を一旦出したにもかかわらず，その後に選択の誤りに気づき，改めて選択肢の探索を再開する事例もある。その順序がどうであろうと，成功に導く過渡期では，数ある選択肢の中から最終的に1つを選び出し，過渡期の最終段階に前進する。

　最後に，第6の新しい構造へのコミットメントが必要である。選択肢の最終決定は過渡期の終了を意味するのではなく，新しい構造へのコミットメントによる固定化を伴わなければならない。この時点で，ファミリービジネスは新しい事業運営に向けた準備完了を正式に宣言する。また，組織体制の変更，および新システムに対応する環境の整備を必要とし，こうした活動は従来の経営者の主要な事業運営からの排除，支援システムおよび個人レベルにおける重要な変更，新しい方針および業務手続きの採用などを含むのが通例である。

3．過渡期の乗り越え方

　では，新しい経営者は，どのようにして過渡期における一連の活動を乗り切っていけばよいだろうか。多くの人々は過渡期を混乱の時期と認識しがち

であるが，多くの避けられない変化をむしろ好機と認識し，過渡期が完了する時点に向けてシステム全体を一回り大きく成長させるようにしたい。そのためには，経営者が自らの重要な役割を十分理解し，特に次の諸点に留意する必要がある。

　第1に，過渡期の特徴を理解した上で，ファミリーおよび関係者に対し，一連の改革を計画的に実行するのであって，決して混乱ではないことを納得させることである。経営者は利害関係者全てが長期的な変化に着目し，変化の引き金に驚かされないよう，励ます必要がある。

　第2に，過渡期は変革の好機ではあるが，決して改善を保証するものではないと認識することである。過渡期は不安を高め，あるいはファミリーおよび幹部たちが早急な移行を求めるかもしれない。選択肢の十分な検討を省略して，最終段階である新しい体制へのコミットメントに直行したがる傾向も予見されるが，経営者は早急な意思決定には慎重でなければならない。

　過渡期で最も大切なのは，それが変革の絶好の好機であり，ファミリーおよび事業にとって基本的かつ難しい設問を熟慮し，伝統的な慣習を抜本的に再考する努力を惜しんではならないことである。長期にわたる成功を実現するには，経営者が以上で説明した一連の活動の流れをよく理解し，選択肢を広く洗い出し，自社の能力と経営環境が合致する最適の戦略を見出し，必要とされる一連の活動に対する準備を入念に行う必要がある。もし準備不足のまま行動を起こせば，発展に向けた圧力に対抗できず，最初からやり直すことにもなり，結局は高い代償を払わなければならないであろう。

　ここまで，ファミリービジネスの発展段階を概観してきたが，次からは，ファミリービジネス発展の上でとり得る選択肢のうち代表的な事柄を個別に取り上げることとしたい。

3　専門的経営

　本節のテーマである専門的経営はファミリービジネスの「近代化」を意味するが，それを必ずしも実践する必要はなく，推奨しているわけでもない。「近代化」は，方法を誤ればファミリービジネスのよさを殺してしまいかね

ない，まさに「角を矯めて牛を殺す」リスクを内包するからである。大きな分岐点として慎重に判断すべき事柄である。

１．専門的経営とは

　専門的経営とはビジネススクールで取り扱うような体系的かつ科学的なアプローチによる合理的な経営を意味する。企業を取り巻く環境の複雑化に対応した経営を実現するため，その重要性が指摘されてきた。専門的経営を担う専門経営者とは，ビジネススクールにおける専門的・体系的教育（財務，マーケティング，生産，人材開発など）を受けている者を意味する場合が多い。さらに，教育を受けた上で次の条件を満たしていることが要件とされる（Schein, 1968）。

・普遍的な原則に従って個別の事例に対処する
・経営の何らかの専門的分野において専門家とみなされ，何が顧客にとって望ましいことかを知っている
・顧客に手を差し伸べつつ，客観的関係の域を越えない
・彼らの地位は業務上の達成実績によって評価され，ファミリーに対する結びつきで評価されない
・専門家が集まる任意性の集団（学会など）に加盟している

　専門的・体系的な教育を受けていることは専門経営者とみなされる必要条件であっても，自動的に専門経営者を意味しない。Schein（1968）が指摘したような要件を明確に意識している場合に，専門経営者と呼ばれる。

２．専門的経営の必要性

　専門経営者に対する関心はChandler（1977）以来増大し，ビジネススクールによる人材輩出が進められてきた。アメリカにおける経営に関する専門家教育のはじまりは，1881年にフィラデルフィアの実業家であるジョセフ・ウォートン（J. Wharton）の寄付によりペンシルバニア大学に10万ドルを寄付して商業大学を開設した時期に遡る。それ以来，650以上のビジネススクールが設立され，毎年7万人のMBA取得者が社会に送り出されている。

　こうしたMBA取得者のうち，ファミリービジネスに就職する比率が近年

上昇しているのは，一方ではアメリカの不景気に伴い大企業への道が狭くなっていることによるが，他方では起業家およびファミリービジネス側のニーズ増加による。

専門経営者が組織の効果性を真に改善しているか否かについては議論が続いていたが，大部分のファミリービジネスでは実際に恩恵を享受している。例えば，マーケティング，財務計画，生産管理などは，多くの企業が競争力を増すために活用している好例である。

ファミリービジネスが専門的経営および専門経営者を必要とする理由は，次の4点である。最大の理由は，ファミリー内部における経営の専門的知識をもつ人材の欠如である。ファミリーにはマーケティング，財務，経理など専門的知識をもつ人材が不足しており，ファミリービジネスが生き残るには，こうした知識が不可欠である。ファミリービジネスが成長するに伴い，特に環境が複雑な場合，ファミリーだけで全ての必要な能力をもち，全ての担当部門に人材を配置することは現実的ではない。したがって，ファミリーは必要に迫られて外部に助けを求め，あるいはファミリーメンバーの知識を拡充しなければならなくなる。

専門的経営を必要とする第2の理由は，事業運営における規範および価値観を変革する必要性である。Lansberg (1983) をはじめ他の多くが指摘しているように，無条件の愛や関心といったファミリーの価値観はビジネス上の価値観と矛盾する場合が少なくない。ファミリービジネスのリーダーには，ファミリーにおける専門性の欠如ならびに従業員における収益性と生産性に対する関心の欠如を変化させる方法として，現有の経営陣に健全な経営手法を教え込んだり，あるいは会社組織としての効率性ならびに高収益性と整合した価値観をもった専門経営者を外部から導入する方法に可能性を見出している者も存在する。

専門的経営への移行を通じて，非生産的な従業員を辞めさせ，より厳密な管理が可能になるとファミリーは考えるかもしれない。家父長的アプローチをとるファミリービジネスのリーダーは多くの場合，こうした変化を自らとることに消極的であり，ファミリーが自力で実現できない痛みを伴う変化を，外力の助けを借りて実現することになる。

第3章　ファミリービジネスの成長と発展

　第3の理由は，経営の承継に備えるためである。創業者あるいは現経営者が早期に引退を希望していても，ファミリーメンバーが経営を受け継ぐには追加的な訓練を受ける必要があったり，あるいは引退後にファミリーには事業を運営できる人材が存在しないと感じていたりする場合がある。その場合，会社の経営責任を信頼して委ねられる人材を外部に求めることになる。

　第4の理由は，従来のファミリービジネスが体系化されておらず，専門的経営による改善ならびに業績向上の余地が大きいことである。

　MassMutual Survey[1]（2003年）によれば，回答企業全体の39.6％しか文書化された戦略計画をもっていない。戦略計画をもっている企業のうち，70.1％は内容をよく理解しており，ある程度理解している（26.7％）と合計すると，大半が戦略計画を理解し，活用していると推定される。文書化された戦略計画の存在と各種の計画的活動の間には相関関係が示されており，文書化されると株式の売買合意書，会社株の正式評価などを備えている比率が高い。また，取締役会の開催頻度が高く，取締役会の評価も相対的に高い。従業員数，売上高ならびに国外売上高のいずれも相対的に高い。

　しかし，この4年後に実施されたMassMutual Survey（2007年）でも，文書化された戦略計画をもっている比率は全体の36.6％であり，戦略計画を立案する正式なプロセスを用いている比率は31.1％とさらに下回っている。これは，専門的経営を目指すとすれば多くの改善が必要であるが，非ファミリーのCEO比率（20％）が2003年（14％）から大きく向上しているのは，専門的経営化を志向している証左かもしれない。

3．専門的経営を実現する3つの選択肢

　専門的経営を組み入れようとするファミリービジネス責任者が選べる選択肢には，次の3種類がある。株式を所有するファミリーメンバーに対する専門的・体系的教育，現在働いている非ファミリー従業員に対する専門的・体系的教育，外部からの専門経営者の導入，である。最初の2つの方法は漸進

---

[1] アメリカMassMutual生命保険会社が1993年以来，隔年実施しているファミリービジネスの実態調査。

的かつ部分的な変化を伴い，変化は緩慢で数年を要する場合が多く，企業文化が大きく変化する可能性は低い。第3の選択肢は革新的な変革に向けた努力を必要とし，会社の運営ならびに文化における大きな変化が比較的短期に発生する場合が多い。それぞれの説明を以下に示す（図表3-4）。

第1の株式を所有するファミリーメンバーに対する専門的・体系的教育は，次の4つの条件が備わっている場合に適用が可能である。

- 必要とする経営手法を学ぶ意欲と能力を備え，ファミリービジネスで働く意思をもったファミリーメンバーが存在すること
- ファミリーが既存の価値観の維持を必要とし，その価値観を維持するにはファミリーが最適であると考えていること
- ファミリーが企業の自らによる所有ならびに経営の持続を望んでいること
- ビジネスの戦略的重点を近未来に変更する必要性がなく，換言すれば組織の戦略と環境が比較的整合していること

図表3-4　専門的経営を実現する3つの選択肢

	ファミリーメンバーに対する専門的・体系的教育	非ファミリー従業員に対する専門的・体系的教育	外部からの専門経営者の導入
既存の価値観を変更する必要性	×	×	○
既存の戦略的重点変更の必要性	×	×	○
有能な人材がファミリーにいる	○	×	×
有能な人材が社内にいる	○	○	×
ファミリー関与の必要性	○	○	―
考慮すべきポイント	キャリア計画の尊重，メンター制度	評価システム，インセンティブ制度	守るべき価値観共有，目的の明示，手段の一任

出典：Dyer (1989) に基づき筆者作成

第 3 章　ファミリービジネスの成長と発展

　これらの条件が存在すれば，ファミリーは自ら保有する能力の開発を通じて成功する可能性が高い。ファミリーメンバーのための訓練開発プログラムの創出が，この成功には不可欠であり，その成功事例も少なくない。

　例えば，リーバイ・ストラウスでは，ファミリーメンバーが自社で就職する前にハーバード・ビジネススクールで MBA を獲得することを勧めてきた。ビジネススクールにおける体系的な専門教育だけでなく，自社勤務前に最低限 2 年間の社外における勤務体験を必要としているファミリービジネスもある。またあるファミリービジネスでは，必要とする各種の才能を子息が会社に導入できるよう，4 人の息子それぞれが異なった専門分野で学位を取得するよう促してきた。

　ビジネススクールにおける専門的・体系的教育と社外勤務経験はファミリーメンバーの経営手腕を高めるが，彼らの入社後には多くの場合，更なる訓練が必要である。経営者向けの経営プログラムならびにセミナーによる能力向上，専門的組織への参加による人脈拡大と最新情報の獲得は，いずれも有効である。ファミリーメンバー以外の尊敬に値する経営幹部によるメンター制度は，経営手法の習得だけでなく，会社の規範と価値観を教える上で効果的である。最後に，会社が主催する訓練開発プログラムも，必要とする情報および能力提供に役立つ。

　ファミリーメンバーに対する専門的・体系的教育という選択肢には欠点もある。ファミリーメンバーがファミリービジネスへの参加に関する不当な圧力を感じる場合には，もし子息が社外にキャリア・パスを求めた場合，罪悪感を感じるかもしれない。この場合，両親の側では憤慨感を抱くのが通常である。また，ファミリーのリーダーと子息の期待が一致していたとしても，専門的・体系的教育を受けてから入社した後で対立が発生する可能性がある。例えばあるファミリービジネスでは，息子がファミリービジネスに参加することを期待して，MIT に送り込んだ。しかし，息子は MBA 取得後に，ビジネススクールで習得した新しい経営手法を説明しても，父親が耳を傾けないことに気づいた。息子は騙されたと感じ，苦い感情を胸に抱いたまま父とファミリーから離れてしまった。このような例もある。

　この第 1 の選択肢を選ぶ前に，ファミリーのリーダーはファミリーメンバ

ーのキャリアに関する希望や目標を十分理解しておく必要がある。このためには，メンバー相互の自由闊達な意思疎通が必要であり，ファミリーの後継者候補に対するキャリア・カウンセリングを，可能であれば専門的訓練を経た者から受けるという選択肢も存在する。また，次世代がキャリア選択を模索する際に，ファミリービジネスが求めている専門的な知識ならびに能力をファミリーとして明確に認識しておく必要がある。例えば，過去には技術的な専門知識を必要としていたが，今では将来に向けてマーケティングあるいは人材管理の専門知識へニーズが移っているとしよう。この場合，後継者候補が技術分野に興味をもてないが対人的活動が好きであれば，カウンセリングを受けてファミリービジネスにおける自らの役割について新たな発見をする可能性が期待される。

　第2の選択肢である現在働いている非ファミリー従業員に対する専門的・体系的教育について，これを可能とする条件は次の4点である。
・ファミリービジネス参加に意欲的なファミリーメンバーが少ないこと
・ファミリービジネス勤務に対して必要とするモチベーションならびに経営者としての業績を改善できる可能性を有する非ファミリー従業員が存在すること
・ファミリーと非ファミリー従業員の相互信頼レベルが比較的高いこと
・ファミリーが価値観および事業の戦略的焦点の維持を希望していること

　ファミリービジネスでは，非ファミリー従業員が二流市民として取り扱われ，会社の成功に対する貢献が正当に評価されていない事例が見られる。これらの従業員は正当に評価されずに見過ごされてきた経営資源であるが，ファミリーが認識する以上に会社のビジネスを理解している。彼らはファミリーの価値観ならびに固有の特徴を理解し大切に考えており，ファミリーの期待通りの行動が期待できる。これらの従業員は機会さえ与えられれば，ビジネスを発展させる上で大きな役割を担うことが可能である。

　この選択肢を選んだ成功例として，ある大きなファミリービジネスが実践した一連のプロセスを紹介しよう。このプログラムは体系的かつ大規模であるが，大きな成功を収めた。学習意欲を促進し，創業者と管理者の間における自由なコミュニケーションも生み出された。

①主要な非ファミリー経営幹部25名を外部コンサルタントがインタビューし，それぞれのキャリア上の目標と期待を確認する
②主要な経営幹部60名の経営スキル（計画，意思決定，コミュニケーション，チーム構築力など）を評価する。この評価は，上司，同僚および部下のフィードバックを含んで行う。この360度評価内容は守秘扱いとし，直属上司だけがアクセスでき，本人の改善目標作成に活用する。この目標は，次にその直属上司の上司が直属上司の業績を評価する際に用いられる
③管理者の各種訓練プログラム（各分野における専門教育）を実施する
④各管理者による後任者への引継計画を立案する。これにより，全ての役職において交代を可能にする
⑤専門機関によるマネジメント・セミナーおよび各種大会へ非ファミリー経営幹部が参加する

この事例は，非ファミリー幹部を専門経営者に変化させようとする場合に考慮すべき3点を示唆している。第1に，評価システムを用意して，必要とする意欲，目標ならびに可能性を秘めた非ファミリー従業員を抽出し，さらにはキャリア・ガイダンスならびにキャリア・オプションの提示をできるようにする。第2に，非ファミリー経営幹部が追加的な教育を受けたくなるインセンティブを提供する。受講料の会社負担が最も一般的な方法であるが，社内研修プログラムも非ファミリー従業員の能力向上に有効である。第3に，ファミリーメンバーに用意されてきた恩典を，非ファミリー従業員も同等ないしほぼ同等に享受できるようにする。教育プログラム参加の機会を与える一方で報酬に対する考慮を無視すると，冷笑的な雰囲気とモラール低下を生じ，逆効果になってしまうので要注意である。

なお，非ファミリー経営幹部を専門経営者に登用する選択肢の問題点として，彼らが新しいスキルの実用に消極的であったり，あるいはファミリーの歓心を買う目的のみで訓練を受け，教育プロセスにコミットしない可能性がある。こうした問題は，家父長的ないし独裁者的なファミリービジネスで生じやすい。多くの教育成果を積んだ経営幹部が生まれても，失敗や叱責を恐れるあまり，会社の方針，規則および目標に盲目的に追随するだけで，せっ

かく得た新しい知識やスキルを会社業績の改善に実用しない結果に終わってしまいかねない。

さて以上2つの選択肢は，ファミリーが既存の戦略ならびにファミリーの伝統的価値観の維持を望む場合にとり得る選択肢であるのに対し，第3の選択肢である外部からの専門経営者の導入は，下記条件の場合に妥当である。

・既存の戦略ならびにファミリーの伝統的価値観を変更する必要性が存在すること
・ファミリーおよび非ファミリー従業員に，会社を経営する資質，能力，関心が欠如していること

市場における競争力の維持に失敗し，あるいは全社の諸活動を効果的に組織・調整ができないファミリービジネスは，オーバーホールともいうべき徹底的な検査修繕を必要としている場合が多い。外部の力および新しいアイデアの助力なしには，こうした変化を生じるのは無理であり，したがって新しい経営者の資質が重要となる。

ただし，専門経営者の導入は新しいスキルと価値観の導入を意味しており，組織内に少なからぬ緊張を生じる可能性が高い。こうした問題を緩和するために，ファミリーは次の前向きな諸施策を導入するとよい。まず1つは，外部から導入する専門経営者が，必要な時間をとってファミリーおよびビジネスに自らを適合できるようにする。ある専門経営者は，自らの任務を「聖なる牛の屠殺」，すなわち組織の規範の変革と認識している。しかし多くのファミリービジネスの規範には，コミットメント，忠誠心など維持すべき価値観が含まれている。したがって，ファミリーは守るべき価値観を共有して，専門的経営の目的を明確にし，手段については専門経営者に一任するとよい。要するに，ファミリーは達成したい最終目標の概略を伝え，与えられた目標を実現するための新しいアイデアや方法の実行については，専門経営者に一定の自由裁量権を委ねるわけである。

もう1つの重要なアプローチとして，専門経営者の関心を会社に結びつける方法があり，これにより専門経営者の行動に影響を与えて専門経営者と企業の利害の整合を図る。例えば，ストック・オプションを専門経営者に与えると，自己の利害を優先しないでオーナー経営者と同じように考えるように

なる。さらに，専門経営者を取締役に登用する方法も効果的である。専門経営者が，関係する地域社会の一部として溶け込むよう，地域への参画も促す必要がある。

4．専門的経営導入に伴う問題点

ファミリービジネスの専門的経営への移行に伴う問題点の多くは，ファミリーの当代の責任者と専門経営者との間における訓練および価値観の相違に起因する。問題の分析，権限の行使，他者とのかかわりなどにおいて，両者は極めて対照的である（Schein, 1983）。

例えば，ファミリーの経営者は自らの製品・サービス固有のビジョンを駆動力とし，本能的ともいえる意思決定，株式所有に立脚した権限，および他メンバーのモチベーション向上における家父長的な行動を特徴とする。反対に，専門経営者は権限を株式所有ではなく地位に立脚し，意思決定は直感よりも論理と合理的分析に基づいている。さらに，対人関係では個人の感情をまじえない傾向があり，創業者にありがちな家父長的な行動とは対照的である。

全てのファミリー経営者と専門経営者が上述した諸項目で異なっているわけではないが，ファミリービジネスに加わった専門経営者を題材とした多くのケーススタディは，一般的に上記の相違を証明している。専門経営者はファミリー経営者とは異なった世界観と「基本的な仮定」をもち，組織のシステムや運営方法についても，ファミリー経営者が慣れ親しんでいる非体系的な方法とは異なる。

こうした両者の違いは，組織ならびに職業における社会化の経験に由来する場合が多い。ファミリービジネスの環境で生まれ育った者は，その組織特有の存在であり，他の種類の組織での経験が皆無に等しい。彼らはファミリーの価値観と役割，地域社会におけるファミリービジネスの重要性を体得しており，ファミリーと経営責任者のニーズを整合する方法についても認識している。彼らの訓練は非体系的，個人的であり，経営ではなく個別の手法や技術に偏しており，自らの特定の作業に対応する固有性を特徴とする。

対照的に，専門経営者は教室で集団的に社会化し（White, 1977），訓練は

体系的で，全てとはいわなくても大半の組織に応用できる普遍的な知識を学ぶ。ケース・メソッドは多くの専門経営者教育プログラムの重要な一部を構成しており，システムやプロセスが完備している官僚的な大企業の分析に向けられている場合が多い。経営教育の多くの部分は，ビジネススクールのプログラムに倫理を組み入れようとする最近の試みを別とすれば，価値観から中立である。卒業後，多くの専門経営者は大企業で働き，しばしば転職して広範な種類の組織における経験を積む（Schein, 1976）。

また，専門経営者と地域社会の価値観が整合していない場合も，問題が生じかねない（Astrachan, 1988）。多くの調査によれば，専門経営者は従業員との価値観の違いを理由として，関連する地域社会の外部に在住することを選択する傾向があるが，地域社会以外に住むと，専門経営者と従業員のコミュニケーションに障壁が生まれ，「我々と彼」という対立的な機運が生まれがちである。その上，外部から招かれた専門経営者が主要な役職を占めはじめると，ファミリーメンバーならびに非ファミリー従業員も含めて，そのキャリア昇進および自己の尊厳が損なわれる脅威を招く場合もある。これは，猜疑と不信を強める結果を招きかねない。こうした対立はモラールの低下，労働組合活動の増加，そして最終的には組織全体の生産性低下につながる。

ここで，アメリカ北東部の某中堅企業（年商約70億円）の事例を紹介しよう。経営危機に直面して，同社のファミリーの社長は外部からの専門経営者導入による会社の再建を決意した。外部から登用された専門経営者は，在庫管理の効率化，財務管理の導入と併せて，業績に寄与しないと判断した従業員を解雇した。その断固たる経営姿勢によって，売上高と利益は短期的に上昇したが，数年後に従業員のモラールが低下し，労働組合を支持する傾向が顕著となった。さらに数年後には売上高が急減したため，専門経営者は経費を節減するため，従業員の半数以上の解雇に踏み切った。会社の文化が変質をはじめたため，ファミリーと専門経営者の対立が深まり，ファミリーが専門経営者の改心か解雇という二者択一を決意したことを知り，専門経営者は主要幹部および取締役会の支持を取り付け，創業家を追い出す秘密工作に乗り出した。最終的に，ファミリーは専門経営者を解雇し，別の専門経営者と交代させた。最初の専門経営者は立派な業績をもっていたが，ファミリーの

価値観を理解できないだけでなく，従業員の信頼も得られなかった。長期にわたりともに働いた仲間を導き入れ，コンサルタントを多用し，従業員を信じようとしなかったので，職場は険悪となった。結局，彼は解雇され，ファミリーが信頼する友人が新たな専門経営者として招かれた。

彼は会社にも製品にも精通しており，また，最初に従業員とのグループミーティング等を通して，存在感を高めることに努めた。解雇された従業員を復帰させるなどの努力を重ねた結果，労働組合の活動も下火になり，職場のモラルも改善し，業績も速やかに改善した。

この事例は，専門的経営の導入に付随しやすい問題点とその改善方法を示している。ファミリーおよび専門経営者は，職場会議，社内報，昼食会など多様な方法で従業員とのコミュニケーションの改善に努めなければならない。専門経営者の導入にあたっては，職責の計画化およびチームワーク向上を目的とする各種ミーティングが必要である。異なった経験と世界観をもつ人々が一緒に働こうとする際に自然発生的に増加する曖昧さと不確定さを減少させる上で，こうした活動は効果的である。

ファミリービジネスの専門的経営への移行および権限委譲は，事業の成長，必要とする経営者人材のファミリー内における不足，承継に向けた準備，ビジネスの規範および価値観の変革などの理由で必要とする場合が存在するのは確かである。しかしながら，ここで残された課題として，下記の検討課題をあげておく必要がある。

・ファミリービジネスに専門経営へ成功裏に移行する能力ないし意思が欠けている場合，それでも移行する必要があるだろうか？
・他の選択肢はないだろうか。もしあるとすれば，どのような選択肢か？
・ビジネスのニーズとファミリーのニーズが対立する場合，会社の短期的業績と長期的業績には，どちらを優先するのが望ましいだろうか？

4　株式公開

株式公開（IPO）も前節の専門的経営と同様に，ファミリービジネスにとって大きな分岐点であり，慎重な判断が求められる。株式公開は，大量の資

本調達，資本調達の多様化，市場でのブランド力強化，財務内容の充実，経営体質の強化，従業員のモラール向上，社会的信用度・知名度の向上などの利点が期待される。さらに，創業者など既存株主の資産の増大，あるいは法人税法で規定される非同族会社となると，同族会社に対する留保金課税等の不利な取り扱いがなくなる。反面，株主からの短期業績に対する要求，迅速な意思決定の制約，情報開示，公開に伴う経費負担，株価変動が事業に与える困難さなど欠点も少なくない。まさに諸刃の剣であり，長期的かつ総合的判断が肝要である。

1．ファミリービジネスにおける株式公開の難しさ

アメリカのS.C.ジョンソン＆サンのサムエル・ジョンソン（創業者の曾孫）は株式公開しない理由を次のように列挙している。

ファミリービジネスには特別の利点があり，それは株式公開企業との競争において特に著しい。株式を公開しなければ，競争にかかわる情報を外部に提供する必要がない。最後の瞬間まで手の内を見せず，勝利を手中に収めることができるのは，まさにポーカー・ゲームと同じである。

収益拡大のためには株式公開企業のほうが有利と考える人が多い。しかし，それは短期的な利益であり，ファミリービジネスは10年に及ぶ長期的な時間軸で判断をするので，単純な比較は疑わしい結果を招く。

また，株式を公開すれば，必要以上に会社情報を公開しなければならないばかりか，公開に要する経費も高額にのぼる。コンゴレウム社は公開企業であった時，年間100万ドルの関連経費がかかったという。同社は1980年に非公開に転じた。

リーバイ・ストラウスもアメリカで1971年に上場したが，1992年に上場廃止した。早期から児童労働の回避を含むガイドラインを制定していたが，1992年，一部開発途上国の契約工場で就労年齢に達しない児童労働の実態が明らかになった。同社は「現地に学校を作り，子供達を通わせて，就労年齢に達してから再雇用する」方針を打ち出したが，株主から学校を建てる資金を株主に還元すべきという批判が続出した。これに対し同社は，同社会長が追求する人権保護や差別撤廃，環境保全，フェアトレードなどの社会的責任

第3章　ファミリービジネスの成長と発展

を追求する経営を貫くため,「株主利益に左右されない企業になることを選択する」として,社会に貢献する企業であり続けるために,創業者によるMBO（経営陣による企業買収）を行い,アメリカでの上場を廃止した。

2．株式非公開化の潮流

　近年の日本における現象として,非公開化（going private）があげられる。長期的な戦略目標に集中し,抜本的な事業再編や合理化を断行する場合,上場した株式を自主的に上場廃止するもので,より柔軟な事業計画の実行が可能になる。欧米では同様の理由で以前から非公開化が行われている。

　前述のように,株式を公開していると,株主からの短期的な収益向上という圧力を無視できず,中長期的な経営戦略の推進や,大胆な事業改革の断行に困難が生じかねない。また,金融庁,証券取引所等に提出する情報開示書類の作成や監査コスト,株主総会や投資家向けの説明会の開催などIR（投資家向け広報活動）にかかるコスト,取引所に納める上場継続費用,および関連業務に要する人的コストなど,膨大な費用が発生する。

　非公開化を行うことで,株式市場からの圧力を排除して,経営陣やオーナーなど一部の株主に権限を集中させ,経営の自由度・機動性を高め,長期的な視野に立った経営戦略を行える状況を実現できる。

　また,ファミリー株主が,事業承継のために持分を売却する相手として,現経営陣や彼らを支援する投資ファンドが望ましいと考え,上場廃止するケースもある。市場における売却は株価の下落を伴う可能性が強く,また競合他社への売却は,売却後の雇用関係や取引関係に対する懸念や,心理的抵抗感から難しいといった事情がある。この場合,事業承継税制による相続税・贈与税の納税猶予制度[2]が併用されることがある。

　国内における株式の非公開化は,既に1990年代後半に見られたが,2005年にワールドがTOB（株式公開買付け）を活用したMBOを実施した他,ポッカコーポレーションやすかいらーくなどが戦略的な上場廃止を実施した。非公開化した後,再上場することも可能であり,所定の事業改革が完了した

2　平成21年度税制改正による。

などの理由で再上場する事例も今後生じると思われる。

5　事業売却・再取得，ターンアラウンド

1．事業売却・再取得

　ファミリービジネスの売却もファミリービジネスの選択肢の1つである。否定的な評価ならびに感情を伴いがちであるが，欧米では必ずしも失敗とはとらえられていない。企業が市場から退出する場合，廃業や清算の手続きにかかるコストなど退出に伴う取引コストが新たに発生するが，売却で得た資金を別の事業に再投入して，事業の再活性化を図る有効な戦略的側面が存在する。従来の事業では効果的に活用できなかった労働や資本などの生産要素を移動して，従来以上の経済的便益を生み出す可能性も十分に考えられる。また，売却に至った原因を反省し，教訓を導き出して活用する点も重要である。

　売却の原因はビジネス要因とファミリー要因が約半々である。ビジネス要因としては，事業拡大を続けるには手放すことが効果的と判断したという理由が半数以上を占めるが，次世代が年若く未熟なため，従来通りの経営では倒産する恐れがあるという事例も存在する。いずれも経営環境を分析し，問題を解決するために売却を選択している。ファミリー要因は，いずれもファミリーとビジネスあるいは所有の間における不適合を指摘しており，必ずしも売却時にビジネスが困難に直面していたわけではない。問題化する前の段階で対策を講じており，もしファミリー要因にかかわる問題を放置していれば，最終的に事業は失敗していたかもしれない。

　ファミリーが売却を決意した理由，意思決定および実行の経緯，そして売却がファミリーおよびビジネスに与えた影響に関する分析では，売却後には，幸福感，分離感，意気消沈などを短期間経験した後，現実感と楽観的な気分が到来する可能性が指摘されている。

　この楽観的な気分は次の諸活動の機会を認識する可能性に由来する。売却後の活動事例としては，他人の事業に対する投資，メンターあるいは取締役としての関与の他，財団活動，慈善活動，執筆などビジネス分野以外の可能

第3章　ファミリービジネスの成長と発展

性も指摘されている。事業売却によって得られた金銭だけでは空虚感を満たせず，売却後の活動に関する計画をもっておく必要がある。

　ファミリービジネスの売却に関する研究は少なくなく，売却に関するプラス，マイナスの事例ともに数多く報告されている。ファミリービジネス売却の全体像を分析した先駆的研究では，事業売却およびそれに付随する感情的側面だけにとどまらず，ビジネスの視点，非ファミリー従業員の視点ならびにファミリーの視点から，売却について総合的に分析している（Aronoff & Ward, 1996など）。

　売却後に事業を再取得する事例も稀ではない（Kenyon-Rouvinez, 2001）。再取得が企業の再活性化を通じて価値再生産につながれば，雇用の維持拡大および経済に対する寄与を生む。企業の再取得による再生が世代交代の時期と一致する場合は，次世代能力に事業活動を適合させ，そのモチベーションを高める効果も期待できる。

　ファミリービジネスを売却したファミリーが再取得した場合には，以前の失敗から得た教訓が生かされているという指摘もある（Kenyon-Rouvinez, 2001）。3円モデルが示す3つのサブシステムのうち，売却前に問題がなかったサブシステムは再取得段階でも変更せずに維持するが，問題があったサブシステムは再取得段階に変更して，失敗の再発を防いでいる。例えば，ビジネスサブシステムでは製品・サービスの陳腐化，市場対応の不適合，売上高の低落，ファミリーサブシステムではメンバー同士の協働における困難，所有サブシステムでは株式公開によるファミリーの支配力喪失などが失敗要因として指摘されるが，こうした問題を生じたサブシステムには，相応の修正が加えられている。

　また，売却前と再取得後に複数のファミリーメンバーが参画すると，問題を通じた組織的な学習効果が認められる。特にガバナンス・システムについて，変化が著しい。調査対象事例の全てが再取得後は社外取締役を含む取締役会をもち，半数以上がファミリーカウンシル[3]あるいはファミリーミーティングを定期的に開催している。

3　ファミリーミーティングの事務局。第6章参照。

再取得の理由は，ファミリーが一緒に働くことに喜びと楽しみを感じ，ファミリーの価値観ならびに文化の長期的持続を願う点にある。事業の売却後，多くの金銭を得て裕福に暮らしても，ファミリーメンバー相互の信頼と尊敬のもつ価値の重要性を再認識し，事業再取得に至っている。確かに，ファミリーがビジネスで成功するには，信頼と尊敬が主な要因として指摘されてきた通りである。
　このように考えると，会社の売却は必ずしも失敗を意味しない。同時に，何らかの方法で富を蓄積しても，それが自動的に成功を意味しない。ファミリービジネスの場合，ビジネスの基盤にはファミリーが存在し，事業の成功失敗はファミリーの価値観に基づいて判断される。会社の売却の評価についても，全く同じである。その意味で，会社の売却における成功を下記のように要約している研究（Kaye, 1996）は，アメリカの社会の現状を反映している点を含めて興味深い。

①現経営者と後継者が，後継者はビジネスに著しい貢献をしたと一致して評価している
②会社を承継または売却するにあたって，両世代が一緒になって企業価値の最大化に努めた
③目標実現に向けたプロセスが，個人だけでなくファミリー全体にも実りあるものであった
④精神，健康あるいは薬物など深刻な問題が発生していない

2．ターンアラウンド

　ターンアラウンド（事業再生）とは中長期的な収益改善を目的とする事業再生であるが，通常の経営と異なる思い切った改革を必要とするため，長い伝統を尊重する旧来の経営者では迅速果敢な対応ができない。それだけでなく，変化に対する抵抗勢力になる危険性が高い。そこで，長期的な視野に立ち，会社存続のために既存の世代が自発的に退任して，後継世代に再生を委ねるのが望ましい。しかし，既存の世代が自発的に退任するとは限らず，第三者の力を借りる必要が生じる。
　ファミリービジネスに深刻な問題が発生すれば，ファミリービジネスの病

に対する医師として会計士，弁護士，フィナンシャル・プランナー，心理療法士，ビジネス・コンサルタントなど専門家がチームとして総動員体制で対応し，健康を回復させるための全力対応が求められる。何としてもファミリービジネスとしての持続を実現しなければならない。そのファミリービジネスを患者として取り扱う局面を迎えており，一刻の猶予も許されない場合が少なくない。

　なお，緊急事態に比べれば，緩やかに衰退する場合は深刻度が低いように思われがちであるが，必ずしもそうではない。当事者の自覚が低く，緊急事態に直面した際とは異なり，部外者のアドバイスに耳を傾ける意欲や改革断行の覚悟も弱い場合が多いからである。

　ターンアラウンドにおいては，まずステージ1として，組織改革，マネジメントの交代，外部の専門家のアドバイス，組織の縮小（リストラ）による救急対策を施した後，ステージ2として新しい組織で再生戦略を実行する。最も緊急を要するステージ1について，倒産の危機に瀕したが立て直しを成功させた老舗ファミリービジネスの事例を分析した研究（Cater & Schwab, 2008）は，以下の事実を指摘している。

　第1に，ファミリーのトップマネジメントのビジネスに対する強い愛着と関与は，事業再生の局面では障害となる。なぜならば，老舗ファミリービジネスが組織の危機に際してトップマネジメントの交代を開始し，実行する能力を減退させるからである。同時に，コンセンサス志向と紛争回避を強めるため，組織の危機に際したトップマネジメントの交代を開始し，実行する能力の制約にもなる。

　第2に，老舗企業にありがちな内部志向は，事業再生の局面では障害となる。それは，コンサルティング会社などの適切な外部のサービスを見出し，組織の危機に対応する専門的な知識，経験を求める能力の障害になり，また組織の危機に対応するために外部の人材を経営幹部として採用する際に障害となるからである。

　第3に，老舗ファミリービジネスのインフォーマルなマネジメントシステムは，組織の危機に際したトップマネジメントの交代を開始し，実行する能力の制約になる。

反対に，老舗ファミリービジネスにはターンアラウンドを促進する効果を発揮する特徴がある。第1に，ファミリーメンバーないし従業員に見られる利他的な傾向は，組織の危機に対応する際の緊縮戦略の能力を高めるので，ターンアラウンドを促進する効果がある。第2に，その長期的な視野は，組織の危機に対応する際の緊縮戦略の能力を高め，ターンアラウンドを促進する効果がある。

3．日本の現状

事業売却・再取得，ターンアラウンドについて，日本の現状はどうなっているのだろうか。

日本では1991年にバブル経済が崩壊した後，一定期間を置いて創業以来100年を超える老舗企業の倒産あるいは廃業が増加した。老舗企業の大半がファミリービジネスである点は前述の通りである。民事再生法に基づく事業再生事例も少なくなく，それを支援する動きとして，旅館業界における星野リゾート，食品・酒造業界におけるジャパン・フード＆リカー・アライアンス（JFLA）の動向が注目される。両社とも自ら老舗ファミリービジネス（前者は星野旅館，後者はマルキン忠勇）として事業再生した業績に基づき，そのノウハウを活用して業界他社の再活性化に寄与している。

JFLAの場合，盛田とともに10社以上を統括して，資材購入・生産・販売での相互連携を行うことにより規模の経済効果を発揮しつつ，各社には独自性や得意分野への専念を指導している。その際，基本方針として創業ファミリーに何らかの寄与を求めている点に注目したい。

老舗ファミリービジネスのターンアラウンドにおいては，創業ファミリーがもつプラス要因とマイナス要因を峻別する必要がある。促進効果をもつ側面では創業ファミリーの存在を活用しつつ，阻害要因については専門経営者の支援を得る方法がターンアラウンドの効果的な方法と考えられる。

また，日本の代表的な中小製造業企業の集積地である大田区と東大阪市を対象とした研究は，年配の経営者ほど事業の継続を望む点を明らかにした（本庄・安田，2005）。この理由として，年配の経営者ほど自らの企業を残したいという思い入れが強い点が指摘され，併せて相対的に若い経営者ほど転

職や他事業への転換の機会がまだ十分にあることから撤退後の期待効用は高く，そのために現在の事業にそれほど執着しないとも推定されている。

もしファミリービジネスの継続に対する願望が日本企業の長寿性を支える要因の1つであるならば，経済の効率的活動のバランスは，今後の研究課題として深めていく必要がある。

6　円滑な発展：ファミリーの結束と障害の排除

ファミリーの結束は，ファミリービジネスの持続と円滑な発展にとって，決定的と表現しても誇張ではないほど極めて重要な役割を担っている。しかし，ファミリーメンバー間の利害，年齢差，関心事などの相違から生じる相互理解の欠如は，やがて対立を生じるリスクを内在しており，ファミリーの結束と障害の排除はファミリービジネスにとって重要な課題である。

円滑な発展を阻害する対立関係を防ぐ1つの方法は，ファミリーの所有と経営の分離である。ロックフェラー二世が息子にビジネスへの参加を義務づけず，ファミリーオフィスを設立したのは古典的な方法であり，それによってファミリーメンバーの富の管理を任せる傍ら，自身は真の関心事であったフィランソロピーに生涯を投じたのである。

他の有効な方法としては，メンタリングがある。

メンタリングが有効に機能する条件として，両者の関係・距離が重要である。ファミリー以外のメンターが若いファミリーメンバーの訓練を担当したり，あるいはファミリーメンバーであっても十分歳をとっていて安全な立場にあり相手を直接のライバルとみなさなかったりする関係は，メンターの効果を正にする。年老いたメンターが，次世代を生み出す関心をもつライフステージに達している場合も効果が期待できる。既に成功を手にしていれば，自らの個人的進展の一部として他人が成功することを手助けしたくなるものである（Levinson, 1978）。

ケーススタディ：マルハチ村松

＜会社概要＞
社　　　名：株式会社マルハチ村松
創　　　業：1877（明治10）年　村松善八商店発足
所　在　地：静岡県焼津市
代　表　者：代表取締役社長　村松憲行（5代目）
事業内容：天然調味料・機能性食品素材，チルド・デリカ食品などの製造販売
従業員数：450名
資　本　金：5,000万円
売　上　高：168億円（2010年度）

　マルハチ村松は明治10年に創業した。2000年に5代目を継いだ村松憲行社長は自らを「ベンチャーの親父さんみたいな者」と振り返る。
　同社の前身である魚問屋を25歳の若さで継いだ初代村松善八（1852-1907）は鰹節の品質基準となる「焼津鰹節標準型」を開発し，惜しみなく他社さらには他の地域にもひろめ全国に普及したパイオニアである。2代目善八（～1950）は事業基盤を確立し，1919年には天然調味料の鰹エキスと鰹の素を開発した。3代目正之助（～1950）は太平洋戦争で仕事がなく，地元の同志600名と南洋のボルネオ島に行き鰹節を軍に納めたが半数は戦死，時の運なく事業は衰退する。
　そして先代の4代目善八は2代目が開発したが事業化に至らなかった鰹エキスをはじめとして各種エキスや粉末状の製品を開発し，天然調味料業界における地位を築き上げる。鰹節メーカーから天然調味料メーカーへ業態を改革，売上ゼロから160億円へ同社を復興させた中興の祖である。鰹エキスを各種食品の調味原料向け，鰹の素を料理店や団体給食向けへと販路開拓，全国の食品メーカー向けに基礎調味料を供給するなど，現在の基礎を築いた功績は大きい。
　同社では3つの「新旧の融合」が特徴的である。第1に，先端技術の活用と伝統的な考え方の融合である。同社は社長のリーダーシップによるIT（情報技術）活用で著名であり，ホームページも上場企業をはるかに先行して1996年に立ち上げた。また，バイオテクノロジー技術の開発と事業化も先端的である反面，「鰹の原点に立ち戻る」姿勢を頑固なまでに守っている。「伝統は古く，商品は新しく」という信条が明確である。
　第2は，経営思想における「新旧の融合」である。同社の社員像を示す「徳

目10か条」（昭和30年代制定）は，「至誠を一貫し得る人。常に心に日の丸を掲げ日本の将来を考える人」など今も健在である。海軍兵学校の流れを汲む先代の魂と近代経営テクノロジーが融合している。

　第3は，先代と現社長の経営の融合である。現社長は先代のカリスマ社長から戦略的経営へ転換を図り，1999年には大型IT投資によるERP（統合業務）パッケージの導入を断行した。会計管理と経営情報の迅速な把握を図り，翌月初日には前月決算がわかるリアルタイム経営を実現し，近年重要性を増すトレーサビリティの精度向上にも役立っている。従来の現場主義および社員とのコミュニケーションを尊重しつつ，「会長は有視界飛行ができる天才。勘と経験がない私は計器飛行が勝負」（憲行）と相互の強みを生かした経営を志向している。

　初代も養子だが，現社長も1982年に村松家に入った。KDDでIT技術を吸収した後，キューピーで3年修業した。その成果が「道義の重視と相手の立場で考える」（社長就任時のメッセージ）に結実している。「経営思想がしっかりしている会社は問題を起こさない」点も肝に銘じている。

　既にダイエット，抗ストレス，抗骨粗鬆症の3素材を開発した同社だが，「今，私が夢とロマンをもって取り組んでいるのは機能性とバイオ関連材料」と憲行はいい切る。2000年に筆者がお会いした当時はバイオプロジェクトに執念をもやしており，今回も「新しい秘密兵器がありますよ」と笑顔で応じてくれた。まさに，「老舗は毎日が革新の連続」である。

　　　　　　　　　　　　（「経済の隠れた主役　ファミリービジネス探訪」
　　　　　　　　　　　　『フジサンケイ ビジネスアイ』2006年12月8日付）

＜演習課題＞
1．ファミリービジネスの発展段階ごとの特徴を整理してみよう。
2．過渡期に注意すべき事柄を列挙しよう。
3．（ある1社を想定して）専門経営者を導入する必要性を検討しよう。
4．上場株式が非公開化した事例を取り上げ，その是非を分析しよう。
5．ケーススタディを読み，その成功の秘訣を3点あげてみよう。

第4章

ファミリービジネスの経営戦略

第4章ではファミリービジネスの経営戦略を取り上げる。まず経営戦略の策定から遂行,評価・管理に至るプロセスについて,ファミリーの関与が生じる特徴を中心に論じる。次に,経営戦略のうち,ファミリービジネスにとって重要であると考えられる項目として,ビジョン,起業家精神,イノベーション活動,市場志向性,ブランド戦略に絞って重点的にその要点を述べる。最後に,持続的な成長を実現するために必要な戦略・要件を説明する。

1 経営戦略プロセス

　経営戦略とは，明文化の有無を問わず，目標の下で戦略を策定し，実行ならびに管理を実施する一連のプロセスを意味しており，これはファミリービジネスも一般企業も同様である。またその結果たる業績も，設定した目標の達成度によって測定するという意味では同じである。両者の相違は，目標，プロセスの遂行方法，およびプロセスにかかわる人々にある。すなわち，ファミリービジネスでは，ファミリーがプロセスの全ステップに関与する可能性が高い。

　ファミリービジネスと一般企業の経営戦略プロセスの類似点ならびに相違点は，ファミリービジネス研究に多くの研究テーマを提供している。類似点に着目すれば，一般企業の研究に用いられている経営モデルを用いてファミリービジネスの業績を一般企業と比較し，業績に影響を与える諸要素を明らかにできる。相違点に着目すれば，他のファミリービジネスおよび一般企業との比較研究に資することが可能となり，両者の相違，相違の由来，相違がもたらす結果を理解することで各々の特徴に合致した最適の戦略プロセスが見出せ，ファミリービジネスおよび一般企業の両方における経営手法の改善に寄与するであろう。

　図表4-1は，ファミリービジネスにおける経営戦略プロセスをモデル化したものであり，プロセスはダイナミックに相互関連している。まず目標を設定し，目標達成できるように戦略を策定し，選出した戦略を実行する。なお，全局面において，代替案の選択・評価，意思決定を行い，必要に応じて修正をかけられるよう効果的な管理プロセスが作動していることを確認しておく。

　このプロセス・モデルにおいて，ファミリービジネスが一般企業と異なるのは，ファミリーの支配，関心ならびに価値観が大きな重要性をもつ点である。ファミリーの支配，関心ならびに価値観が，どのようにファミリービジネスの戦略的意思決定と業績に影響しているかは，ファミリービジネス研究が多大な関心を寄せるテーマである。

　以下，プロセス順に，ファミリービジネスに特徴的な点を説明していこう。

第 4 章　ファミリービジネスの経営戦略

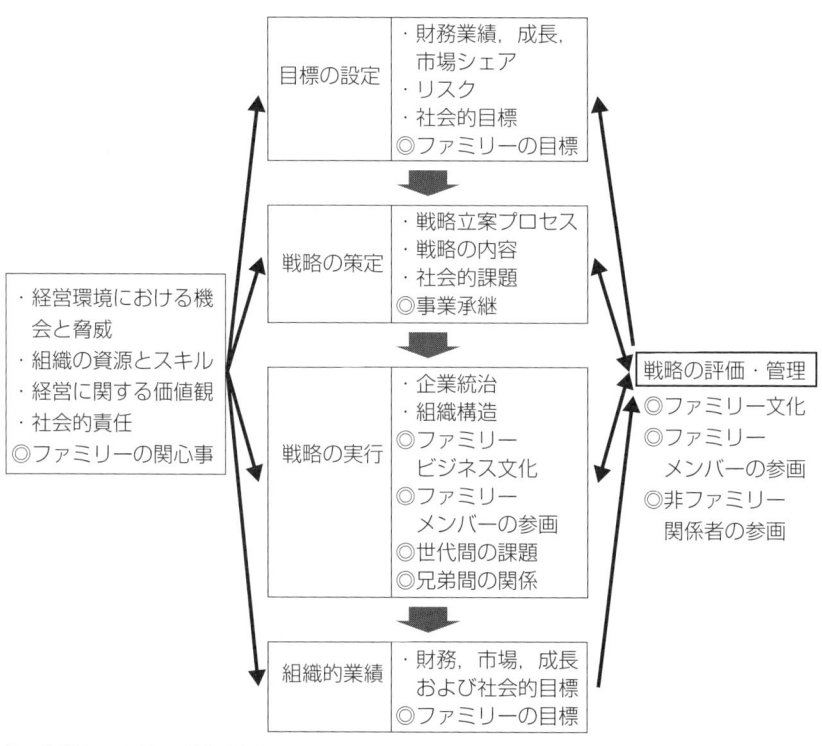

図表4-1　ファミリービジネスにおける経営戦略プロセス

```
                    ┌─────────┐   ・財務業績，成長，
                    │ 目標の設定 │     市場シェア
                    │         │   ・リスク
                    └─────────┘   ・社会的目標
                         ↓         ◎ファミリーの目標
                    ┌─────────┐   ・戦略立案プロセス
                    │ 戦略の策定 │   ・戦略の内容
                    │         │   ・社会的課題
                    └─────────┘   ◎事業承継
                         ↓
 ・経営環境における機             ┌─────────┐   戦略の評価・管理
   会と脅威                     │         │   ◎ファミリー文化
 ・組織の資源とスキル           │ 戦略の実行 │  ◎ファミリー
 ・経営に関する価値観           │         │    メンバーの参画
 ・社会的責任                   └─────────┘   ◎非ファミリー
 ◎ファミリーの関心事                             関係者の参画
                                 ・企業統治
                                 ・組織構造
                                 ・ファミリービジネス文化
                                 ◎ファミリーメンバーの参画
                                 ◎世代間の課題
                                 ◎兄弟間の関係
                         ↓
                    ┌─────────┐   ・財務，市場，成長
                    │ 組織的業績 │     および社会的目標
                    └─────────┘   ◎ファミリーの目標
```

注：◎印はファミリーの関与を示す。
出典：Sharma et al. (1997) に大幅加筆して筆者作成

1. 目標の設定：ファミリービジネスにおける目標の特徴と段階ごとの変化

　ファミリーの関与により，ファミリービジネスの目標は一般企業，とりわけ上場企業におけるそれとは大きく異なる可能性が高い。

　初期の先行研究では，ファミリービジネスの目標はファミリー志向であり，ファミリーとビジネスのニーズの交差に従って目標が変化するという指摘がされてきた。

　Ward (1987) が提唱したファミリービジネスの3段階発展モデルに従うと，第1段階ではファミリーとビジネスのニーズは整合されており，株主経営者が全ての意思決定を行い，ファミリーが必ずしも一枚岩的な存在ではな

いにしても，創業者のモチベーションおよび性格を調べると企業としての目標が明らかになる。

　第2段階では，引き続き株主経営者が支配しているが，ファミリーの次世代の成長および発達がファミリーにとって最大の関心事となる。その結果，次世代の将来および場の確保に対する重要性の増大を反映して，ファミリービジネスの目標が変化する可能性が高くなる。

　最終段階では，ビジネスの陳腐化によって再生が必要となり，ファミリーとビジネスのニーズが対立する可能性が生まれる。株主経営者は仕事に倦怠感をもよおし，あるいは既に引退しているかもしれない。ファミリーの和の維持がファミリーの最も重要な目標となり，また企業の経済的業績立て直しというファミリーのニーズならびに欲求が大きくなり，ビジネスのニーズが変化する可能性がある。

　ここで重要なのは，ビジネスの目標が何であり，誰が定めており，なぜビジネスが特定の目標を設定しているかについて個々に理解する必要性である。諸局面における目標の相違を正確に把握して，全てのファミリービジネスを同一視する過ちを犯してはならない。一括的な把握による平均像は，如何なるファミリービジネスも代表していない点に留意する必要がある。

　なお，ファミリービジネスの目標が国や企業によって異なり，意思決定に影響を及ぼしている点について，興味深い示唆を与える先行研究がある。中国人とアフリカ系アメリカ人の移民のファミリービジネス研究によれば，ファミリーは子供達の専門的キャリア開発の準備をする手段としてファミリービジネスを位置づけており，ファミリーとしての祖先伝来の遺産とは認識していないので，承継は最重要事ではない。多くのファミリービジネスが承継を重要視し，ファミリービジネス研究の最大のテーマが承継であり続けている一方で，こうした多様性も真実である。

　ファミリービジネスの目標は，複雑かつ変化する性質があり，また個々のファミリービジネスによって異なるものであり，決して単一で一定ではないのである。

第4章　ファミリービジネスの経営戦略

2．戦略の策定：ファミリービジネスにおける戦略の特徴

　ファミリービジネスでは，ファミリーが資源であると同時に制約条件でもあり，またファミリーとビジネスの相対立するニーズを同時に満足しなければならないという課題をかかえている。こうした状況下にあって，個々のファミリービジネスがそれぞれ異なった事業環境における最適の戦略を選択しなければならない。ファミリーとビジネスの交差が複雑さを増した極めてダイナミックな環境下での戦略策定・選択に必要な判断基準は何かを，常に考察する必要がある。全てのファミリービジネスを満足させる単一の戦略は存在しない。

　また，ファミリービジネスが成功を続けるには，新たに参加する世代ごとに新しい戦略を生み出す必要がある。これにより，各世代に自主性が与えられ，よい関係性の維持も可能となる。

　一方，ファミリービジネスと一般企業を比較したところ立地選好については相違が見られなかった（Kahn & Henderson, 1992）。その他，ファミリービジネスは全社，事業あるいは機能分野レベルで，一般企業と異なった戦略をとるであろうか。もし相違があるとすれば，それは資源，スキル，文化における相違が原因であろうか。ファミリービジネスと一般企業のいずれが，より革新的であろうか。戦略における相違は，果たして収益性，成長性，長寿性における相違をもたらしているだろうか。これらはまだ結論が出ておらず今後の課題である。

　ファミリービジネスに推奨される戦略としては，新しいベンチャーあるいは事業部の発足，国際化，他のファミリーメンバーにないスキルを後継者が習得することの支援などがあげられる。反面，比較的リスクが高い戦略として，コーポレート・アントレプレナーシップ，多角化，戦略の全般的な変更が指摘されている。

　なおファミリービジネスに最適の戦略については，先行研究は整合性のある結果を示すに至っていない。その典型的な事例は，グローバル・マーケットにおける戦略である。すなわち，ファミリービジネスは構造的変化の実行が緩慢であり，地域志向が強いので，グローバル・マーケット志向が低いという指摘がある一方，ファミリービジネスの価値観は国民文化を超越した普

遍性を含んでおり，こうした価値観は異文化間の橋渡しとなるため，ファミリービジネスは一般企業よりもグローバル・マーケットに適しているという正反対の主張も並存している。両方とも重要な着眼点を提示しているが，実証的な結論には至っていない。

3．戦略の実行：ファミリービジネスにおいて有効な手法

ここで，ファミリーの価値観をビジネスの戦略と連動させる上で，「パラレルプランニングプロセス（PPP）」は有効な手法として評価が高いので紹介しておこう。PPP は，ファミリーとビジネスのビジョン，バリュー，戦略に相互の一貫性を保つことを目的としている。PPP には2つの役割があり，1つはファミリーが掲げてきた創業精神に代表される価値観を，ビジネス面で時代に合致した形で維持強化することである。もう1つは，ファミリーが自らを時代の変化に適合させつつ，創業者の精神を維持強化することである。これらの同時並行を通じて，ファミリービジネスの長期的な成功を具体的な細部プランまで落とし込む方法（Carlock & Ward, 2001）として注目される。

4．戦略の評価・管理

戦略の策定および実行とともに，戦略を目的および目標に照らし合わせて評価・管理するための運営メカニズムが求められる。ファミリービジネスの目的と目標が一般企業とは異なるのであれば，業績の評価・管理についても異なった方法が必要となるであろう。財務管理に関しては，租税極小化が運営原則に含まれているという指摘があるが，その他にめぼしい先行研究は見られず，今後の研究が待たれる。

5．まとめ

以上，経営戦略プロセスから，項目をしぼって説明してきたが，ファミリービジネスの経営戦略プロセスにおいて重要な点は以下の通りである。

第1に，ファミリービジネスの多様性である。ある特定のファミリービジネスの特定の局面で機能した戦略が，他の局面で成功するとは限らず，他の

ファミリービジネスで成功する保証もない点に留意しておく必要がある。

　第2に、ファミリーとビジネスの目標が整合しておらず、二律背反という問題に直面する可能性である。もちろん両者が整合している状況が理想であるが、現実は理想と隔たりがある場合が少なくない。したがって、理想的状況の実現を目指すとともに、こうした二律背反という現実への当面の対応が求められる。

　第3に、あらかじめ戦略の目的と目標を明確に認識しておく点である。一般企業に比べて、ファミリービジネスの目的は多様であり、目標も経済的業績とは限らない点は既に指摘した通りである。この出発点を明確にしておかない限り、戦略の目標策定からはじまり業績評価に至る経営戦略プロセスの全体が機能しない。また、ファミリーとの整合も実現が覚束ないので、この点は十分理解しておく必要がある。

　第1点目とかかわってくるが、ファミリービジネスの異質性に関連して、あるファミリービジネスにとって問題である現象が、他のファミリービジネスにも同様に問題であると想定してはならない。同様に、過去に機能したことが将来にも機能し続ける保証もない。大切な点は、先行研究による知見は、あくまでも問題診断の参考にとどめ、どのような状況下で発見された知見であるかに留意して、それが応用できそうな場面ならびに条件に対応することである。また、ファミリーにとってよい目標が常にビジネスにとってもよい目標でもあると想定してはならない。両者の間には二律背反関係が存在するのが普通であり、その最適解を見出すのが戦略的経営の目指すところである。

2　ビジョン，企業目的，企業目標：非経済的業績志向

　どのような企業においても、ビジョンは長期的な理想像ならびに基本的な価値観を明示するものである。ビジョンを企業目的、そして目標に落とし込み、その実現のために組織体制をデザインする点においても、ファミリービジネスも一般企業も変わらない。また、ビジョン、企業目的、企業文化、組織体制を経営戦略が包括的に体系化している点も全く同様である。異なるのは、そのいずれにもファミリーの価値観が関与しており、それがファミリー

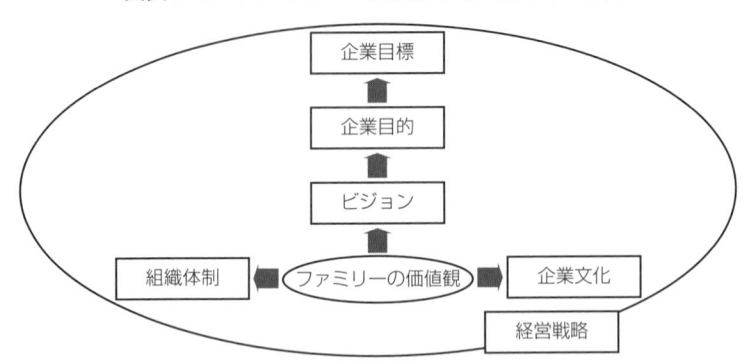

図表4-2　ファミリーの価値観とその関与する要素

（図内）
企業目標
企業目的
ビジョン
ファミリーの価値観
組織体制
企業文化
経営戦略

の価値観と調整されていなければならない点である（図表4-2）。ファミリーのメンバーが，世代を重ねて関係者が量的に拡大すれば，質的にも複雑さを増してくる。多くの関係者の合意をとる作業は決して容易ではないが，逆にビジョン策定のプロセスを関係者の合意形成に役立てることが極めて重要であり，実務的にも強く勧められる。

1．ビジョン共有の重要性

　ファミリービジネスでは，ビジョンはファミリーメンバーにとって望ましい事業領域，成長率，経済的業績などに関する多くのアイデアによって作り出される。ファミリーメンバーは頻繁な交流を通じて，ファミリービジネスのビジョンの共有ができるようになる。この時，例えばファミリーミーティングは，共有された信条を発表する場として有効である（Habberson & Astrachan, 1997）。

　ファミリーの関係性とファミリーメンバーの相互作用はビジョンの共有に寄与し，それが長期的な価値創造を推進する結果につながる。さらに，継続的な相互作用を通じて共有の使用言語が生み出され，共有認識の基礎が築かれる（Nahapiet & Ghoshal, 1998）。戦略的意思決定は複雑であり，多量のデータ解析を伴うのが通常であるが，共有ビジョンは，入手可能な情報および重要な案件を評価する共通のフレームワークを提供してくれる（Dyer & Singh, 1998）。関係者全員が共有のビジョンをもてば，ご都合主義は減少し，

情報の共有が増加する。これによって，戦略的意思決定に用いる情報が豊富になり，意思決定を質的に改善する。また，Ward (1997) は，ファミリーとしての共通点のないビジョンはファミリービジネスの成長を妨げることを確認し，ファミリーとしての目的，ミッション，価値観を規定する作業は，ファミリービジネスの長期的成長を確かなものにする最重要課題であると主張した。このような作業は，戦略的意思決定のための豊富な情報の取得につながり，これによる役割と業務に関する共通の理解は，ファミリービジネス内部における役割の特化を推進し（Ring & Van de Ven, 1994），各利害関係者が戦略的意思決定プロセスに使用する情報の質的向上に役立つ。換言すれば，所有ファミリーにおけるビジョンの共有に伴って，ファミリービジネスにおける意思決定が質的に向上するのである。

戦略的意思決定は本質的に対立を内包し，コミットメントの確保は難事である。そこで，共有ビジョンが，利害関係者の期待ならびに組織的目標に関する意見の整合性を高める。この時，役割相互関係の明確化を通じて，協力的行動も推進される。共有ビジョンおよび役割の相互調整によって，機会主義的行動の減少，相互依存に関する社会的規範の確立が進み，合意した意思決定に対する関与を高める結果につながる（Uzzi, 1996）。

また，共有ビジョンは，従業員が自らの目標および行動よりも企業全体の目標および行動を優先させる意思と能力を向上する効果を発揮する。共有ビジョンによって，従業員がスチュワードシップ理論でいう「よき代理人」となり，企業全体の目標および行動に関与し，個人的な欲求を却下するための理由づけを与える役割がある。さらに，所有ファミリーメンバー間の共有ビジョンは，他の利害関係者に対して，ファミリーの一致団結および協力関係の存在を誇示する効果がある。よって，所有ファミリーメンバー間でビジョンが共有されるに伴って，ファミリーメンバーのファミリービジネスにおける意思決定への関与は増大すると考えられる。

本書ではファミリービジネスの一般企業と異なる特徴を，多面的に説明してきた。本章では戦略的側面に焦点をあてているが，中でもビジョンと企業目標は一般企業にないファミリービジネスのよさが明確に表れる場合が多く，またその影響力も含めて重要性が高い。

つづいて、ビジョンから生み出される目的・目標について、ファミリービジネスに特徴的な点を紹介していこう。

2．非経済的業績志向

Tagiuri & Davis（1992）はファミリービジネスの目的を実証分析したところ、上位6位を占めたのは従業員満足、財務的安全性および株主への利益還元、質の高い製品の開発、個人としての成長および社会貢献、健全な企業市民としての役割の追求、雇用の安定であり、利益や成長など経済的業績ではなかった。

収益性や成長率といった経済的業績と対比して、これらは非経済的業績と呼ばれる。ファミリービジネスにおける非経済的業績には、ファミリーにおける相互理解、結束、人間関係の向上、あるいはファミリー関係者の雇用確保なども含まれる。

非経済的業績という用語はファミリービジネス分野では日常的に用いられ、ファミリービジネスでは経済的業績よりも非経済的業績を志向しているといえよう。これは、ファミリービジネスが目標策定し実現するための戦略選定にも大きな影響を与えることが予想される。一般的な経営学においても、近年はコーポレート・シチズンシップ（企業市民）、社会貢献など非経済的業績が重視されるようになり、両者の同時実現を志向する企業が増えているのも事実であるが、基本的には経済的業績が優先されているといえよう。

3．経済的業績と非経済的業績の両立

ファミリービジネスにおいて、経済的業績と非経済的業績の両立は理想ではあるが容易ではない。

Sharma（2004）はファミリービジネスの業績をファミリーおよびビジネスの2次元で考察して、次の4つに類型化した（図表4-3）。

第1象限は、経済的業績と非経済的業績の両立を実現している。この象限に一定期間滞在できれば、ファミリービジネスにとって理想的である。ドイツのハニエル（コングロマリット）、アメリカのクレーンズ（製紙）、S. C. ジョンソン&サン（化学）、スマッカーズ（食品）、カーギル（穀物）、ノー

第4章 ファミリービジネスの経営戦略

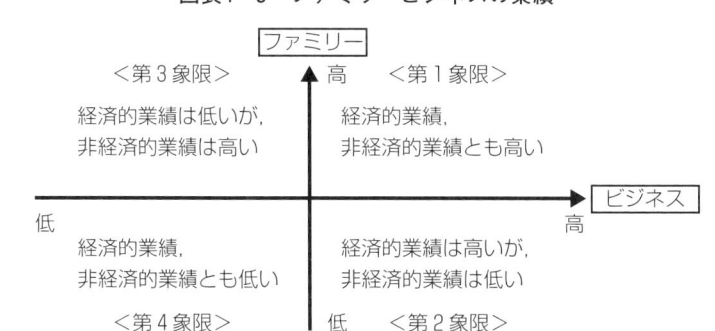

図表4-3 ファミリービジネスの業績

```
              ファミリー
＜第3象限＞      ↑高    ＜第1象限＞
経済的業績は低いが,       経済的業績,
非経済的業績は高い        非経済的業績とも高い
────────────────┼────────────────→ ビジネス
低              │              高
経済的業績,              経済的業績は高いが,
非経済的業績とも低い      非経済的業績は低い
＜第4象限＞      低    ＜第2象限＞
```

出典：Sharma（2004）に基づき筆者作成

ドストローム（百貨店），日本のキッコーマン（食品），カナダのトムソン・ロイター（情報），モルソン・クアーズ（ビール醸造），イタリアのアンティノリ（陶磁器），フェラガモ（靴），トリーニ（宝飾品）が好例である。

第2象限は，経済的業績は高いが非経済的業績は低く，例えば事業面では成功しているものの，ファミリーとしては人間関係などに問題をかかえている場合である。この実例は，カナダのマッケイン，アメリカのプリツカー一族など多くの大企業で見られる。事業は世界的に拡大し収益性も向上しているが，ファミリー関係では不信と摩擦に悩まされているなど財務資本は潤沢であるが，感情資本（ファミリーの和など）は欠乏しているような状況である。

第3象限は，経済的業績は低いが非経済的業績は高い場合であり，強い人間関係をファミリーメンバー間で保っているが，事業面の業績は低い場合などである。感情資本は豊富であるが，財務資本は欠乏しており，カナダの新聞大手のサウザム家，イタリアの自動車メーカーフィアットの株主，アニェッリ家，アメリカのフォードなどが過去数年間，この区分に該当してきた。ファミリーにおける強い人間関係のつながりという強みが，事業面における問題含みの業績をカバーすることは一定期間は維持可能である。しかし，長期間続けば，過去に蓄積した資本も枯渇し，ファミリーの人間関係にも支障をきたすことになる。企業が長期的に存続するには，第1象限への移動が必

要であるが，この象限に位置する企業を第1象限に移動させるために必要な手段や経路は，第2象限の企業が第1象限に移動する場合とは異なる。

第4象限は，ファミリーとビジネスの両方において不振，すなわち経済的業績，非経済的業績ともに低い。ビジネスにおける失敗は，そこから将来に他の事業をファミリーメンバーが起こすための学習経験として活用が可能であるが，ファミリーにおける失敗は克服しようと努めても数年を要する長期かつ深手の傷を残す可能性がある。

ファミリービジネスにとって最も望ましい位置は第1象限であるが，多くのファミリービジネスは第2象限あるいは第3象限に位置している。第3象限から第1象限への進展に比べて，第2象限から第1象限への進展は容易ではない。なぜなら，ファミリーの関係性など非経済的業績が良好であれば事業面の困難を克服でき得るが，反対は達成が難しいからである（Ward, 1997など）。特に感情資本に注目すると，無関係な人々同士とは異なりファミリーメンバー間の関係性は密接なため，局地的な悪い関係の情報が瞬時にネットワーク全体に伝播し，感情資本と安定性に悪影響を与える可能性が大きい。

現在の位置から望ましい象限へ前進し，最終的に理想とする第1象限に到達するには，戦略を明確にする必要がある。経路を誤ったり，誤った戦略を選択すると，望む方向とは反対に向かってしまいかねず，慎重な検討と実行が求められる。ファミリービジネスがファミリーとビジネスの両方で成功を収めるためには総合的な判断と戦略が必要である。なお，その有効な測定尺度としては，ファミリービジネス・スコアカード[1]が提起されている。

---

1 バランス・スコアカードは，ハーバード・ビジネス・スクールのロバート・キャプラン教授などが1992年に発表した業績評価システムで，戦略・ビジョンを4つの視点（財務の視点・顧客の視点・業務プロセスの視点・学習と成長の視点）で分類した。ファミリービジネス分野では，さらにファミリー性を加味した「ファミリービジネス・バランス・スコアカード」が提起されている（Craig & Moores, 2005）。

第4章　ファミリービジネスの経営戦略

3　起業家精神の持続とイノベーション活動の重要性

　ファミリービジネスにおいて，創業時代には旺盛であった起業家精神の長期にわたる持続は容易ではなく，2代目以降における大きな課題である。シュンペーターは，イノベーションを，物事の新機軸，新しい切り口と定義し，イノベーションの実行者をアントレプレナーと呼んだ（Schumpeter, 1926）。
　21世紀のファミリービジネスを取り巻く経営環境は不確定要素を増しており，ファミリービジネスには，事業機会の発見と活用に向けて，起業家精神の高揚とイノベーションが強く求められている。
　しかしながら，ファミリービジネスにおける起業家精神の持続およびイノベーション活動は多くの課題をかかえて現在に至っている。具体的な問題点としては，新事業に対する投資の消極性，リスク回避性，変化に対する抵抗が指摘される。
　一方，起業家精神の持続およびイノベーション活動において大きな成果をあげているファミリービジネスも多数存在しており，低調なファミリービジネスとの相違に関心が集まっているが，研究は緒に就いたところである。

1．起業家活動
　従来，起業家活動といえば最新の情報技術などいわゆるハイテクを駆使したベンチャー型経営に関心が注がれる傾向が強かった。しかし，ファミリービジネスと起業家活動の関係には切っても切れない深いものがある。
　起業家活動の意思決定は，ファミリービジネスにとって単純なプロセスではなく，多くの制約条件下にある。起業家活動はリスクと変化を伴うので，失敗により富を失うのではないかという懸念により，起業家活動に対する投資が抑制される可能性がある。ファミリービジネスによっては，その企業文化はイノベーションまたは変化を支持しているが，現状維持を欲するファミリーメンバーが起業家活動に関心を示さないこともある（Gersick et al., 1997など）。したがって，起業家活動を検討する際，ファミリーメンバーの態度および価値観を検討する視点が必要である。

図表4-4 変化に対する姿勢，技術的機会の認識と起業家活動の関係

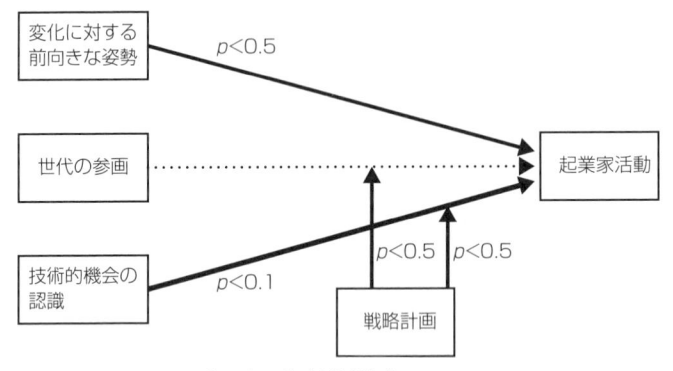

```
変化に対する
前向きな姿勢 ──── p<0.5 ────┐
                              ↓
世代の参画 ············→ 起業家活動
                              ↑
技術的機会の ──── p<0.1 ──→   ↑
認識                    p<0.5 │ p<0.5
                         ↑    │
                       戦略計画
```

出典：Kellermanns & Eddleston（2006）に基づき筆者作成

　変化に対する前向きな姿勢および技術的機会の認識がファミリービジネスの起業家活動と正の相関関係にあり，世代の参画および技術的機会の認識と起業家活動の間に戦略計画が中間変数として存在する（Kellermanns & Eddleston, 2006）という指摘がある（図表4-4）。以下，順に説明していこう。

2．変化に対する前向きな姿勢

　まず，変化に対する前向きな姿勢である。今日の世界的な競争，ビジネス・サイクルの短縮化，従業員の多様化に対応するため，変化に対する前向きの姿勢の重要性は従来以上に増すと予想される（Vago, 2004）。ファミリービジネスが環境変化を克服し，事業機会を活用して生き残るには，大半の企業にとって組織的な変化が必要となり，急速かつ効果的な変化ができる企業文化が，起業家活動を推進する上で極めて重要になる。リスクをとり，変化を進める前向きの姿勢は，以前から起業家活動と連動して認識されてきた。確かに急速な成長を遂げたファミリービジネスは，市場対応が迅速で，市場参入における初期追随者の戦略を採用しており，柔軟性および新しいアイデア追求の重要性が示唆されている。

　しかし，上述したようにファミリービジネスによっては変化に対して消極的である。その理由として，変化は対立の原因であったり，多大な支出を伴

ったりすることがあげられる，あるいは単純に変化や近代化する意志が欠如していることもあげられる。また，ファミリーメンバーは，企業の戦略的な位置に感情的な愛着をもつ場合が多く，それによって生じる硬直性が，ファミリービジネスを取り巻く状況の変化に際して必要な柔軟性を妨げる原因となる。こうした変化に対する恐れが，市場シェアの低迷あるいは低下を招いている（Miller et al., 2003）。

変化に抵抗し，イノベーションを脅威とみなすと，企業は環境の変化への対応が難しくなる。こうした惰性的な傾向は，変化を支援する組織的文化の重要性を強調している。変化に対する前向きな姿勢は，イノベーションに連動し，組織としての順応性および長期的な生存力を支援する試みに連動している。

3．世代の参画

次に，世代の参画である。創業者はいうまでもなく，ファミリービジネス初期は起業家活動が旺盛であり，事業機会を発見して新事業を開拓する。しかし，時間の経過に伴って，創業者が保守的になり，起業家活動に対する投資の意欲ないし能力の減退も指摘されてきた。一方，数世代を重ねたファミリービジネスが同レベルの成長を維持するには，事業の再活性化あるいは再創業が必要となる（Jaffe & Lane, 2004）。

創業者が時間的経過とともに保守的な傾向を強める原因として，次世代以降に対して資産を残したいという意欲の強さが，ファミリーの資産減少の心配を強め，起業家活動に付随する失敗リスクを回避させると考えられる。加えて，創業者の独断的な意思決定が起業家的アイデアの交換を抑圧するため，第2世代以降の起業家活動を減衰させる。

しかし，ファミリービジネスの数世代にわたる生き残りは，起業家活動，すなわち新事業への参入ならびに既存事業の再活性化に負うところが大きい（Ward, 1987）。ファミリービジネスは創業者時代には新事業の創業に必要な技術あるいは事業上の知識を必要とするのに対して，第2世代以降は既存事業の成長に関心を集中すべきであると指摘されることが多い。すなわち，世代によって異なった種類の起業家活動が求められるわけである。

ただし,創業者と第2世代以降のファミリービジネスのどちらが起業家活動が活発かについて,先行研究の指摘は必ずしも一致していない。ファミリービジネスの創立には必ず創業者が存在しており,少なくとも創立の時点において,起業家精神が充満していた点は疑う余地がない。大きな課題は,こうした創立時における起業家精神を,如何に世代間で承継していくかである。

企業としての存在期間が長くなれば,経営は比較的安定しているといえ,必死に生き残りをかけて新規事業を模索する欲求は薄れるであろうというものである。あるいは,さらに経営の姿勢が攻撃から守勢へと転じもしよう。一方で,創業者時代が後半では現状維持を求めるのに対し,第2世代では創業者とは異なる新しい事業展開を志向する傾向がある(Kepner, 1991)という指摘もある。したがって,第2世代こそ事業の持続を進め,次の世代のために雇用と富を創出するために,起業家活動が非常に重要となる(Poza, 1989)。創業者以降の世代のほうが,イノベーション(Litz & Kleysen, 2001)および起業家活動(Salvato, 2004など)を支える駆動力となっている可能性を指摘する研究は多く存在する。

Kellermanns & Eddleston(2006)の実証研究では,「世代の参画」と「起業家活動」の間に有意の関係が確認されなかった(図表4-4)。この原因は,上述したように起業家活動が創業者の初期段階に活発であるが時間的経過に伴って保守的になり,次世代以降は活発化するという複雑な経過を反映していると考えられる。

4. 技術的機会の認識

第3に,技術的機会の認識である。環境の変化によって情報の非対称性あるいは業界における需給ギャップを生じた時,起業家活動が発生する。したがって,環境の変化がもたらす事業機会を発見し活用する能力こそ,起業家活動にとって重要である。実際に,事業機会を察知する能力のあるファミリービジネスが最も起業家的である(Shane & Venkataraman, 2000)という指摘もある。

技術における変化は,こうした環境の変化の引き金となる場合が多い。技術が生む事業機会こそ起業家活動の重要な駆動力であるとすれば,技術的な

変化と事業機会を認識する能力が，起業家的ファミリービジネスの主要な要素と考えられる。

未知の要素が多く事業機会に満ちた経営環境に置かれたファミリービジネスは，安定した経営環境下のファミリービジネスよりもイノベーション志向が強い。また，ファミリーメンバーが事業機会を見出せば，能力強化に向けた投資が強化される。

反対に，環境の変化への対応力が乏しいと，従来保有していたコアコンピタンスが硬直化し，コア硬直性が高まる。現有の顧客と市場の先を展望できない企業は，起業家活動の重要性を認識できないであろう。技術がもたらす事業機会を察知する基本的姿勢が欠けていれば，起業家活動を通じた，環境に対する自己適応と事業開拓の可能性は低いと考えるべきであろう。

5．戦略計画とのかかわり

最後に，中間変数としての戦略計画の位置づけである。

変化に対する前向きの姿勢に関して，急成長を遂げたファミリービジネスの研究（McCann et al., 2001）は，社内全体を通してイノベーション活動を統括し新製品開発を促進するために，戦略計画を採用すべきであると提案している。変化に対する前向きの姿勢が戦略計画を伴っている時，イノベーション活動が最も起こりやすいと考えられる。また，起業家活動は，変化を意図する経営者の意欲を反映して入念に練り上げられた戦略計画によって推進されると考えられる。事実，多くの起業家的な企業は戦略計画を用いて，持続的に変化の速度に自らを合わせ，事業環境に変化を生じさせている。

こうした戦略計画は，世代の参画および技術的機会の認識の増大が起業家活動を促進する際に，中間変数として効果を発揮する（Kellermanns & Eddleston, 2006）。

6．広い視野の必要性

イノベーションを実現する要因として最後に，広い視野を指摘しておく必要があるだろう。ファミリービジネス後継者の成功にとって，社内教育ならびに社外勤務経験がもつ重要性に関する先行研究が重ねられてきたが，ファ

ミリービジネスにとって重要な新事業機会の活用に成功している後継者は，社内で蓄積した経験と教育・社外勤務の経験をバランスよく結合して，イノベーションを生み出していることが多い。

4　市場志向とブランド戦略の重要性

　顧客志向，市場志向およびマーケティング戦略は，全ての企業にとって重要である。企業が成功するには，顧客に対する優れた価値の継続的な提供が極めて重要であり，そのためには，市場ニーズの継続的な監視と変化への対応が必要となる。これらは，ファミリービジネスにとって格別の重要性がある。それは，ファミリービジネスの強みを生かしたマーケティング戦略によって，顧客に大きな価値を提供できる可能性があるからである。

1．市場志向

　市場志向は「市場に関する情報の組織的な創出，理解ならびに活用」と定義される（Kohli & Jaworski, 1990）。その中核にあるのは顧客志向および競争志向の発想と，企業内部における関連する諸機能間の調整であり，意思決定の基準として長期的視点，収益性を必要とする（Narver & Slater, 1990）。市場志向は企業の特徴に影響される，すなわち企業文化の所産である。なお，市場志向は企業のイノベーション活動および業績に正の影響を有していることが確認されている（Han et al., 1998）。

　市場志向をさらに3つに区分して，その意義を指摘した研究が存在する。第1は顧客が明示したニーズへの対応であり，反応型市場志向と呼ばれる。第2は顧客が明示していないニーズへの対応であり，先行型市場志向と呼ばれる。第3は潜在的顧客に関する情報の収集・伝播であり，新しい顧客セグメントの識別に役立つもので，探索型市場志向と呼ばれる（Beck et al., 2011）。

　これら3類型の市場志向は，市場志向に相違はあるが全てイノベーションに正の影響を及ぼしている。そしてファミリービジネス分野でも，市場志向に対する関心が近年高まっている。

第4章　ファミリービジネスの経営戦略

　市場志向に関して，先行研究は創業者と次世代以降の間における複数の相違点を示している。第1は，意思決定についてであり，創業者は集権的であるのに対して，次世代以降の意思決定は相対的にオープンである（Dyer, 1988）。集権的意思決定は，情報交換の制限（Zahra et al., 2004），情報流通・活用の抑制（Matsuno et al., 2002）につながり，市場の変化への対応を減少し（Kohli & Jaworski, 1990），オープンな意思決定と対照的である。

　第2は，リスク回避についてであり，創業者は2代目以降に比べて相対的にリスク回避傾向が強い（Kellermanns & Eddleston, 2006）。経営陣がリスク回避であれば，部下も市場情報の創出・伝播・活用を重視しなくなる（Kohli & Jaworski, 1990）。これらはいずれも，創業者よりも2代目以降における市場志向の向上を示唆している。

　このように次世代以降で市場志向が強まるという考えがある一方で，次世代以降における経営の姿勢ならびに手法の変化を考慮すると，反対に次世代以降で市場志向が弱まる可能性も存在する。例えば，次世代以降で導入されることが多い専門的経営は，部門間の境界が明確な組織構造を導入する傾向が強く，情報共有・活用が抑制され，これによって市場および環境における変化への効果的な対応をが難しくなる。また，官僚主義による意思決定の中央集権化が市場情報の収集・共有，対応を阻害する。また，企業の成長に伴う社内の部門数の増加が，情報の共有を難しくして，迅速な市場対応を阻害することも考えられる。

　このように，創業者と次世代以降の市場志向に対する影響は正反対の可能性が拮抗しているように見えるが，最新の研究（Beck et al., 2011）は，さらに2つの要素を中間変数として加えることにより，創業者と比較すると次世代以降において市場志向が低下していると指摘している（図表4-5）。

図表4-5　世代と市場志向性およびイノベーションの関係

世代の進展
・外部志向性
・成長志向性　→　市場志向性　→　イノベーション

出典：Beck et al.（2011）に基づき筆者作成

追加された要素の第1は，外部志向性であり，外部情報の収集に対する関心を高め，新規の事業機会に対する洞察を鋭くする。第2の要素である成長志向性は，新市場への進出によって成長を可能にする先見性のある行動をとらせるようになる。

　繰り返しになるが，市場志向のイノベーション，業績に対する正の影響を勘案すると，市場志向の重要性は一段と高まる。後継者の選択にあたっても，候補者の市場志向性を重要な判断基準に含める必要性があるだろう。

2．ブランド戦略

　ファミリービジネスにとって，ブランド戦略は一般企業とは異なる重要な意義をもっている。ブランドはファミリー性の象徴であり，創業者からはじまる価値観と伝統とを具現化している。

　特に企業目的として社会的貢献あるいはファミリーの名声などを追求するファミリービジネスにおいて，ブランドはファミリーならびにビジネスの信用力を示すものであり，その価値と重要性は極めて高い。それをさらに高めようとする場合，ファミリーが創業当時から培ってきた信用をマーケティング上でも訴求するには，過去を重視したブランド戦略が効果的である。

　一方で，ビジネスの内容によっては，過去を重視することが事業を推進する上で阻害要因となる場合もある。例えば，新規性の重視が訴求要因となる分野では，過去を語るとしても品質や商品力に秘められた技術力の高さを例証する方法が効果的となる。

　Micelotta & Raynard（2011）によれば，ファミリービジネスには次の3種類のブランド戦略が考えられる。各々の内包的意味と外包的意味は図表4-6の通りである。

　第1の戦略は「ファミリー中核戦略」である。アイデンティティの中核はファミリーである。時間軸として，過去からの歴史概念を重視しており，過去に敬意を払いつつ強調している。過去と伝統はファミリーの価値観の中核として重要であり，世代を超えて現在まで守られてきた存在である。そしてファミリーは，顧客重視と事業の永続性を担保する存在である。親しみがあり居心地のよい「環境」の提供を強調し，顧客との関係を大切にする顧客重

第4章　ファミリービジネスの経営戦略

視の姿勢を前面に押し出している。

　以上の内包的意味をふまえて，表現面のホームページやカタログではファミリー内の結束と絆を反映し，各世代のファミリーメンバーの複数の写真を白黒に近い色彩で示している。出身国の伝統的な衣装をまとった家族写真も示され，ロゴは家紋を用い，創業年を明示する。デリケートな色彩に，手書きを思わせるフォントが多用される。多くの場合，ファミリーの苗字が企業名に用いられる。

　内容面では，詳細にファミリーの沿革を紹介し，その中に当主以外のファミリーメンバーの経歴も含まれる場合がある。創業時の文書の引用，あるい

図表4-6　ファミリービジネスのブランド戦略

		ファミリー 中核戦略	ファミリー 補強戦略	ファミリー 副次戦略
内包的意味	アイデンティティ	ファミリー	製品・サービス	組織
	重視する時間軸	過去に対する敬意を強調	伝統と現代性の並存	将来を見据える 成長・革新・将来ビジョン
	ファミリーの位置づけ	顧客重視という価値観の中核	技能の守護者 （補強的）	創業の象徴 （副次的）
外包的意味	表現面 （ビジュアル）	各世代の肖像	歴代の経営者	ファミリーの代表者のみ
		白黒，デリケートな色彩	製品の芸術性	明色，ビジネス調
		創業時の文書，記念品	製品・サービスの場所	建物，設備，製造システム
	内容面（テキスト・コンテンツ）	詳細な沿革	独特かつ高品質・高価値の製品	成長 主な達成記録
		過去を表現する肯定的表現	長期の伝統	未来への挑戦，現代的経営の強調
		顧客に対する歓迎の言葉	専門技能と革新	利害関係者への謝意

出典：Micelotta & Raynard（2011）を基に筆者作成

は古文書や当時の商品を含む記念品が提示され，過去を表現する肯定的かつ敬意あふれる表現が特徴的である。顧客に対する歓迎の言葉と，組織の「経験」とつながりへの誘いが示される。文書表現は居心地のよさを喚起し，閲覧者と会社の感情的な絆に重点が置かれる。

　第2の戦略は「ファミリー補強戦略」である。アイデンティティの担い手は製品・サービスに移行し，ファミリーは補強する位置づけになる。すなわち，この戦略において，企業のアイデンティティは卓越した製品・サービスの提供と定義される。時間軸としては，製品・サービスに伝統と現代性が同居しており，会社は現代性を尊重するために過去を振り返る。ファミリーの位置づけとしては，ファミリーは伝統を保持し，顧客に提供する製品・サービスの品質を保証する存在であり，過去に依拠しつつ，未来を見据えて継続性を保証するものとされる。

　表現面のホームページなどの写真は，製品・サービスに焦点を置いている。例えば新製品一覧の傍らに，美術館に寄贈した芸術的製品の写真を併設している事例も，伝統と現代性の同居を示している。人物の表示では，社長を経験したファミリーメンバーの一連の写真が掲載される。由緒ある家柄を象徴する家紋やエンブレムをあしらったロゴと，創業年が表示される。オールドイングリッシュのフォントに鮮やかな色彩を添える事例が見られる。ここでも苗字が企業名に用いられている。

　内容面では，独特で高品質・高価値の製品・サービスを全面に押し出し，その長所を強調する。製品の製造やサービスの提供に関して，長時間をかけた伝統を強調する。製品・サービスの特徴と歴史，ファミリーメンバーの専門技能に大きな比重をかけて，製品・サービスに対する伝統と革新を強調している。

　第3の戦略は「ファミリー副次戦略」である。アイデンティティの担い手は組織，すなわち企業である。企業は独自性を前面に押し出し，ファミリーとは別物として位置づけられ，ファミリーは副次的な位置に後退している。時間軸として，過去ではなく将来を見据えた時間的ならびに歴史的概念が用いられる。長期にわたる組織の変化と進化を強調するため，会社の変化に重点を置いて沿革が表示される。メッセージとして，成長，革新，将来ビジョ

ンが強調される。チームの一員としてファミリーを位置づけ，ファミリーは創業の象徴にとどまる。ファミリーメンバーはあくまで組織に奉仕する「従業員」である。

表現面では写真は人間よりも建物，設備，製造システムなどのモノに焦点が移っている。ファミリーの写真は，社長以外にファミリーメンバーは登場しない。写真はビジネスウエアやビジネスポーズに代表されるフォーマルな表現となっている。会社ロゴはシンプルかつスタイリッシュで，家紋は用いられないが，創業年は表示される。色彩は明色で，ビジネス風のフォントが用いられる。苗字はグループ名として用いられる他は，社名から姿を消す場合が多くなる。

内容面では，企業の未来への挑戦が主であり，これまでの成長ならびに主な達成記録などが併記される。顧客や供給業者など多様な利害関係者が会社の成功に貢献したことに謝意が示される。会社の長い歴史を是認しつつ，会社の源流と現在は時間ならびに歴史的概念として別物であると強調している。中心的メッセージとして，ダイナミズムと変化が成功の基本要因であると強調するとともに，オフィス，本部，マーケティング，キャリア，機会など現代経営用語が頻繁に用いられる。

5 持続的成長の実現

持続的成長戦略は，ファミリービジネスの3円モデルが示す3要素全てにかかわっており，特に3要素間の相互調整が深く関与している。その意味では，本書の全ての章が関連しているので，重複して論じることを避け，他の章で触れていない点のみを本節で述べる。

1．ファミリービジネスの成長阻害要因

まずは，何がファミリービジネスの持続的成長を阻害するかを見てみよう。ファミリービジネス研究の先駆者として，Ward（1997）はファミリービジネスが成長しない原因を6点に要約し，ファミリービジネスの当事者にヒヤリングした結果に基づいて，下記の順位づけをした。

第1に，ビジネスのライフサイクルの成熟と競争の激化である。長寿企業の場合，ファミリービジネスか否かを問わず，成長は困難である。その原因としては，市場の成熟性，激しい競合，技術の変化があげられる。Schumpeter（1939）が指摘したビジネス・ライフ・サイクルが全てのビジネスの自然の理を規定している。

　第2に，ファミリーおよびビジネスのニーズに必要な資本の制約である。如何なる事業も株主の期待の高まりに応えなければならないが，その他にファミリービジネスの場合，相続税を支払わなければならないという特殊事情がある。多くの調査によれば，ファミリービジネスの資産がファミリーの資産総計の約80％を占める場合が多く，現経営者が死亡すると，所有ファミリーは高率の税金という問題に直面する（Ward, 1987）。

　こうした資本の危機をさらに複雑にするのは，株式を所有するファミリーによる所有に関する地位の変化の希望である。彼らは所有株式に対する現金の他に，独立性，プライバシー，感情における自由を求める。例えばこうしたファミリーメンバーに現金を与えれば，事業を成長させるための資金を犠牲にするわけであるが，残りのメンバーはファミリー内の不調和や，配当，会社の方向性，株式償還のための株式評価に関する諍が起きるのを避けようとして一生懸命になる傾向がある。

　第3に，次世代のリーダーシップの弱体化である。次世代のファミリーメンバーが起業家としてのリーダーであり続けるには，ハングリー精神と旺盛な意欲が不可欠である。しかしながら，受け継がれてきた安定あるいは富がそれらを奪ってしまい，次世代は，むしろ快楽的な生活，芸術活動あるいは家族や友人との生活を大切にするようになるかもしれない。

　勤勉で独立独行，強い意思決定力をもつ成功した起業家に囲まれると，子供達は協力，意思決定の共有，利己的でない協働など，不可欠な社会的スキルを学ばないようになってしまう。

　第4に，起業家としてのリーダーシップの柔軟性欠如と変化に対する抵抗である。過去に成功した起業家の個人的パラダイムが，早晩制約条件に転化し得る。成功するためのビジネスの環境ならびに必要条件は変化するが，起業家が柔軟性を失い，過去の成功体験に執着してしまうことで，自らのイメ

ージや経済的安全性を損なう恐れのある意思決定を避けようとする。ファミリービジネスは従業員および強い文化ならびに伝統を守る強い忠誠心を誇りとする傾向が強いが，これらはいずれも変化に対する抵抗を生じる。そしてもう1つの問題は，ファミリービジネスの多くが単一の事業しかもっていないことである。それが成熟すれば，執着して資産の減少を待つ以外に選択肢がないことになる。その事業は自分が創り出し，自らのアイデンティティであり，喜びの源泉に他ならないので，その事業を大切に育てることから新しい成長の可能性に焦点を移そうとはしない（Lansberg, 1988）。新事業の収益率が低ければ，なおさら歴史の長い従来の事業に執着する傾向が強まる。事業が成熟して成長に向けた探索が弱まれば，事業に向けたエネルギーと資源の枯渇は下降サイクルに火を注ぐことになる。ビジネスはますますファミリー内外のリーダーシップを引き付け獲得することが難しくなる。こうした問題は，創業家が長期にわたって所有してきた事業において増大するものである。

第5に，兄弟間の対立があげられる。これは極めて重要かつ複雑な課題であり，ファミリーの和に関しては別項を設ける（第5章）。

第6に，ファミリーの目標，価値観，ニーズの相違である。結婚によって部外者を迎え入れるなど，ファミリーが拡大すると，関係者の個人的な目標および価値観が多様化する。その結果，ビジネスに関する意思決定においてコンセンサスをとりにくくなり，ビジネス所有に関するコミットメントが困難になる。将来に向けた共通のビジョンの構築および避けられない対立の調整などが，不可能ではないとしても極めて難しさを増す。

その他，規模およびライフスタイルの質においてファミリーの経済的欲求が増大しているため，ある程度のビジネスの成長では満足できないという考察も加えられている。年率10〜15％の素晴らしい成長であっても，ファミリーメンバーの増大にその成長がついていけないという事情が存在するためである。

2．新しい戦略的洞察

ファミリービジネスの持続的成長には常に新たな戦略的洞察の源を確保し

ておく必要がある。大半の業種では数年ごとに戦略を変える必要があるが，新しい思考を刺激する努力は，特にファミリービジネスにおいて強く求められる。それは，社外の経験をもつ後継者が少なく，任期が長い場合が多いからこそ余計にである。ファミリービジネスのリーダーは，下記の条件があれば，新しいアイデアの創出を歓迎する雰囲気を作り出すことが可能となる。

- 戦略的実験の推進
- 戦略的経費の予算化
- セレンディピティ[2]の追求と資金提供
- ファミリー以外の取締役の登用による戦略的過程の創出
- 次世代後継者に対する国際的経験の推奨

3．ファミリー以外の経営者の確保

　ファミリービジネスの持続的成長のためには，前述の新しい戦略的洞察のためにもファミリー以外の有能な経営者を確保しておく必要があるが，多くのファミリービジネスは，十分な活用が進んでいない。それは，ファミリー以外の経営者の採用がファミリーメンバーのキャリアパスに与える影響についてわからないため，将来の経営能力確保に向けた投資に消極的だからである。また，ファミリービジネスの株主は，自分達では最高の才能を備えた人々を魅了できないと謙遜する傾向がある。この傾向に打ち勝つために，ファミリービジネスは少なくとも次のことが必要である。

- 採用における能力重視の方針の明示
- ファミリー以外の経営幹部の個人的資産を増やす機会の提供：役員にストック・オプションを提供しているファミリービジネスは少ないが，ストック・オプションの疑似的プランへの参加あるいは新ベンチャーないし不動産に対する投資をファミリーメンバー同様に行う機会を与えている事例は比較的多い
- ファミリー以外の優秀な経営幹部に対する昇進の可能性の約束

---

[2] セレンディピティ（serendipity）は，価値あるものを偶然見つける能力・才能を意味する。

第4章　ファミリービジネスの経営戦略

4．柔軟性と革新性のある組織の創出

創業者あるいは先代が強力なリーダーシップを発揮したカリスマ型の場合，ファミリービジネスは過去の成功から強い影響を受けるあまり，経営が硬直化しがちである。また，数世代にわたる歴史をもつ場合にも，惰性的な経営から脱却しにくい弊害が見られる。こうした弊害と決別して，柔軟性と革新性のある組織を創出するために，下記の施策が必要である。

- ビジネスに関する情報の共有
- 個人依存からチームワーク志向への転換
- たゆまぬ変化の追求：イノベーションを促進する最善の方法は，変化に対する肯定的な考え方の奨励である。持続的な変化を恐れないためによく用いられる方法としては，経営システムおよびプロセスを定期的に更新し，報酬制度，情報システム，組織の役割・構造，報告制度・人事評価プロセス等の見直しがある

5．資本の創出と確保

ファミリーの拡大，相続税の支払い，新しい戦略など，いずれも財務的資本の増大を必要とする。また，事業成長のために可能な限りの現金の確保こそ最大の重要事である。長期的に存続し成長を続ける企業は資本の確保・維持が必要であり，そのためには次のことが必要である。

- 他人資本の活用：成長企業は借入金の使用が多い。また，共同所有権あるいは共同事業の機会提供など創造的である
- 資本集約度を低く抑える戦略の策定：時間的経過に伴って，長期に成長する企業は成長に向けた資本集約度を低減させる。すなわち，多くの資本を必要とする局面（不動産あるいは垂直統合型生産）を重視しなくなる
- 株式買戻し計画および配当政策の確立：株式買戻し計画を長期にわたって確立しておけば，紛争も少なく，支払いに十分な準備期間が確保でき，条件も有利になる。さらに，明確な配当政策があれば，株主は納得し，無理な要求をしなくなる
- 相続計画の早期準備：資本を減らさない最善の方法の1つとしてファミ

リービジネス専門家が一致して認めているのは相続税の減額であり，そのための相続計画および資金捻出計画の早期準備によって，節税できる金額が増大する

6．次世代の準備

ファミリービジネスの後継者は，事業の成長を主導するための特殊なスキルを必要とする。後継者教育はOJTあるいは大学における正規の講義プログラムが大部分であるが，いずれもファミリービジネスのCEOという実際的側面を無視している。このギャップを埋めるために，下記のことが必要である。

- 後継者が企業文化の変革を進める支援をする：変化の推進は，過去の否定あるいは先代に対する批判とみなされるのが通常であるため，成功した創業者のファミリー後継者にとって，組織の変革は極めて難しい。先代は会社のチームの成功に向けた貢献に焦点を合わせ，自らの貢献を過大視しないことが，手助けとなる
- 後継者に対するメンター活動の推進：後継者は，メンター経験（入社以前における社外勤務。市民活動，慈善活動，業界活動など外部における期待に応える方法の体得。会社および株主に対する一般的な戦略的ビジョンを創出する方法の習得。など）から得るものは大きい
- 次世代に責任および管理を移転する時期の設定：後継者はその承継時期が未定であると動きが抑制される。先代が承継の時期をかなり早目に設定すれば，心の平静の維持と引退の準備が可能となる。後継者も，ビジネスおよび成長が必要とするリーダーとなるためのモチベーションおよびコミットメントが高くなる。次世代を励まし，信頼をもって管理と権限を委ねる意思あるいは能力が高いことほど，ファミリービジネスの持続的な成長を推進するものはない

7．戦略的優位性の駆使

ここまで，ファミリービジネスの不利な要素および課題に紙面を費やしてきたが，成功してきたファミリービジネスは自らの長所の存在についても熟

知しており，次の方法で長所の発揮に努めている。
- 寛容資本を評価する投資の追求：ファミリービジネスは長期的経営志向という独特の特徴がある。強いファミリーは，長期的な価値観を短期的な結果よりはるかに重視している。大きな成功を収めているファミリービジネスは事業構築の努力において一貫性があり，経済や業界の浮沈にはあまりこだわらない。こうした価値観には，研究開発，ブランド名の開発，市場拡大，さらには流行遅れの事業に対する投資さえも含まれる
- 関係性を軸とした戦略の構築：ファミリービジネスにとって，信用は最も重要である。ファミリーの名前を全面に掲げ，将来の世代が今日の意思決定によって評価されると理解している。信用は新しい成長の興奮を生じる機会へと導いてくれる
- 迅速な意思決定がプラスの役割を果たす事業に専念する：組織内の政略が少なく，所有と経営が共鳴しているので，迅速な意思決定はファミリービジネスの強みである

8．まとめ

　以上の条件は持続的成長を可能とし，支えるものであるが，持続的成長にはさらに次の2つの要件が必要である。それは，これらの要件を実行しようとするリーダーのモチベーションであり，ファミリーが成長のために必要とする犠牲を是認することである。

　しかし，上述した要件を忠実に守って自らの事業を成長する決意をしているリーダーは特殊な存在である。停滞に関する多くの理論の例外として，彼らは世界中のファミリービジネスのリーダーのうち，わずか7〜10％を代表しているに過ぎない。これらの「成長の名人」が自らに課している使命は，長期間存続し，将来一段と成功する永続組織の構築である（Tagiuri & Davis, 1992）。彼らは自らの組織を自律型システムにするという個人的な経営哲学の構築および検証を意図している。彼らは自らの信念のロール・モデルになろうとしており，資本のスチュワードを自認し，ファミリービジネスを個人の所有とは感じていない。彼らは，事業とリーダーシップを，引き受けた時よりもよい状態にして次世代に引き継ぐことを責任と信じている

(Tagiuri & Davis, 1992)。

　なお，「成長の名人」は最終的には，ファミリーメンバーの目的とニーズに焦点を合わせはじめる。ファミリービジネスの成長に関する最も重要なベストプラクティスとして，ファミリーの目的とミッション，価値観，所有に対するモチベーションの維持があげられる。これらの諸点に関係者の同意が得られれば，持続的な事業の成長は極めて確かなものとなる（Tagiuri & Davis, 1992）。

ケーススタディ：鈴与

＜会社概要＞
社　　　名：鈴与株式会社
創　　　業：1801（享和元）年
創　　　立：1936（昭和11）年
所　在　地：静岡県静岡市清水区
代　表　者：代表取締役社長　鈴木与平（8代目）
事業内容：運送事業
従業員数：1,048名（平成23年10月度）
資　本　金：10億円
売　上　高：767億9,900万円（平成22年8月期）

　Jリーグ1部の清水エスパルスのオフィシャルスポンサーとしても知られる鈴与（静岡市）は享和元（1801）年創業。既に2世紀を超える物流業界の老舗であるが，むしろ若々しさを感じさせられる。中国やタイ進出など事業の発展や，それを支える若手社員の活躍も要因の1つだが，その原点には清水港で廻船問屋・播磨屋をはじめた初代鈴木与平から伝わる「共生（ともいき）」の精神が底流に脈打っている。

　実は共生は縁起の教えを社会で活かそうとする仏教のコンセプトで80年前に提唱され，一般にも最近知られるようになった。しかし同社では6代目社長・鈴木与平が創業150周年記念式典（1950年）で，「営利にとらわれて社会に対する奉仕を忘れた時，決して繁栄はもたらされない。"もうけること"は社会から受けた恵みであり，これはまた社会に対し"お返し"せねばならぬ」と強調した。最近欧米から導入されたCSR（企業の社会的責任）と何ら変わらない

内容である。

　この背景を歴史的に見ると，4代目・鈴木与平が安政大地震（1855年）の復興に尽力，有志と協同して波止場（後の清水港）の築造（1875年），清水銀行を創立（1881年），5代目・鈴木与平が清水港の第1次改築にあたり所有地を寄付（1910年），6代目・鈴木与平は関東大震災（1923年）に際し船舶輸送による罹災者救済，復興物資の海上輸送に貢献——など枚挙に暇がない。6代目は船荷証券（BL）が回収不能となる大アクシデントに見舞われたが支払いを断行し船会社に損害を与えなかった（1925年）。その結果，回漕業の信頼を高めて無形の信用を獲得したのは想像できよう。

　この伝統をふまえて，200周年（2000年）には8代目社長・鈴木与平（65）が「地域ともいき（共生）宣言」を内外に発表し，「一人一人できることからはじめよう」「もう一歩 踏み出してみようよ 地域の中へ」「まだありませんか？地域のためにできること」の3点を呼びかけた。その具体的活動の1つとして，7代目・鈴木与平（1910-1993）の社会福祉活動に対する遺志を承継し，社員の社会貢献を目的として1993年から「マッチングギフト制度」がはじまっている。これは社員の有志が毎月一定額を積み立てると同額を会社が上乗せして総額を社外に寄付する制度で，米国などでは普及しているが国内では先進的事例である。

　同社では有志社員が毎月100円ずつを給与天引きで募金し積み立てており，約1,000人の社員が参加している（2006年4月末時点）。第13回マッチングギフト贈呈式（2006年5月26日）では総額232万円を静岡市内のボランティア団体など12団体・施設に寄贈した。

　この他にも，「フェルケール博物館」（1978年，清水港湾資料館として発足，1991年改名）や「親と子のみなと見学会」など，同社では様々な活動で共生のコンセプトを地道に展開している。

　同社では"誰からも惚れられる鈴与"という興味深いキャッチフレーズが最近見られる。「拡大のみを志向するのではなく，地域の産業育成にも積極的に取り組み，また文化振興という視点に立脚した様々な活動」を業績の波に影響されずに長期的かつ地道に展開している姿勢は高く評価したい。

　代々襲名される「鈴木与平」はFB（ファミリービジネス）の大黒柱であり，それにちなむ同社の社名には共生のDNAが脈打っている。

　　　　　　　　　　　　　　　（「経済の隠れた主役　ファミリービジネス探訪」
　　　　　　　　　　　　　『フジサンケイ ビジネスアイ』2006年10月13日付）

＜演習課題＞

1. ファミリービジネスの経営戦略について，一般企業と異なる点を整理しよう。
2. イノベーション戦略が必要な理由および実施にあたって留意すべき点を整理しよう。
3. （ある１社を想定して）現経営者の立場で成功の要因および維持すべき事柄を整理しよう。
4. （上記企業について）後継者の立場で変革すべき事柄を整理し，前項の回答と比較しよう。
5. ケーススタディを読み，その成功の秘訣を３点あげてみよう。

第5章

ファミリービジネスの承継

第5章では，ファミリービジネスにとって実務的にも最重要課題の1つである承継を取り上げる。まず承継を準備から権限の移行に至る一連のプロセスとしてとらえ，それぞれの段階の特徴を述べる。次に承継にかかわる創業者，後継者およびその他の利害関係者に着目し，各々の特徴を述べるとともに，相互の関係性に着目して，円滑な承継のための方策と阻害要因を明らかにする。加えて，承継計画の策定ならびに資産承継の重点を解説する。

ファミリービジネスにおける承継は「創業者＝株主経営者から後継者へのリーダーシップの引き継ぎ」（Beckhard & Burke, 1983）と定義され，一般的に「最高経営レベルにおけるリーダーシップの交代」を意味する。

　『中小企業白書2006年版』によれば，日本では承継を理由として毎年 7 万社が廃業しており，その結果として失われる雇用が20万～35万人としている（中小企業庁編，2006）。ところが，承継を誰にも相談していない経営者は，55歳以上でも過半数にのぼる。また，経営者の平均年齢は1964年（36.9歳）から2004年（59.1歳）へ着実に上昇している（後藤，2006）。

　承継はファミリービジネスにとって最大の難関であり，長期的な成功に向けた重要な分岐点である。後継者にとって重要であるのはもちろんであるが，周囲の関係者も理解を充分に深めておきたい。

1　ファミリービジネスにおける承継の特徴

1．ファミリービジネスにおける承継の特徴

　3円モデルが示す 3 要素（ファミリー，ビジネス，所有）が複雑に交錯するのがファミリービジネスの承継の特徴であり，その円滑な実行のためには用意周到な準備を必要とする。また，準備から遂行までに10年程度の期間を見込むのが成功の鍵となる場合が多い。この点も，あらかじめ留意しておこう。

　承継の難しさを大別すれば，3つある。第 1 にリーダーシップが所有ならびに経営という 2 次元で構成されている点である。3円モデルで示した 3 つの要素が複雑に絡み合い，内包する経済的利害ならびに感情的対立の調整が承継を難しくしている。第 2 に，承継には多種多様な利害関係者が関与している点である。後継者候補には創業家のファミリーメンバーだけでなく，専門経営者もおり，組み合わせは多様である。第 3 に，承継に要する時間的長さである。リーダーシップの交代は，その前後を含む長期のプロセスを伴い，年単位を要することが珍しくない。

　このように，承継は諸要素が複雑に交錯する一連のプロセスであり，研究の対象も時間的推移に応じて進展を遂げてきた。近年の研究では，承継プロ

セス，承継候補者の準備および社会的適合性，ファミリーメンバー間における調和的関係の維持，ファミリービジネスの成功に関連するファミリーキャピタルの構築・維持の確立などがテーマとしてある。

2．先行研究

　従来の承継研究の重点は，承継プロセス，創業者の役割，次世代後継者の視点，利害関係者の多様性，効果的承継および承継計画の6点に要約できる。

　承継に関する初期の研究テーマは創業者に集中し，その他関係者を「ファミリー」と一括していたが，1980年代に入り，配偶者，息子および娘へと細分化され，父-息子の関係（Davis, 1982），一族メンバー間の摩擦（Davis, 1986）へと関心が広がった。この変化は，承継における後継者の重要性が理解されたからでもあり，同時に後継者がかかえる問題の大きさの反映に他ならない。なお，ファミリービジネスの存続にとって，次世代は重要であるにもかかわらず，初期には学術上の関心が向けられてこなかった。その原因として，世代間の感情問題も内在しており，ファミリービジネス当事者がふれたがらなかった（Lansberg, 1991）という事情もあった。

　次世代には後継者として家業の承継に対する抵抗もあり，また同時に承継の準備あるいは適性の問題をかかえている。そこで，他社勤務経験の利点が提起され，キャリア計画と後継者の役割の適合性，自己評価，キャリアに関する他メンバーとのコミュニケーションの必要性が指摘された。また，長男相続の比重低下に伴う後継者の多様化を反映して，兄弟関係，娘および従兄弟への承継も研究されてきた。

　近年の研究では，承継プロセス，承継候補者の準備および社会的適合性，ファミリーメンバー間における調和的関係の維持，ファミリービジネスの成功に関連するファミリーキャピタルの構築・維持の確立などがある。

2　承継プロセス

1．承継プロセス

　まず承継をプロセスとして認識する見方は，プロセスを4段階あるいは7

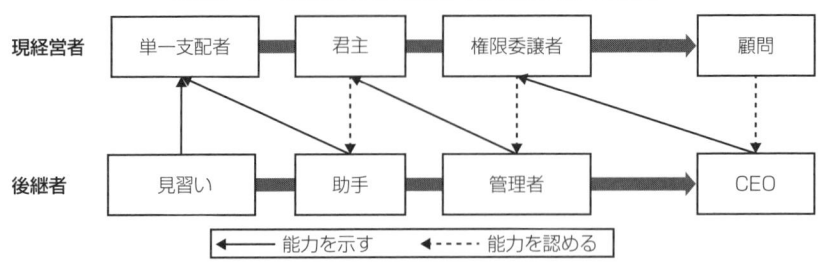

図表5-1 現経営者と後継者の役割調整プロセス

現経営者　単一支配者 → 君主 → 権限委譲者 → 顧問

後継者　　見習い → 助手 → 管理者 → CEO

←── 能力を示す　　←----- 能力を認める

出典：Handler (1990) に基づき筆者作成

段階に区分するなど，研究の初期段階から存在した。例えば4段階とは，現経営者が経営する段階，後継者の参画，パートナー段階ならびに権限の移行段階である。これらは，いずれも承継プロセスを，現経営者から後継者への役割の交代または役割の相互適応と認識しており，図表5-1のような両者の役割調整プロセスが指摘されている（Handler, 1990）。

　現経営者が単一支配者としての存在から，君主（部下を通じた統治），権限委譲者を経て顧問的存在へと引退する。一方，後継者は特定の責任をもたない無任所としての見習い段階からはじまり，助手，一定の管理者としての経験を積んだ後，CEO（最高経営責任者）の座に就く。ここで Handler (1990) が指摘したのは，まず後継者が次の段階で能力を示し（図表では実線で表示），それを現経営者が一歩遅れて評価・承認（図表では点線で表示）した後で次の段階に進む点である。

2．承継プロセスの成功要因

　承継プロセスの成功度を高めるには，どうすればよいだろうか。この議論をめぐり，承継の満足度を測定する試みが繰り返された。Venter et al. (2005) によると，ファミリーの和，現経営者と後継者の関係性，後継者の承継に向けた準備，そして後継者の承継に向けた意欲が承継プロセスに対する感度を高めると考えられる。

　ここで，それぞれの変数を説明しておこう。
・ファミリーの和：メンバー間における配慮，信頼，尊敬，オープンなコミ

第5章 ファミリービジネスの承継

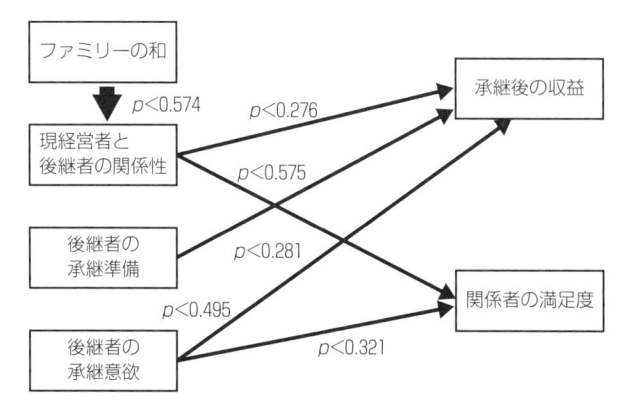

図表5-2 承継プロセスの成功度に影響を与える要因

```
ファミリーの和
    ↓ p<0.574      p<0.276
現経営者と ─────────────→ 承継後の収益
後継者の関係性
              p<0.575
後継者の       p<0.281
承継準備
              p<0.495
後継者の                    関係者の満足度
承継意欲       p<0.321
```

出典：Venter et al.（2005）に基づき大幅加筆して作成

ュニケーション，感謝
- 現経営者と後継者の関係性：現経営者との関係性，現経営者との協働を好む，現経営者と情報を共有する
- 後継者の承継準備：他社勤務の経験，社外のメンターの存在，専門的資格，教育プログラムの受講
- 後継者の承継意欲：ファミリービジネスで働くことを素晴らしいと思う，ファミリービジネスで働くことにやりがいを感じる，ファミリービジネスで与えられる課題は社外のどこよりも挑戦の価値がある，後継者として経営を引き継ぎたいと強く望んだ，ファミリービジネスで働くことに幸せを感じた，ファミリービジネスの成功のために人一倍の努力をする意欲があった，ファミリービジネスの一員であると他の人々に誇らしく伝えた，ファミリービジネスを成功させる能力に自信があった（過去形で表記されている部分は，いずれも承継時あるいは承継以前についての記述である）

　実証研究の結果，承継後の収益性の持続は，後継者の準備状況，承継意欲，および現経営者と後継者の関係性に影響されている点が判明した。また，現経営者と後継者の関係性は，ファミリーにおける人間関係の和に影響を受けている（図表5-2）。

3．承継プロセス理解の重要性

　なお，ファミリービジネスは承継プロセスの理解が極めて重要であり（Sharma et al., 2003b），併せて恒常的なプロセスの改善が求められている。

　これまで述べてきたように，ファミリービジネスにおける承継は，ファミリーおよびビジネスの両方における多くの要素が介在する複雑なプロセスであり，承継は現経営者と後継者の間におけるリーダーシップ交代を中心として，周囲に多様な利害関係者が介在する一連のプロセスである。次節から，創業者および後継者を中心とする利害関係者の個々について要点を整理し，つづいて相互の関係性に着目していこう。

3　創業者の役割と課題

　現経営者の中でも，創業者の役割は著しく大きく，承継における役割も特殊なものがある。そこでまず，本節では創業者の役割と課題を取り上げる。

1．創業者にとってファミリービジネスがもつ意味

　創業者の役割についてはリーダーおよびリーダーシップに関する心理学的考察が多く，多くの創業者の共通点が示されている。創業者にとって，ファミリービジネスは心理学的に3つの意味をもつ存在である（図表5-3）。すなわち，第1に，親からの独立心の象徴であり，幼児期に経験した親との対立からの逃避先である。第2に，自ら起した会社は愛玩物と同じ存在であり，エネルギーおよび関心の源泉である。この場合彼にとって従業員は自分の会社を磨き上げる道具でしかない。第3に，自我の延長である。

　承継は，自ら育て上げた分身を手放すことに他ならず，複雑な感情を伴い，抵抗を示すのは創業者の本質である（Schein, 1985）。自ら獲得したものを手放そうとしないのは起業家の本質でもある。

　これらは，いずれも創業者が引退に抵抗する要因でもあるが，第4の抵抗要因として，創業者の加齢と死に対する恐怖（Lansberg, 1988）を追加しておこう。元気な時ほど，創業者は健康について考えず，一生を会社にささげる気持ちが強い。永久の不老を信じ込んでいる創業者もおり，これが承継を

第5章　ファミリービジネスの承継

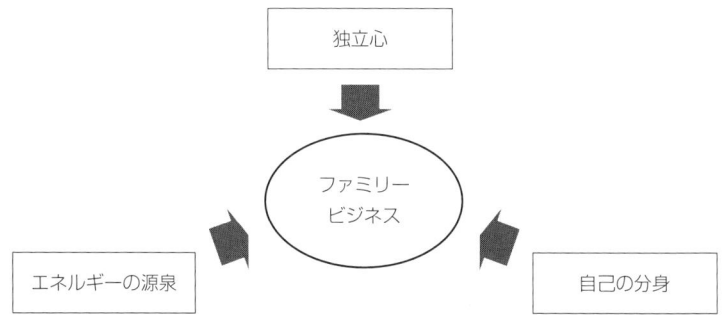

図表5-3　創業者がファミリービジネスに見出す心理的な意味

```
          独立心
            ↓
       ファミリー
        ビジネス
       ↙        ↖
エネルギーの源泉    自己の分身
```

出典：Levinson（1971）に基づき筆者が作成

考えようとしない原因と指摘されている（Danco, 1981）。なお，多くの創業者に見られる変化への抵抗を緩和する上で，創業者による自己認識の効果が指摘された（Hall, 1986）。

また，ダブルバインド理論[1]によれば，多くの現経営者は次世代に力を与えることに消極的である。そうすることによって，力関係が逆転し，いずれ自らが引退しなければならないからである（Lansberg, 1999）。ダブルバインドの状態でいると承継計画の策定は著しく困難になる。多くの研究は承継計画の不在を創業者に関連する要素に起因させており，次世代に焦点をあてて彼らの能力およびファミリービジネスへの関与に注目している研究は少数に過ぎない。しかしながら，世代間の交代は常に双方向であり，親子両方が互いの欲望を強めている限りにおいて，両者ともこれに責任がある。次世代は，「親は責任をもつことを勧めるだけで，一向に退こうとしない」と不満を述べる。しかし，親である創業者が「子供達は頭痛の種には取り合わないで，よいところだけ手にしようとする」と不平を述べるのも，誠にもっともである。親世代の創業者が引退に向かう過渡期に，権限を移行しつつ，残ろ

---

[1] 二重拘束（double bind）とは，ある人が，メッセージとメタメッセージが矛盾するコミュニケーション状況に置かれることである。1956年にベイトソン（G. Bateson）によって発表され，家族内コミュニケーションがダブルバインド・パターンであると，その状況に置かれた人が統合失調症に似た症状を示すようになる，と指摘する説である。

うとするのも十分な理由がある。このダブルバインドの状態はファミリービジネスのファミリー側（世代間の円滑な承継）だけでなく，ビジネス側（経済的生産性）にも脅威を生じる。

2．創業者のもつ影響力

創業者はファミリービジネスの初期段階から文化，価値観，業績に非常に大きな影響を及ぼしてきた存在である。ファミリービジネスにおける経営者の任期は平均17.6年で，非ファミリー経営者（6.43年）の3倍近い長さである（McConaughy, 2000）が，創業者の任期はさらに長く，また組織における中心的位置づけもあいまって，任期内だけでなく引退後も大きな影響力を発揮する（Anderson et al., 2009など）。

ファミリーにおける会社の役割に関する創業者の見解は，次世代のために行使するソーシャル・ネットワークのモードとプロセスに影響を与え，引退後も会社の文化に影響を及ぼす。創業者は収益性，市場におけるポジション，借入金の支払利息コストに正の影響を与え，次世代以降の経営者および外部CEOよりも業績に与える影響が大きい点が確認された（Anderson & Reeb, 2003など）。

ソーシャル・ネットワーク理論[2]からは，ファミリービジネスにおける創業者の中心性（セントラリティ）という概念が生み出され，その任期中および引退後における影響力が研究された。中心性は情報，最高経営陣との距離，関係者への影響という3次元で定義され，創業者の高い中心性は次の3つにつながるという仮説が提示された。①創業者と他の役員の同期，②創業者が重要視する成功の定義に沿った業績の実現，③創業者の引退後における企業に及ぼす影響力，である。

なお，創業者のリーダーシップには，参画型，独裁型，自由放任型，専門家型，参照型があり，参画型はファミリーおよび非ファミリーからの発言に耳を傾け，評価するタイプであり，ファミリービジネスおよびファミリーで

---

[2] ソーシャル・ネットワーク理論は，ネットワークにかかわりをもつ個々人（ノード）と関係者間の結びつき（つながり）という観点から社会的隣接性を考察する理論で，社会科学の広い分野で様々な現象を説明する手助けとなっている。

第5章　ファミリービジネスの承継

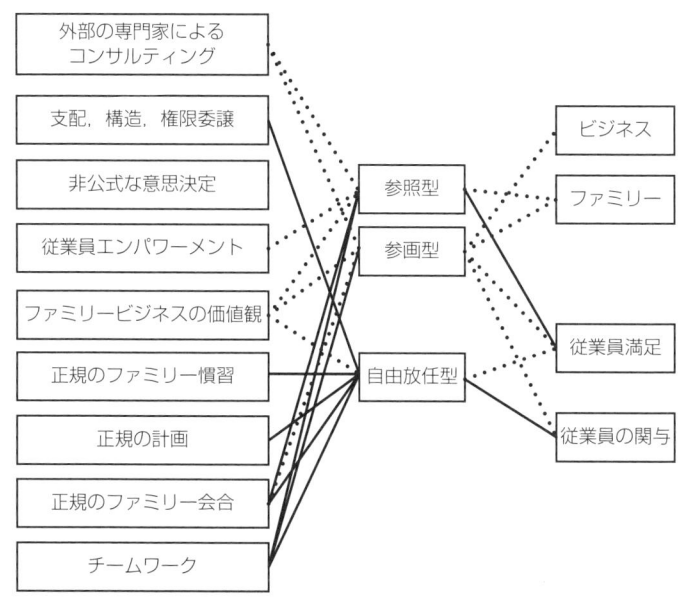

図表5-4　創業者時代における業務，リーダーシップおよび業績の関係

注：表示を簡素化するため，p値が0.05未満の項目のみ表示した。太線は $p<0.01$，細線は $p<0.001$ を示す。
出典：Sorenson（2000）に基づき筆者作成

高い業績を達成することが立証された（Sorenson, 2000：図表5-4）。

3．創業者の課題

　前述のように，創業者のリーダーシップは多様であるが，承継プロセスにおける課題には共通点がある。それは，次世代以降におけるファミリービジネスを新たな発展段階として認識し，それに向けた準備を進める度量ならびに想像力の不足である。

　如何に創業者の成功が顕著であっても，あるいは成功が大きいほど，創業段階の成功体験に追随するだけではビジネスに限界が訪れる。第3章で見たように，世代を重ねるごとにファミリービジネスは複雑度が増し，経営を取り巻く環境も変化し，それに対応していかねばならない。

　エルメスの当主が常々語るように，「3代後の時代に，私のしたことが感

謝されるのが何よりの喜びである」という立場を堅持できれば，自らの分身であるファミリービジネスとの離別も厳粛な事実として前向きに受け止め，承継を長期的な視点で構想しやすくなるであろう。

4　後継者の役割と課題

　本節は後継者に読んで欲しいのは当然であるが，周囲の関係者にも重要な意味をもっている点を先に指摘しておきたい。ファミリービジネスの後継者として期待される候補者は，幸せな存在と思われがちであるが，当事者にしてみれば必ずしもそうではなく，むしろ不幸せな存在と感じる事例も少なくない。ファミリービジネスはファミリーとビジネスのシステム境界線が交差する存在であり，システム間の重複はどちらのシステムの関与者にも緊張を与える可能性がある。これがファミリービジネスに参加する次世代に与える影響は，肯定的な場合もあれば否定的な場合もある。

1．承継に影響を与える後継者関連の要因

　次世代にとって，承継問題のもつ意味は自らのライフサイクルと承継プロセス上の位置づけによって，大きく異なると想定される。Handler（1992）は，承継に影響を与える後継者関連の要因を個人レベルと関係性に区分して明らかにした。前者は，個人的なニーズの充足と個人的影響力の発揮から構

図表5-5　承継に影響を与える後継者関連の要因

個人レベルにおける影響要因	・個人的なニーズの充足 　　キャリア上のニーズ 　　社会心理的ニーズ（自己アイデンティティ） 　　ライフステージ上のニーズ ・個人的影響力の発揮
関係性における影響要因	・世代間における相互の尊敬および理解 ・兄弟による受容 ・ファミリービジネスの永続性に対するコミットメント ・ファミリーのビジネス関与による分離の緊張

出典：Handler（1992）に基づき筆者作成

成される。後者は，世代間の尊敬・理解，兄弟による受容，ファミリービジネスの永続性に対するコミットメント，ファミリーのビジネス関与による分離の緊張から構成される。本研究は，この種の最初の試みであった（図表5-5）。

まず個人レベルにおける影響要因とは，次世代の当事者自身に関する要因であり，個人的なニーズの充足と個人的影響力の発揮から構成される。ここで，個人的なニーズの充足は3つのニーズを対象としている。

第1は，キャリアに関するニーズの充足であり，自らのキャリア目標がファミリービジネスで満足される程度を意味する。ファミリービジネスにおいてキャリア上のニーズの充足を感じている者は，自分に投資をし情熱をもっており，概してファミリービジネスにおける経験に満足している。

しかし，Handler（1992）によれば，ファミリービジネスが将来5～20年においてキャリアとして可能性があると思っていたのは，調査対象者32名のうち7名に過ぎなかった。ただし重要な点として，次世代，特に若年層はキャリア目標が明確でない場合が多く，調査対象の17～28歳の14名のうち10名は将来計画が不明確で，他は抽象的な計画の域を出なかった点には留意する必要がある。年齢を重ねてライフステージを進むにつれて，目標は明確化される傾向にある。なお，調査の対象となった32名の次世代のうち，21名はファミリービジネス以外で働くことを選び，2名は起業を選んだ。ファミリービジネスへの参加を選択したのは，わずか9名に過ぎなかった。

個人的なニーズの第2は，社会心理的ニーズの充足であり，自己アイデンティティがどの程度ファミリービジネスで充足されているかを意味する。他の調査によれば，父の影響下では息子や娘は自己アイデンティティの確立を難しいと感じる可能性があり，ファミリービジネスで本当に自己アイデンティティの確立が可能か，ライフステージのどの段階においても自問自答している。

社会心理的ニーズの充足が低い場合，次世代は自らを重要でないと思い，会社に貢献できるに値する責任ないし方途が見つからないと感じている。次世代の個性化ないし親からの差別化は，体験の質的向上に重要な含意をもっている。ファミリービジネスに参加しても一定の責任のある仕事を担当させ

てもらえなかった場合，自らの役割を明確に感じることができず，親世代に従属した位置から脱却できなければ，いくら働くのが好きであっても，ファミリービジネスに参加することに意義を見出すのは難しいであろう。

　もちろん，下働きの重要性を教わらなくても感じて欲しいと親世代は期待しており，どんな簡単な仕事にも自発的に意味を見出す積極性が望ましい。しかし，自己アイデンティティの確立が高齢化している現在，次世代に多くを求めるだけでなく，次世代が仕事の意義を見出し，ファミリービジネスにおける自らの役割と居場所を発見する支援策が望まれる。

　個人的なニーズの第3は，ライフステージに関するものである。成人に達する前段階では「探索」，成人初期では「前進」，円熟期では「バランス」と，ライフステージ上の位置によりニーズの内容は異なるが，こうしたニーズを感じていない次世代への対応も慎重にする必要がある。探索ニーズが充足された経験がない17〜28歳の自由な生活を求める次世代は閉塞感を感じており，ファミリービジネスに参加しても絶望しか感じないかもしれない。成人初期や円熟期に位置する次世代も，同様にファミリービジネスへの参加が否定的な体験に終わってしまうリスクがある。

　そして，個人レベルにおける影響要因のもう1つの要素は個人的影響力の発揮であり，これは次世代が周囲に及ぼす個人的な影響を意味する。もしファミリービジネスにおいて，個人的影響を発揮して周囲を変化させる体験をすれば，その次世代は充足感を感じ，ファミリービジネスの参加体験が肯定的なものとなる可能性が高い。

　次に，関係性における影響要因を概観する。その第1は，世代間における相互の尊敬および理解である。世代間における相互理解の重要性は本書全体を通じて強調しているテーマであるが，生い立ちや立場，経験の違いなどにより，ファミリービジネスに関する認識の相違は少なくないのが実態である。こうした認識の相違は現経営者による後継者候補の評価にも反映されるため，次世代のファミリーメンバーが承継する先代との相互の尊敬および理解が深まるに伴って，その次世代は承継に関する肯定的な経験を得る可能性が高くなる。

　第2は兄弟による受容である。ファミリーメンバーの中でも，親子をタテ

第5章　ファミリービジネスの承継

の関係とすれば，兄弟はヨコの関係にあり，ともにファミリーメンバー間の結束を固める重要な軸である。縦軸と横軸が強固であれば，ファミリービジネスとして盤石の基盤が実現するが，現実には兄弟は後継者候補としてライバル視される存在でもある。兄弟が争うのではなく，互いのよさと立場を尊重し，チームワークを実現できれば，兄弟のどちらが後継者として承継するにしても，承継を肯定的にとらえることが可能となるであろう。すなわち，ファミリービジネスの中でお互いに争うのではなく受け入れ合う兄弟が多いほど，承継に関する肯定的な経験を得る可能性が高くなると考えられる。

第3は，ファミリービジネスの永続性に対するコミットメントである。永続性に対するコミットメントは，ビジネスに対する誇り，一体感，ファミリーの関与に対する決意，責任，長寿性として認識され，ファミリーが大切にする価値観の核心を構成するのが通例である。

同様に，ファミリービジネスのビジョンにも反映される場合が多く，ファミリーシステムとビジネスシステムの境界にかかわる事柄として位置づけられる。このようにして，ファミリービジネスの永続性に対するコミットメントは，ファミリービジネスの利害関係者間で共有され，目的達成に向けた協働を可能にする。

したがって，ファミリービジネスの永続性に対するコミットメントが大きいほど，後継者が承継に関する肯定的な経験を得る可能性が高くなる。ただし，永続性に対するコミットメントは，次世代が初期段階でファミリービジネスに参加する決断を導く役割もあるが，長期的な関与ならびに承継という将来の行動を負担と受け止める場合には，負の影響を及ぼす可能性もある。

また，永続性に対するコミットメントが単なる手段として存在する場合にも，承継に対して負の影響を及ぼす可能性がある。例えば，世代を超えて伝えられてきた伝統手法などを陳腐化しているにもかかわらず維持しようとする暗黙の願望が存在する場合で，こうした伝統は，新しい技術や近代化の導入を妨げる要因となりかねない。

関係性における影響要因の最後は，ファミリーのビジネス関与による分離の緊張である。これは，ファミリーとビジネスが重複している場合にビジネスが優先されるため家族団らんの時間が犠牲にされるなど，緊張した状態で

ある。緊張の種類ならびに程度はファミリーとビジネスの関係性に依存するが，インタビューした全ての次世代がこの存在を指摘していた。ファミリーのビジネス関与による分離の緊張は調査対象者全員が指摘しており，その内容としてファミリーの対立，感情問題，激論，ファミリーメンバーに対する現実離れした期待，独断的な規則，非公式の規則があげられた。ファミリー内における緊張も10名の面談者が指摘しており，こうした緊張が承継の経験に否定的な影響を与えたと指摘している。こうした緊張は上手に対処されないと，ファミリー内の紛争に発展しかねない。紛争の実例として，ニューヨークタイムズ紙のビンガム，カリフォルニアを代表するワイナリーのロバート・モンダヴィ，カーテン等を製造するレボラーのロレンツィン，タオル等を製造するエスプリのトンプキンズ，U-ホール のショーエン家があげられる。

なお，関係性における要因については，本章第6節を参照いただきたい。
Handler（1992）は，次世代に焦点を合わせたディープ・インタビューに

図表5-6 次世代の承継に関する6つの法則

第1法則	次世代がファミリービジネスの文脈で与えられた機会を3つのニーズ（キャリア，社会心理，ライフステージ）を充足した程度が増すに伴って，その次世代は承継に関する肯定的な経験を得る可能性が高くなる
第2法則	次世代のファミリーメンバーが個人的な影響を及ぼす潜在性あるいは能力が高いほど，その次世代は承継に関する肯定的な経験を得る可能性が高くなる
第3法則	次世代のファミリーメンバーが承継する先代との相互の尊敬および理解が深まるにつれて，その次世代は承継に関する肯定的な経験を得る可能性が高くなる
第4法則	ファミリービジネスの中でお互いに争うのではなく受け入れ合う兄弟が多いほど，承継に関する肯定的な経験を得る可能性が高くなる
第5法則	ファミリービジネスの永続性というファミリーの価値観に対するコミットメントが大きいほど，経験を得る可能性が高くなる（コミットメントがビジネスの目標ではなく，ビジネスの手段である場合を除く）
第6法則	家族がビジネスに関与した為の分離による緊張感が大きいほど，肯定的な経験を得る可能性が低くなる

出典：Handler（1992）に基づき筆者作成

基づいて，次世代の承継に関する6つの法則（図表5-6）を提起した。これは，次世代が承継に関する肯定的な経験を得ると，承継が円滑に進む可能性が高くなるという仮説に立脚して体系化された。

2．後継者に必要とされる資質と課題

　Handler（1989）は，現経営者から見た望ましい後継者の属性，業績を向上させる資質，およびファミリービジネスにおけるキャリア追求を決断した理由に関する研究を進めた。現経営者から見た望ましい後継者の属性として，インテグリティ（誠実性，一貫性）とビジネスに対するコミットメント（Chrisman et al., 1998），ファミリー以外の従業員の尊敬を得る能力，意思決定能力，経験，人間関係スキル，インテリジェンス，自信が指摘されている。ただし，現経営者は重要ではあるが，親という立場および次世代に関する感情的な思い入れを考慮すれば，必ずしも望ましい後継者の属性を正確に評価できる立場にいるとはいえないので，今後は複数の視点からの評価および心理学の知見も取り入れた研究が望まれる。

　図表5－7は，後継者に関する評価リストであり，後継者に対するフィードバックとしても用いられる（Carlock & Ward, 2001）。内容は，個人的指導力，ファミリーにおける指導力，コミュニケーション，個人的性格およびファミリーの評価の他，経営者として必要な経営管理に関する必要知識が分野別に網羅されている。

　次世代後継者はファミリー以外の同世代と比較すると，能力，才能，目標，キャリアに関する関心が明確ではない。この原因および業績に与える影響を考えるのは有意義と思われる。次世代のキャリア選択をファミリービジネス内に限定する一種の義務感が想定され，他の選択がなければ，自身の本当の関心の探求は後回しにされる可能性が考えられるが，定量的な実証は今後の課題である。

　承継における後継者の役割に関しては多くの研究がある。例えば後継者のライフステージ（Davis & Tagiuri, 1989など），後継者の性別および生誕の順序，次世代の能力に関するものなどである。

　1つの鍵を握る問題は，幼児期から続く両世代間の不健全な人間関係であ

図表5-7　後継者の評価とフィードバック記入シート

評価項目	5段階評価	評価項目	5段階評価
【個人的指導力】	1 2 3 4 5	【生産・オペレーション】	1 2 3 4 5
周囲に対する影響	1 2 3 4 5	品質管理	1 2 3 4 5
周囲に対する指導	1 2 3 4 5	製造管理	1 2 3 4 5
チーム構築	1 2 3 4 5	在庫管理	1 2 3 4 5
ビジョンの共有	1 2 3 4 5	購買	1 2 3 4 5
その他（　　　　）	1 2 3 4 5	原価分析・管理	1 2 3 4 5
【ファミリーにおける指導力】	1 2 3 4 5	清算管理	1 2 3 4 5
ファミリーと事業のバランス	1 2 3 4 5	その他（　　　　）	1 2 3 4 5
コミュニケーション力	1 2 3 4 5	【財務】	1 2 3 4 5
各人の個性を理解している	1 2 3 4 5	銀行対応	1 2 3 4 5
対立に肯定的に対応する	1 2 3 4 5	会計・経理	1 2 3 4 5
対応力，譲歩する柔軟性	1 2 3 4 5	予算	1 2 3 4 5
その他（　　　　）	1 2 3 4 5	キャッシュフロー管理	1 2 3 4 5
【コミュニケーション】	1 2 3 4 5	与信管理・入金	1 2 3 4 5
建設的なフィードバック	1 2 3 4 5	保険・リスク管理	1 2 3 4 5
期待を明確に伝える	1 2 3 4 5	その他（　　　　）	1 2 3 4 5
対立を肯定的に取り上げる	1 2 3 4 5	【一般管理】	1 2 3 4 5
考えや計画を共有する	1 2 3 4 5	計画	1 2 3 4 5
合意形成に取り組む	1 2 3 4 5	問題解決	1 2 3 4 5
その他（　　　　）	1 2 3 4 5	意思決定	1 2 3 4 5
【個人的性格】	1 2 3 4 5	説得・交渉	1 2 3 4 5
事業に対するコミットメント	1 2 3 4 5	人事管理	1 2 3 4 5
適応力を示せる	1 2 3 4 5	専門経営力	1 2 3 4 5
成功するまで取り組む	1 2 3 4 5	その他（　　　　）	1 2 3 4 5
自分の限界を知っている	1 2 3 4 5	【業界関連・渉外】	1 2 3 4 5
倫理感をもっている	1 2 3 4 5	納入業者対応	1 2 3 4 5
モチベーションがある	1 2 3 4 5	顧客サポート	1 2 3 4 5
自律性がある	1 2 3 4 5	製品・技術知識	1 2 3 4 5
大きなビジョンを理解できる	1 2 3 4 5	競合知識	1 2 3 4 5
高い達成目標を設定できる	1 2 3 4 5	その他（　　　　）	1 2 3 4 5
その他（　　　　）	1 2 3 4 5	【ファミリーの評価】	1 2 3 4 5
【マーケティング知識】	1 2 3 4 5	尊敬されている	1 2 3 4 5
販売管理	1 2 3 4 5	信頼されている	1 2 3 4 5

第5章　ファミリービジネスの承継

市場調査	1 2 3 4 5	関係者の成果を認めている	1 2 3 4 5
製品開発	1 2 3 4 5	事業ビジョンを共有する	1 2 3 4 5
ダイレクトマーケティング	1 2 3 4 5	厳しい意思決定ができる	1 2 3 4 5
顧客サービス	1 2 3 4 5	ファミリーの目標・価値観を評価している	1 2 3 4 5
流通管理	1 2 3 4 5	取締役会・株主と前向きの関係を保っている	1 2 3 4 5
入札	1 2 3 4 5	その他（　　　　）	1 2 3 4 5
その他（　　　　）	1 2 3 4 5		

注：5段階評価は「1（改善が必要）」～「5（強い）」のうち，最も適している番号を囲む。
出典：Carlock & Ward（2001）pp. 246-248に基づき筆者が加筆修正して作成

る（Miller et al., 2003）。一方の極には保守的で過去に執着する現在の当主がおり，反対の極には，当主の全てを否定する後継者が過去に対して反旗を翻している。その中間に自分で結論を出せない頼りない後継者が存在する。多くのファミリービジネスでは，承継が個人的要素に影響されている（Miller et al., 2003）。したがって，問題が生じた際には，早めに黄色信号を出して承継プロセスの早期において解決することが決定的に重要となる。

後継者のかかえる具体的な課題として，以下，適性と自己効力感[3]，キャリア・プランを中心に取り上げる。なお，当主など利害関係者との関係をめぐる問題は，重要性に鑑みて別項を設けて述べる。

まず，後継者の適性を測定する上で，自己効力感の概念が有効である。後継者候補の，次代のリーダーとして組織を引っ張っていくモチベーションや粘り強さを測定する上で，ファミリービジネスにおける自己効力感として，社会関係資本と人的資本が構成要素となる。社会関係資本は1つはファミリーにおける当主，その他のメンバーとのファミリー関係性であり，もう1つは社内外の利害関係者とのビジネス関係性から構成される（図表5-8）。

なお，八木（2008）は後継者のリーダーとしての適性，有効性に対して，後継者が自分の有効性に自分自身で関与するという点で内的な要因の重要性

---

[3] 自己に対する信頼感や有能感。人々は行動を起こす前に，「自分はここまでできる」と予測し，その信頼感が行動の生起を左右すると心理学者アルバート・バンデューラが指摘した。エフィカシーとも呼ばれることが多い。

に着目し、その具体策として「内省経験」を指摘している。

次に、後継者の立場からすると、自らのキャリア・プランが非常に重要である。そこで、後継者のキャリア・アセスメントが重要な課題となる。その際役立つ方法の1つがキャリア・アセスメント検討シート（図表5-9）であるが、これは既に自社で勤務、または他社で勤務しているが、いずれ自社における勤務を検討している後継者が記入することを想定して作成されており、それぞれの項目について、自分にとって重要な順に順位づけするとともに、自社内で実現できる可能性を簡潔に記すように作成されている。キャリア・プランは次世代の長い人生にかかわる課題であり、次世代にすればキャリア目標を実現する場は、必ずしもファミリービジネスに限定されるわけではない。そこで、ファミリービジネス（自社）か他社かの選択肢を比較する必要がある。

従来から関心がもたれていた、後継者が学校教育を修了後、そのままファミリービジネスに参画するか、あるいは社外で一定の経験を積んでから参画するのが望ましいかという問題に対しては、実証研究の成果が最近発表された（Sardeshmukh & Corbett, 2011）。それによれば、社外における勤務経験は一定の条件下で効果が認められる。すなわち、社外の勤務に期待するのは広い視野であり、それによる新しい知識である場合が多いが、それらが全ての社外勤務で得られる保証はない。

換言すれば、社外勤務の目的をあらかじめ明確にして、勤務場所、担当業務、勤務期間などを確認しておく必要がある。一定の管理機能を経験することも重要であり、単なる単純労働を数年続けるのでは、ファミリービジネス勤務で得られる成果を上回ることは期待できないだろう。

3．ファミリービジネス側の後継者に対する責務

ファミリービジネス側はその後継者に対する責務として、一般企業とは異なる可能性などファミリービジネスの魅力を次世代に対して十分伝え、理解を深めさせる必要がある。

次世代にとって、入社を選択する意思決定は、長期的な人生の初期段階ではじまるプロセスの一部であり、入社前、入社、承継という3つの段階から

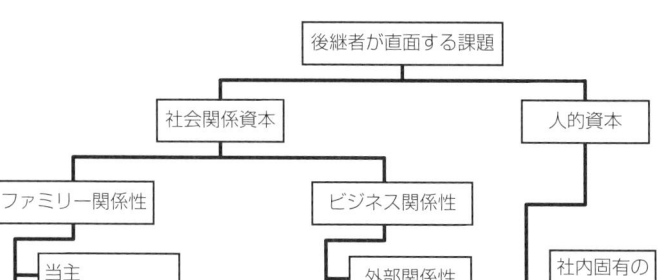

第 5 章　ファミリービジネスの承継

図表5−8　ファミリービジネス自己効力感

```
                    後継者が直面する課題
                    ┌──────┴──────┐
                社会関係資本          人的資本
              ┌─────┴─────┐        ├─ 社内固有の暗黙知
          ファミリー関係性    ビジネス関係性   ├─ 業界知識
          ├─ 当主          ├─ 外部関係性   └─ 一般的な経営知識
          ├─ ファミリービジネスに関与しているファミリーメンバー
          │                └─ 内部関係性
          └─ ファミリービジネスに関与していないファミリーメンバー
```

出典：DeNoble et al.(2007)に基づき筆者が加筆して作成

図表5−9　後継者のキャリア・アセスメント検討シート

順位	項目	可能性	特記事項
	個人的成長・発展		
	ワークライフ・バランス		
	有意義な個人生活		
	富の蓄積		
	財務的安全性		
	個人的目標に対するチャレンジ		
	家族と協働する機会の実現		
	他人への奉仕		
	実業界における名声		
	低リスク事業		
	新事業機会を探索する出発点		
	ファミリーの伝統の維持		
	ファミリービジネスの所有		
	個人的達成感		
	指導力を発揮する好機		
	その他：_____		

出典：Carlock & Ward (2001) p. 244に基づき筆者が加筆修正して作成

構成される。入社の選択は18歳から28歳の間に決めるのが通常であるが、その意思決定は単複数の要素を含んでおり、単純ではない。多くの次世代は13歳で最初にファミリービジネスにかかわるが、入社を検討するのは21歳以降である。

次世代がファミリービジネスに参加する理由は、ビジネス、ファミリー、個人的事情、市場の4要因に区分される。

この4つの要因を周囲が理解していれば、次世代が自らの目標を設定し、ファミリービジネスに関心を高め、ファミリーにおける位置づけを明確にして入社を決断する一連のプロセスの手助けになることが期待される。反対に、次世代がファミリービジネスに対してもっている意図と希望について、次世代と周囲の関係者が理解していなければ、次世代がファミリービジネスに幻想や失望を抱き、ファミリーとビジネス双方を傷つける結果を招く。

Sharma & Irving (2005) は、この知見を基にして、次世代のコミットメントを感情型（希望）、規範型（義務感）、打算型（機会・コスト）、強制型（義務感）に類型化したモデルを構築した。ファミリー、業界、ファミリービジネスを取り巻く環境要因も考慮に加え、それぞれの状況に応じて次世代の理解を深め、円滑な承継と長期にわたるファミリービジネスの持続的成長に資することが期待される。

5　その他の利害関係者の役割と課題

1．ファミリービジネスの利害関係者とは

Freeman (1984) は、利害関係者（ステークホルダー）を「企業の目的達成に影響を及ぼすか、影響を受ける全ての団体ならびに個人」と定義し、ファミリービジネスの利害関係者は次の16種類に区分されるとした。その16種類とは、株主、従業員、組合、顧客、消費者啓蒙団体、競合者、供給業者、メディア、環境保護者、政府、地域自治体、政治団体、金融業界、商工団体、活動家団体、特定目的のための団体、である。これらは、一次利害関係者（ファミリービジネスの目的に影響を及ぼす側）と二次利害関係者（ファミリービジネスに影響を受ける側）に区分される。

この中にファミリー関係者は含まれていなかったが、この概念をさらに拡大して、Sharma（2001）は、ファミリービジネスの利害関係者について、従業員・所有者（株主）・ファミリーメンバーを内部利害関係者、雇用・所有・ファミリー血縁（婚姻を含む）によって結ばれていないがファミリービジネスの長期的存続と反映に影響を与える者を外部利害関係者と呼んだ。

2．女性の役割

先行研究が主に焦点をあててきた対象は、創業者、次世代メンバー、女性およびファミリー以外の従業員である。

中でも、近年変化も見られる女性の役割についてまずふれておこう。女性のファミリービジネスにおける位置づけは、役割としては専門家、見えない存在、後方支援の3種類、ポジションとしては最高信頼責任者（Chief Trust Officer）、パートナー、副社長、シニア・アドバイザー、無任所などに大別される。

ファミリービジネスにおける女性の立ち位置は伝統的に補佐役が主で、家事ならびに次世代の育児を担当してきた。あるいはファミリービジネスの場面で、総務・経理などを一種の補佐役として担当する事例が多かった。もちろん、女性が経営責任者として前面に出る事例がないわけではなく、その得意な能力を活かして営業を先頭指揮したり、あるいは日本酒などのパッケージ・デザインで活躍する例も見られた。あるいは、突然の病気で働けなくなった当主に代わり、息子が成長するまでの中継ぎ、社長に男子がいないため後継者に指名されてなど中継ぎとしての登場も少なくなかった。これはわが国だけでなく、欧米においても同様の時代が長く続いてきた。

ただし、補佐役には重要な任務があり、女性しか果たせない、あるいは女性が適任とされる役割が存在するのも事実である。それは、ファミリーとビジネスの関係者の関係性ダイナミクスの理解を深める重要な位置に立つことによる役割であり、感情の貯蔵庫とも表現される。女性の観察力、本能、感情資本を正確に使用すれば、ファミリービジネスの成否を分ける効果が期待できる。女性は母として妻としてファミリーメンバー間さらにファミリー以外の関係者に関しても、経営者と仲介するなど各種対立の未然発生と調整を

できる存在なのである。

　一方，21世紀を迎える頃から，女性のファミリービジネス経営者としての躍進が目立っている。一般企業の経営者あるいは首相などとしても進出が著しいが，ファミリービジネスにおいても，男性と共同するだけでなく，競合する事例も見られる。北米の主な事例だけでもアメリカのギーナ・ガロ（Ｅ＆Ｊガロ・ワイナリー），アビゲイル・ジョンソン（フィデリティ・インベストメンツ：投資信託），カナダのゲイル・レーガン（CARA オペレーションズ：ケータリング・サービス），マーサ・ビルズ（カナディアン・タイヤ）があげられる。

　MassMutual Survey（2003年）によれば，女性が所有および経営している企業では，ファミリーがビジネスに強い影響を与えていると41.4％が回答しており，ビジネスとファミリーの目標は一致している割合が46.4％，ファミリーのビジネスに関する意思決定を同意し支持している割合が55％と，女性が所有・経営している企業のほうが，ファミリーとの調和度が高いことを示している。

　MassMutual Survey（2007年）は，近年の更なる目覚ましい女性進出を裏づけている。CEO または社長の女性比率は10％（2003年）と，1997年時点から倍増していたが，今回はさらに24％となり，過去10年間で5倍に躍進している。この比率は一般企業をはるかに上回っており，例えば Fortune1000 社の女性 CEO 比率（2.5％[4]）と比較すればその差は歴然である。現在，経営陣に女性を含むファミリービジネスの比率は57.2％であり，CEO の後継者に女性を選ぶ比率を勘案すると，今後一層の女性進出が想定される。

3．ファミリー以外の従業員の役割

　ファミリー以外の従業員はファミリービジネスの成否を支える重要な利害関係者である。それだけにとどまらず，彼らは次世代に対するメンターとして，あるいは必要に応じて責任者の役割を満たす者として，固有の知識を有している。特に大企業の場合，ファミリー以外の経営幹部が戦略的な意思決

4　*Fortune* 誌，2007年4月30日号。

第5章　ファミリービジネスの承継

定において決定的な役割を担っている（Chua et al., 2003）。

MassMutual Survey（2003年）によれば，ファミリー以外から選ばれているCEOの比率は13.6％である。この承継に関するファミリーとしての評価は，極めて成功（31％），大成功（40％）が大勢を占めている。ファミリー以外からのCEO選出については，第6章でガバナンスの視点から取り上げるが，ファミリービジネスの基本的枠組みのデザインという視点から総合的な判断が求められる。その場対応という安易な判断は慎むべきであろう。

6　利害関係者相互の関係性

繰り返しになるが，ファミリービジネスにおける人間関係は極めて微妙である。

まず，アメリカのファミリービジネスの次世代を対象とした承継に対する本音の調査結果を紹介しよう（図表5-10）。希望すれば入社できる（62.1％）にもかかわらず，恐らく入社しないが過半数（65.2％）を占めてい

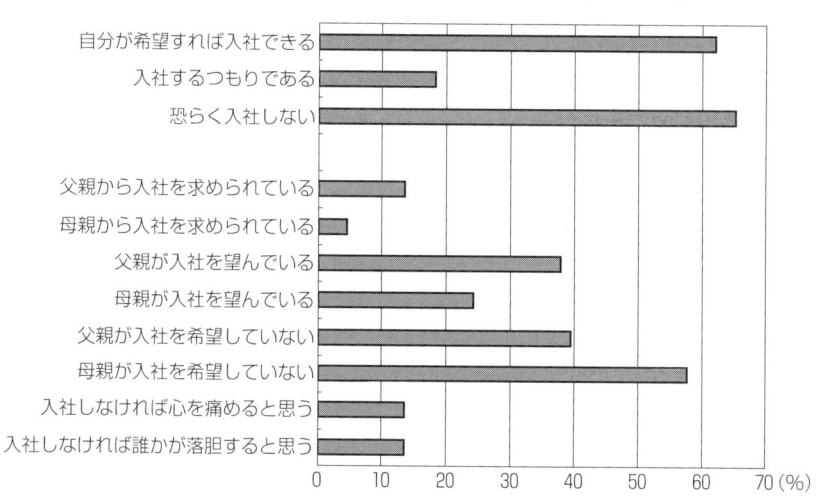

図表5-10　ファミリーにおける次世代の本音（アメリカ）

項目	割合(%)
自分が希望すれば入社できる	62
入社するつもりである	18
恐らく入社しない	65
父親から入社を求められている	13
母親から入社を求められている	4
父親が入社を望んでいる	38
母親が入社を望んでいる	23
父親が入社を希望していない	39
母親が入社を希望していない	57
入社しなければ心を痛めると思う	14
入社しなければ誰かが落胆すると思う	14

出典：Eckrich & Loughead（1996）pp. 414-415に基づき筆者作成

る。両親が入社を望んでいる比率は,父親が37.9％,母親が24.2％であり,入社するつもりである（18.2％）という本人の意向は大きく及ばない。

またMassMutual Survey（2003年）によれば,回答者の55％が,現経営者はビジネスが創業ファミリーから離れないことを「非常に強く」願っていると認識しているのに対し,次世代はファミリービジネスの長期的な所有に対して,現世代と同じ水準のコミットメントをしていると認識している比率は42.3％と低下している。こうしたコミットメントについて,現世代では20.6％,次世代では23.6％が「多くの部分について」と回答している。こうした世代間のファミリービジネスに対するコミットメントの温度差は,放置しておくと相互関係性に悪い影響を及ぼしかねない。早めに問題を察知して,オープンなコミュニケーションなどの対策を講じておく必要がある。

こうした気持ちの不整合は,何に由来するのであろうか。両世代間など,利害関係者の相互関係性を中心として,それに影響を与える要因と問題点を点検してみよう。

1. 世代間の関係性

まず,世代間における相互の尊敬および理解である。これは,両世代の良好な関係性が構築される出発点であり,次世代がファミリービジネスに参加して得る体験のうちでも最も重要な成果の1つである。

両世代の関係は,最善の場合は相互性,尊敬,信頼,支援,フィードバック,学習,分担を実現する。しかし,最悪の場合は,父側の批判,審判,保守主義,支援の欠如,自己愛,信頼の欠如となりかねない。この場合,コミュニケーションの難しさが両世代間のこのような関係の土台となっている場合が多い。

ファミリービジネスに参加して仕事上の良好な世代間関係性を維持している場合,成長,ファミリー関係者との関係の更なる強化につながり,自信,信頼,お互いの心地よさの発展も,重要な要素として表れる。反対に,仕事上の世代間関係が否定的であれば,次世代がファミリービジネスに参加して得る体験の質は大きく損なわれ,憤慨,怒り,不満,称賛欠如などの感情が残ってしまうであろう。仕事上の関係に差が生じる原因は,いくつか考えら

れるが，良好な関係を生じる要因の1つに，現株主の肯定的な自己管理とファミリービジネスに対する健全な帰属意識がある。

なお，現経営者は長い任期を通じて特有の暗黙知を大量に体得しており，暗黙知の蓄積と承継はファミリービジネスにとってとりわけ重要である。その暗黙知および社会関係資本が世代を超えて効果的に移転されるか否かが，次世代の業績を左右する。

ここで，承継する側の吸収能力にも注目が必要である。吸収能力は伝承された知識の獲得，同化，変換，活用する能力と定義され，既存の知識と技量に依存する（Szulanski, 2000など）。そして次世代の準備状況ならびに現経営者との関係が，次世代の業績に影響を与える点が明らかにされた。両世代の相互の尊敬に代表される支援する関係性が，知識，社会関係資本，ネットワークの，世代を超えた円滑な移転を可能にする。

2．親子の関係性

世代間の関係性の中でも，両親との関係については特別の注意を払う必要がある。

「ビジネスは父＝息子関係の延長であり，その関係をビジネスは増幅する」といわれる。最も望ましい父＝息子関係は，「父が強烈な欲望を顕示し，会社に対する強い帰属意識をもち，息子にはもてる能力の全てを駆使して成長する姿を見守る」（Davis, 1982）関係であろう。キャリア開発の文献に見られる「能力のあるメンターは自らの業績に自信と達成感を感じている」（Kram & Isabella, 1985）という指摘も，これに類似している。

心理学では，CECS（強制・励ましコーディングシステム：Constraining and Enabling Coding System）を用いて，青年と家族の相互交渉を分析し，愛情ある励ましや受容，問題解決への激励が次世代の自我発達に正の影響を与える一方，強制や次世代の価値を下げるような働きかけは負の影響を与えていると指摘している。また，母親との愛情ある結びつきおよび父親からの独立心の適度の存在が，モラトリアムや自我確立達成と関連があることを示している。したがって，家族における結合性や近しさ，独立性と自律性を促進する激励のバランスが，自我確立の探究を促進する上で重要である。

またDavis（1982）は，良好な仕事上の関係について，両世代のライフステージ上の相対的な関係から論じ，父が50歳代で息子が23～32歳という組み合わせが，一般的に調和のとれた関係性を実現すると指摘した（図表5-11）。

　成人のライフサイクル説（Levinson, 1978など）によれば，男性では17～22歳，34～40歳，41～50歳，61～70歳が対人関係の相対的に難しい時期で，協働も難しいとされる。反対に，23～33歳および51～60歳は比較的調和が保たれやすい時期である（Davis & Tagiuri, 1989）。

　父および息子のライフステージにおいて，ともに比較的調和が保たれやすく，対人関係が良好な時期の組み合わせに着目した結果，父が50歳代で息子が23～32歳という組み合わせが協働に最も望ましい環境を生み出すと想定される。なぜならば，両世代とも個人的ニーズおよびビジネス上の目標を満たしているためである。別の表現を用いれば，この父＝息子のライフステージの組み合わせではニーズの互換性および期待に対する妥協と適応，紛争解決が鍵となっている（Davis, 1982）。

　この研究が示すところによれば，両世代の関係を大きく改善する可能性は，相互の尊敬および理解が乏しければ稀であり，もっぱら先代が学ぼうとする

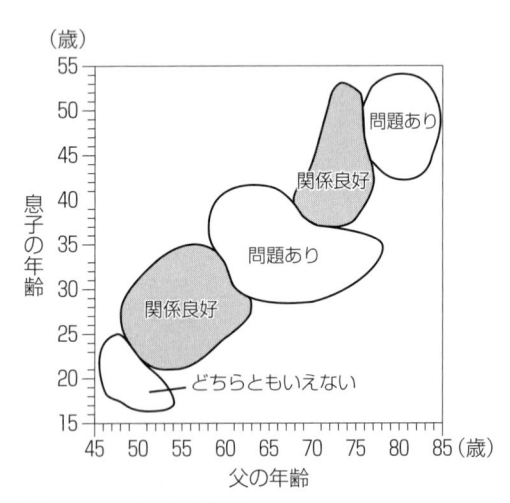

図表5-11　父と息子のライフステージ上の相性

出典：Davis & Tagiuri（1989）

オープンな姿勢の有無に左右される。この点が改善されなければ，両者の関係が改善することを期待してファミリービジネスに残っていても，次世代は失望を味わう結末を迎える場合が多い（Davis, 1982）。

ここで，シルバースプーン症候群[5]についてふれておこう（Hollander, 1987）。現経営者である父は仕事に専念するあまり，子供の面倒を見ないで過ごしてきた反動として，また家事を全て妻に任せてきた罪悪感も問題を増幅させ，次世代に甘い態度しかとれない事例が多い。その結果，次世代には過度の依存心や，根気・意欲の欠如が往々にして見られる。

そこで次世代の入社に及んで，ファミリーとビジネスの調整が必要となる。社有車，服装などに関する取り決め，あるいは父母をビジネスの場面でどう呼ぶかといった細部は取り決めても，ビジネスに関する基本的取り決め，例えば業績に対する期待値，フィードバック，メンタリング，教育訓練，キャリア開発目標などに関する基本方針を明確にしている事例は少ない。

Hollander（1987）は，シルバースプーン症候群という悪のサイクルを断ち切るために，最低限のルールとして図表5-12に示される5つのルールを提起した。

図表5-12　後継者を甘やかさないための5つのルール

1．最初の数年間に数年間の社外勤務を体験する（恐らく関連する業種が望ましい）
2．入社の際，ガイドライン，規則，期待目標などを実務に即した形で確定しておき，関係者全員に周知しておく（母親も含む）
3．メンター体制を確立しておくことが奨励される。メンターはファミリービジネスの幹部であることが望ましい（承継者を除く）
4．業績および執務関係性に関して，定期的な評価ならびに討議の日程をあらかじめ決めておく
5．「よい子息」であることの基準を，よい経営者であることの基準とは別に設けておくこと

出典：Hollander（1987）に基づき筆者作成

5　海外の富裕層では純銀のスプーンを使うことが由来で，富裕なファミリーに生まれ，甘やかされて育った次世代をシルバースプーン症候群と称する。

3．兄弟の関係性

　兄弟による受容も重要である。ファミリービジネスに参加している同世代の兄弟（親戚も含む）が，各自の責任と権限について理解を示す状況を受容と表現する。

　兄弟による受容は，誰が後継者になるかに関する合意（多くの場合，暗黙の）の存在を象徴している。

　兄弟の幼い頃の関係が，ファミリービジネスに参加後も，生まれた順序，兄弟喧嘩，分担起因する属性として再現される場合が見られる。最善の場合，ビジネス関係におけるチーム感覚が発展する。しかし，ライバル意識を強め，承継プロセスに傷を生じさせる場合も少なくない。

　この解決策として，責任を分割し，兄弟を比較する場面を最小限にする工夫が施される場合が多い。親世代，特に父の影響力の消滅によって，従来は表面化していなかった兄弟間のライバル意識が顕在化する事例が少なくないので，こうした可能性についても長期的な配慮が求められる。

　なお，ファミリービジネスに参加していない兄弟は株式の分与に関心があり，彼らの受容も重要である。

4．創業者と他のファミリーメンバーとの関係性

　さらに，創業者と他のファミリーメンバーとの関係についても，関心が寄せられてきた。

　行動経済学および組織内正義[6]の研究者は，創業者が行使する自己管理の度合いが，巨視的な創業者と近視眼的な利他主義者を区分けしていると主張した。巨視的な創業者は，ファミリーおよびビジネスの長期的な価値を短期的な価値よりも優先できるが，近視眼的な創業者は，こうした行動をとり難く，手続き上および配分にかかわる正義の規則に違反してしまい，ファミリ

---

[6] 組織内正義（organizational justice）は「組織内のメンバーの正義に関する認識」を意味し，Greenberg（1987）が生み出した。正義あるいは公平は，行動あるいは意思決定が道徳的に正しいかを意味し，倫理，宗教，正当性，公平，法律によって定義される。正義や公平は日常の生活の中で直面し，人事評価や報酬にも直結するので，執務態度にも大きな影響を及ぼす。

第5章　ファミリービジネスの承継

ー外の関係者だけでなくファミリーの一部からも不公平と認知されてしまうという。

　アントレプレナー研究の視点からは，ファミリーメンバーが創業者に対して，事業機会の発見および創業資金の提供において支援している点が指摘された。

　ファミリービジネスの基本形はファミリー内部承継であるが，Kets de Vries（1993）は，ファミリー内部の承継阻害要因を創業者，現経営者およびファミリー関係者に区分した。創業者および現経営者関連では死の恐怖，会社との一体感，子息から1人だけを選ぶことの葛藤，次世代に対する妬み，権力喪失の恐れ，ファミリー関係者関連では承継を話題にすることへのためらい，従兄弟間の敵対感，配偶者の地位喪失を指摘し，以降の研究に対する素地を提供した。

5．性別と関係性

　最後に，相互関係性において性別の相違にも留意しておきたい。父から娘の承継に代表される異性間の承継では対立関係が少ない（Nelton, 1999）点は，注目に値する。息子は父からの独立を志向し，同性間のライバル意識が存在する。これは，ファミリービジネス固有の問題ではないが，同性間の承継は対立関係を伴う事例が少なくない。

7　円滑な承継の阻害要因

　円滑な承継を阻害する要因は極めて多数かつ広範である。ここでは，ファミリー内部における承継の阻害要因が承継失敗の直接的原因となるモデルを考えてみよう。

　Massis et al.（2008）によれば，経営承継の阻害要因として，現経営者・承継候補者の個人レベルの要因，両者の関係性要因，環境要因，財務的要因ならびに承継プロセス要因の5点，全承継候補の承継辞退，主要関係者による承継候補の否認，主要関係者によるファミリー承継への否認という承継失敗の直接的原因3点との相互関係がモデル化される（図表5-13）。以下，阻

害要因を順に説明しよう。

5つの阻害要因の第1は個人レベルの要因である。これには，承継候補の能力欠如，現経営者の予期せぬ退場に加えて，現経営者に関して，事業に対する私的愛着，現経営者の離婚・再婚・新しい子息の出現が含まれる。

第2の関係性要因の内容は親子関係における摩擦・敵意・競合，ファミリーにおける敵意・競合やファミリービジネスに関する意思疎通・合意の欠如に関連する危機，ファミリー関係者の承継候補に対する信頼欠如，ファミリー関係者の承継候補に対するコミット欠如，ファミリー以外との摩擦，ファミリー以外の承継候補に対する信頼欠如，ファミリー以外の承継候補に対するコミット欠如などである。

第3は環境要因であり，業績の変化，事業規模の減少，顧客・納入業者の損失あるいは承継候補と顧客・納入業者の関係悪化などがある。

第4は財務的要因であり，承継に伴う税負担能力不足，ビジネスを離れる遺族の株式買取資金の不足，専門経営者雇用資金の不足などである。

第5は承継プロセス要因であり，現経営者と承継候補の役割分担の不明確さ，承継プロセス関連の意思決定に関するファミリー関係者および他のステ

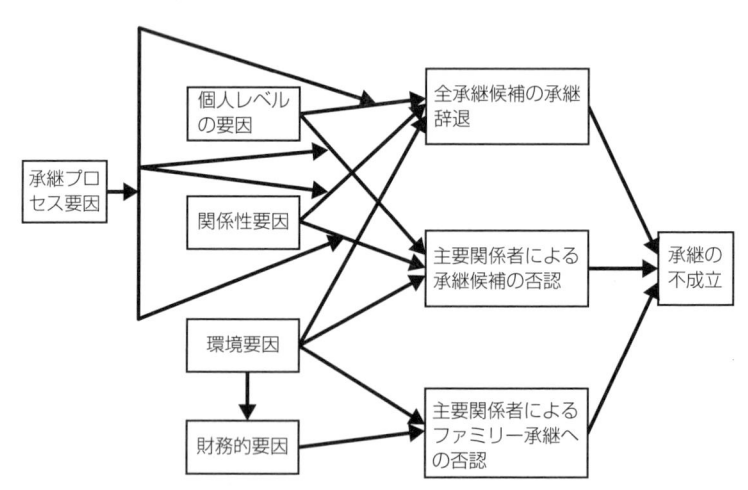

図表5-13　ファミリー内部における経営承継の阻害要因

出典：Massis et al. (2008) に基づき筆者作成

ークホルダーとの意思疎通欠如があげられる。また，承継候補に関しては，承継候補のニーズと能力の不正確な落差評価，承継候補の訓練失敗，承継候補の事業接触不足あるいは遅れ，承継プロセスに関する承継候補へのフィードバック不足，承継に関する合理的・客観的基準設定の不在，承継候補の評価担当チーム構成の不明確さなどがあげられる。

　これら5つの経営承継を阻害する要因のうち，現経営者・承継候補者の個人レベルの要因，両者の関係性要因，環境要因ならびに財務的要因は，全承継候補の承継辞退，主要関係者による承継候補の否認および主要関係者によるファミリー承継への否認に影響を与えているが，承継プロセス要因は直接影響を与えるのではなく，個人レベルの要因および両者の関係性要因に影響を与えている（Massis et al., 2008）。

　なお，現経営者がその親族を後継者に選ぶ場合には，従業員全体の中から選ばれた者の内部昇進あるいは実績を上げた経営者の外部からの招聘と比べて，専門的な経営者としての能力を欠く可能性があり，海外では，ファミリー（長男）を後継者に選んだ企業の企業価値が低下することを示す研究も存在する（Pérez-González, 2006など）。他方で，ファミリー内での後継者は，早くから後継者となることを前提に経営者として必要なスキルを蓄積していけるという利点もあり得る。

　Kets de Vries（1993）はファミリービジネスの長所と短所とともに，ファミリー内部の効果的な承継に対する障害を指摘した。ファミリービジネスの長期志向，知識，柔軟性は優位性を生じる一方，資本市場への限られたアクセス，身内びいきの危険，極度の家父長的行動，ファミリー内部の感情問題がビジネスに影響すれば，上述の長所が無に帰してしまう。

8　資産の承継

　ファミリービジネスはファミリーをビジネスの存在基盤とする一方，ファミリーにとっては自らの存在を維持するための経済基盤であり，また雇用の機会を供給する場所でもある。Habbershon et al.（2003）は，数世代にわたる富の創出をファミリービジネスシステムの機能と定義して，ファミリービ

ジネスの存在理由に関する経済合理性を説明した。
　ファミリービジネスの機能は富の創出であり，現経営者には蓄積した富を減少させず安全に次世代へ承継する義務があるのである。

1．資産の維持
　ファミリービジネスの富，すなわち資産の維持は，世代を重ねるごとに困難を増す。事業が成功して富が増大しても，ファミリーの遠戚も含む多数の関係者が資産の分割を求める圧力を増大させるので，成功したファミリーであっても，多くの分家[7]があれば資産の統一の維持は極めて希少といわなければならない。

2．資産を維持する仕組み
　多数のファミリーが資産を子孫に残したいと望んでいるが，それを実現するには，富を継続的に増殖させる資産を確保する一方，ファミリー関係者全員の意見や希望を統合する仕組みと合意を作り出す必要がある。
　その際，ファミリービジネスは2つの方向に進化が可能である。
　1つはファミリービジネスの株式公開あるいは規模拡大に伴う多層構造の専門的経営構造への変化である。なお，この場合，ファミリーは依然として会社を支配しているが，それは取締役会経由であり，非ファミリーを含む他の株主が関与しているので，ファミリーは関与と支配に関する明確な政策をもたなければならない。もう1つはファミリーが中核のビジネスを売却し，別の資産の投資ポートフォリオを集約した類型である。この種のファミリーは，異なった法人格と財務構造を有する複数の事業体を経営する事例が多く，ファミリーの緩やかな支配と方向性の整合によって一体化を図っている。
　両者の機構は異なるが，資産の維持という目的は同じである。
　一般的には主に，持株会社の形態をとることが多い。持株会社は多数の資産，内容的には財務的組織および事業会社と，別荘，財団のような慈善活動

---

[7] 海外の branch family という概念を「分家」と記述する。なお，1947年の日本国憲法および民法制定により，従来の家制度が否定され，現在の日本には本家・分家の制度は存在しない。

第5章　ファミリービジネスの承継

などを管理対象とする。この持株会社においてファミリーは，上場企業を議決権株によって支配する他，不動産信託，他の法人格（合名会社，パートナーシップなど）事業，財団その他様々な投資を支配する存在である。

3．資産の分割の危険性

　世代を重ねて資産を蓄積し，多くの分家と複数のビジネス・ポートフォリオをもつファミリーをダイナスティ（王朝）と呼ぶ。ダイナスティの段階に到達できるファミリービジネスは極めて少なく，多くは中核的ビジネスの売却，あるいは自分の好みに応じて遺産を消費するなど，分家ごとに異なった方針がとられ，資産の統一的運用は極めて困難である。

　ダイナスティ段階に到達したファミリーは，増大するファミリーメンバーへの対応を迫られる。もし，子孫が多く，しかも均一に資産を分配する方針をとった場合，資産の減少は由々しき状態を迎えるであろう。ヴァンダービルト（C. Vanderbilt, 1794-1877）はオランダからアメリカに移民し，鉄道王として一世を風靡して，世界の富豪の中でもトップに含まれた[8]。彼は子孫に富の分配を禁じたが，その死後，長男が方針を転換し遺産を関係者に分配した。その時点では，長男は世界の富豪に名を連ねていたが，30年後にファミリーメンバーが一堂に再会した時，百万ドル長者は1人も存在しなかった。

　反対に用意周到な財産保全の事例として，ロックフェラー家があげられる。ジョン・ロックフェラー二世（J. Rockefeller 1874-1960）は，石油王と呼ばれたジョン・ロックフェラー一世（1839-1937）の5番目の子供である。同家の資産は，父が創立して世界最大の石油会社に育てたスタンダード・オイルによるものであるが，1952年に撤回不能信託[9]を設立して，次世代以降が将来必要とする資金を準備した。

　両者を比べるとわかるように，資産の分割は大きなリスクを伴う。Ward (2004) は，60年以上存続するファミリービジネスが存続できた原因として，

8　死亡時，その資産はアメリカ全体のGDPの1／87に匹敵していたといわれる。
9　信託の設定者が，設定の後も信託の条件その他を変更したり，場合によっては信託そのものを取り消してしまったりすることができない信託の種類。撤回可能信託と対置される。

ニッチ市場に特化した市場戦略とならんで，資産承継者が1人に限定されていた点を指摘している。

しかし，単子相続は難しくなっており，複数名による所有が一般化しているが，その場合相互の利害が一致しないだけでなく，若い世代はチームとしての協働ができない（Ward, 2004）という問題もある。ファミリーにおける結束が，ビジネスの成功，存続および持続的成長に不可欠と指摘される所以でもある。

4．相続について

また，先代が他界し，子供が事業を承継していく場合に，兄弟姉妹との相続の分配や納税などの問題も発生する。相続の分配では，事業を承継する者だけが株式を引き継げるよう，あらかじめ明確なルールを定めているケースもあるが，相続のルールが定められていない場合には，ファミリービジネスを存続させるため，相続により分散した株式を買い戻すための資金が必要となることもある。

MassMutual Survey（2003年）によれば，株式を次世代の子供に均等配分する予定の企業は全体の29％である。また，それぞれ個人ごとに関心が異なる点を考慮して，会社に対する貢献度に応じて配分比率を変えている企業が全体の22.3％を占めている。一方，活動していない子供には少ししか与えない（10.1％）または全く与えない（6％），次世代に対する配分が未定（24.9％）など，次世代に対する資産承継の方針は多様である。なお，8％の企業は，会社を売却するため，株式所有を分散する計画はない。

また MassMutual Survey（2008年）によれば，ビジネス所有者の89％はファミリーの富の保全に「強い」懸念を寄せているが，全体の73％は資産保全計画をもっていない。所有者の78％は相続計画をもっているが，結婚，出産その他の大きな出来事によって計画が陳腐化している恐れがあるにもかかわらず，89％は見直しをしていない。相続計画をもっていない場合，その理由として最も多いのは，自分の死を考えることが難しい（54％）であり，他の25％は計画策定の時間的余裕がないと回答していた。

また MassMutual Survey（2003年）において，主な利害関係者のうちで，

現世代の相続計画および株式を移転する意思を知っている比率は62.3％である。現世代が相続計画を作成済みであると回答した比率は69.8％，19％は遺書しか作成していないと回答している。

5．相続税について

　資産承継にかかわる租税も，大きな課題である。わが国では非上場株式等に係る相続税の納税猶予制度が創設され，2008年10月以後の相続から納税猶予が80％に拡充された[10]。従来に比べれば大幅改善ではあるが，納税のための資金が必要となる。こうした資金調達に際し，事業を承継した者が個人保証を行っており，それだけの覚悟をもって経営にあたることがファミリービジネスの信用につながっているという一面も有している。しかし，後継人材の確保といった点からは問題が残されており，今後の課題として，改善が望まれる。

　MassMutual Survey（2003年）によれば，支払うべき相続税の金額に関する現世代の理解に関する質問では，よく理解している（67.2％），ある程度（25.8％），全く理解していない（3.5％）と回答している。しかし，会社株を定期的に評価している比率は全体の半数未満であるから，相続税をよく理解している比率が高いとは想定しにくい。MassMutual Survey（2007年）によれば，相続計画については，遺書以外に相続計画をもたない比率が31.4％と同2003年調査（19％）より悪化している。相続税に対する理解度も53.5％と2003年調査（68％）から低下している。

　相続税支払いについて，主な原資として生命保険（47.7％），現有資金（11.6％），企業の収益（3.7％）と回答している。生命保険については，相続税支払い総額の75％を生命保険から充当するという回答が全体の34％を占めるが，この点についても会社株を定期的に評価している比率の低さを勘案すると，会社業績が向上しているため，生命保険で期待通り充当できるか疑問視される。

---

[10]　経営承継円滑化法の認定を受けた中小企業を対象とし，発行済株式数の3分の2を限度とする。

相続税節減として，100万ドルの贈与減免を最大限活用している比率は全体の22.1％に過ぎず，全体の50％は，一般的な年間1万ドルの贈与減免しか活用していない。2008年に公表された調査によれば，3億ドル以上の資産をもつファミリービジネス株主のうち，約4分の3は承継計画をもっていたが，実行した比率は38％であった。さらに，承継計画をもっているうち，93％が承継に付随して節税を望んでいる反面，73％はその計画において節税に焦点をあてていなかった。

　国際的には，相続税の軽減が進んでおり，廃止した国も少なくない。アメリカも廃止した事例に属するが，21世紀初頭に，ロシアでもフラット・タックスの導入をはじめとした税制改革が進み，2011年現在，スウェーデン，オーストラリア，カナダ，インド，インドネシア，マレーシアなど30カ国以上で相続税が廃止されている。廃止の理由としては，家庭への国家の介入は最小限にすべきという考え，親の世代よりも前進するという世代をまたぐ禁欲的な勤勉・蓄財の思想・宗教観などが背景にあるとされるが，中小企業の事業承継に障害をもたらすことや二重課税であるといった点が主である。また，シンガポールなどでは，タックス・ヘイブンとして海外から資産家を呼び込む戦略的見地も見られる。

　ひるがえって日本では，相続税法が相続税と贈与税の2つの税目を規定している。これは，贈与税が相続税の補完税であることによる。2011年4月1日に税法が改正され，相続税・贈与税の最高税率は55％と税率が引き上げられた。元来，相続税は日露戦争の戦費増加に対応した一時的な非常特別税として発足したが，明治政府の財政困窮のため恒常化して現在に至っている。

　相続税は一種の所得税であり，上述したように賛否両論があるが，ファミリービジネスの健全な成長という視点も勘案し，海外の動向に照らした対応が望まれる。

9　承継計画の策定

　承継は，ファミリービジネスの3円モデルが示すファミリー，ビジネスおよび所有の全てにかかわり，しかも長期にわたり高度に複雑である点に鑑み

て，早期から承継計画の重要性が指摘されてきた。しかしながら，承継計画の欠如がファミリービジネスの短命性の主要な原因であるにもかかわらず，多くのファミリービジネスには承継計画が存在しない。承継プロセスの複雑さおよび長期間の準備を要する点に鑑みて，こうした状況は海外諸国でも深刻視されている。

1．後継者の決定

　MassMutual Survey（2007年）によれば，アメリカのファミリービジネスは，今後10年以内に40.3％が引退を想定しており，最も重要な課題として承継をあげている。しかし後継者を選択した比率は，今後5年以内に引退の場合が45.5％，同6〜11年以内が29％しかなく，このまま推移すると承継が円滑に進まず，アメリカ経済に問題を生じかねない懸念を示唆している。なお，後継者を選択している企業の場合，後継者の年齢（中間値）は現経営者より約18歳若い。

　引退について，30.5％は計画を全くもっておらず，この他の29.2％は引退時期を11年以上先と想定している。現経営者の年齢中間値（51歳）を勘案すると，「多くのCEOは在職中にオフィスで死を迎えることになり，好ましくない結果をファミリービジネス，従業員および顧客に与えかねない」と報告書は指摘している。

　後藤（2005c）によると，後継者について，64.2％が決めていない（図表5-14）のも問題であるが，さらに深刻なのは，未定層のうちで60歳以上が27.1％を占めている（図表5-15）点であろう。

　日本における承継の準備の大きな問題の1つは現経営者の高齢化であり，もう1つは承継が十分な時間的余裕をもって準備されていない点である。経営者の年齢と会社業績は負の相関にあり（中小企業庁編，2006），会社活性化の点から憂慮すべきである。

2．承継計画の内容

　引退が現実的課題である以上，承継に向けた準備は急務であり，円滑かつタイムリーな承継を実現するために，周到な承継計画が求められる。承継計

図表5-14 次期後継者の決定状況
(沖縄県の事例)

- 決めている (33.8%)
- 未解答 (2.0%)
- 決めていない (64.2%)

出典：後藤（2005c）に基づき筆者作成

図表5-15 次期後継者「未定」の現経営者年齢別比率（沖縄県の事例）

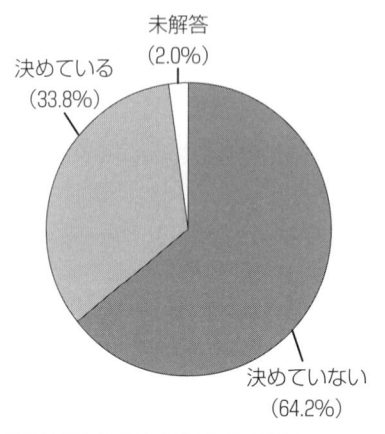

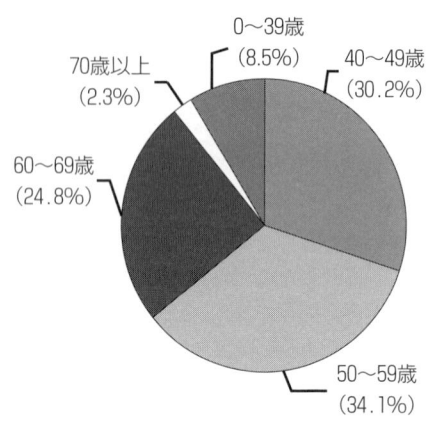

- 0～39歳 (8.5%)
- 40～49歳 (30.2%)
- 50～59歳 (34.1%)
- 60～69歳 (24.8%)
- 70歳以上 (2.3%)

出典：後藤（2005c）に基づき筆者作成

画は，一般的に下記の要素を含む必要がある。

①経営の承継
・承継時期
・承継対象範囲（ファミリーに限定するか，ファミリー以外にも拡大するか）
・承継候補者の人選
・承継準備

②所有の承継
・承継時期
・承継対象と承継比率
・役員持株会，従業員持株会の開設検討

承継計画は，経営の承継と所有の承継に大別される。経営の承継は，後継者がファミリービジネスに正式に参画してから現経営者として責任をもつに至る一連の活動である。一方，所有の承継は資産の所有者が現経営者から後継者に移転される一連の活動を意味する。相続計画がファミリービジネスに

第5章　ファミリービジネスの承継

特別の意味をもつのは，ファミリービジネスの現経営者が多くの場合は会社資産の主な所有者だからである。

承継計画は，経営と所有の承継の両面に関して，全ての活動を目指す時期までに完了するためのロードマップである。したがって，主な節目となるイベントごとに目標とする時間軸を設定することが重要である。承継計画には，もう1つの役割があり，それは関連する全ての活動の調整である。経営と所有の承継は，それぞれ独自の活動項目を含んでいるが，相互の関連が重要であり，全体の進捗を絶えず点検していないと，ある活動が他の活動の進捗を妨げる結果となりかねない。

承継計画は，上述の内容を時系列に整理して作成するが，いままでふれなかった項目も存在する。

ファミリービジネスにおける承継では，有能でない次世代を後継者に迎える是非が問題になる。もしファミリー内の承継が重要である場合，有能でない次世代を後継者に据えるのが長期的な視点に立った戦略的な合理性をもつ場合もある。能力で劣っていても教育訓練でカバーしつつ，その次に有能な後継者が出現することを期待し，それまでのつなぎ役として位置づける。すなわち，承継計画では，具体的に承継候補者を人選した後の承継準備，特に後継者の育成が重要なのである。その内容は多様な方法が考えられるが，育成を特別に実施していない比率が高い点は改善を要すると思われる（図表

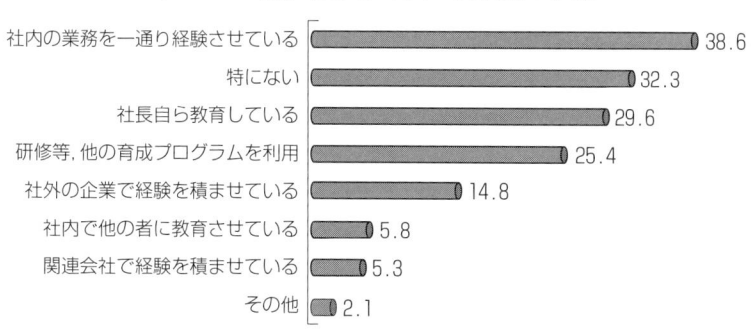

図表5-16　後継者育成の比率（沖縄県の事例）

項目	比率（％）
社内の業務を一通り経験させている	38.6
特にない	32.3
社長自ら教育している	29.6
研修等，他の育成プログラムを利用	25.4
社外の企業で経験を積ませている	14.8
社内で他の者に教育させている	5.8
関連会社で経験を積ませている	5.3
その他	2.1

注：単位は％。複数回答のため合計100％を超える。対象企業数は189社。
出典：後藤（2005c）に基づき筆者作成

5-16)。

また，創業者が次世代経営者にメンターとして，あるいは社会貢献活動などに関与している場合，高い情熱とエネルギーを保持しており，承継計画に引退後の活動計画を組み込む必要性も示唆されている。

3．承継計画策定の困難性

承継計画を策定する上で，創業者（または現経営者）の役割が重要である点は容易に理解できるであろう。しかしながら，創業者（または現経営者）は承継の鍵を握る重要な立場にいるにもかかわらず，承継計画作成に消極的である。承継計画の策定を妨げる要因は創業者＝株主およびファミリーの両者に存在する（図表5-17）が，承継の主導権が創業者にある以上，創業者にかかわる要因の是正を優先する必要がある。

創業者が承継計画作成に消極的な理由として，いくつかの研究は創業者の会社に対する一体感，引退，死および他に関心をひく対象の不在といった恐怖感（Seymour, 1993など）を指摘している。

Lansberg（1991）によれば，承継計画の前提となる引退は，創業者に自らの死の到来を想起させるという。したがって，創業者が自身の会社から引退しないのは驚くには値しない。創業者は会社を管理する権限を維持して会社に残ろうとするため，自身を欠かすことのできない存在に仕立てることを明らかにした研究（Lansberg, 1988）があるが，上述した事柄と整合している。

そこで，承継計画を現経営者の立場から考慮すると，引退後の会社経営に対する関心とならんで，自らの引退後の生活が極めて重要な関心事になる。この点に十分の配慮をしてあれば，現経営者の後継者に対する信頼度が高まるだけでなく，安心感も高まり，承継に対する抵抗が著しく減少すると予期される。

現経営者の引退に関する消極性は，引退の方法にも反映されている。その引退は君主型，将軍型，大使型ならびに知事型の4つの類型に区分される。君主は組織から離れることを望まず，オフィスで死を迎えるか，クーデターで王座を追われる命運が待っている。将軍も強制されなければ辞めないが，

第5章 ファミリービジネスの承継

図表5-17　承継計画の策定を妨げる心理的要因

創業者＝株主	ファミリー
死の恐怖	死のタブー扱い
象徴としての会社	話題にすることは敵意の表明
自己アイデンティティの喪失	損失／廃止の恐れ
遺産に対する心配	兄弟間のライバル意識に対する恐れ
選択に関するジレンマ	配偶者の地位の変更
平等という虚構	
世代に対する妬み	
権限の喪失	

出典：Kets de Vries（1993）に大幅加筆して筆者作成

辞めた後も復帰を狙う。大使は自発的に去り，その後も顧問として緊密な関係を維持する。知事は任期が終了すれば去り，他の関心事を追求するタイプである。

現経営者のタイプによって，引退後の人生設計が定まるわけであるが，いずれにせよ承継は生活の終わりを意味するのではなく，新しい生活に向けた節目として位置づけるのが望ましい。望ましい承継を実現するには，下記の条件が満たされる必要がある（Handler, 1992）。

・承継が，権限をもつ場に位置する個人の個人的なキャリア上のニーズと合致している
・後継者がリーダーになろうとする社会心理学的ニーズとファミリービジネスに貢献しようとする社会心理学的ニーズが合致している
・後継者のポジションが承継候補者のライフステージと適合しており，ファミリービジネスの責任を受け止める準備があり，能力的にも適している
・後継者が個人的影響力を行使できる程度に応じて，承継が質の高い経験となる
・世代間に相互の信頼と尊敬，およびコミュニケーションが存在し，心の底からの意思決定ができたと実感できる
・兄弟間で互いに争うのではなく受け入れ合えるほど，承継に関する肯定的な経験を得る可能性が高くなる

・承継がファミリーおよび主要なファミリーメンバーのファミリービジネス永続に向けたコミットメントを強めている

　しかし，こうした期待が満たされ，承継が成功裏に完結しても，対立が企業組織およびファミリーに残ることがあり，関係者がプロセスおよび結果に満足できる場合は稀である。

　また，経営計画そのものについても，入念に経営計画を準備すれば，活性化の期待にもえた次世代の魅了が期待される（Ward, 1987）。

　しかし，こうした経営計画の立案と次世代を受け入れる準備は以前は進んでおらず，年商100万ドル以上のファミリービジネスのうち，約半数が従業員マニュアル，給与計画，業務記述書，能力・業務定期評価書を準備していなかった。次世代が入社を希望する場合の入社条件を文書化している企業は16％に過ぎなかった。

4．承継計画における後継者の役割

　承継計画に関する研究の大部分は創業者（および現経営者）の役割に焦点をあてており，後継者の能力ならびにファミリービジネスへの参加に関する研究は少ない。承継計画の立案ならびに後継者の選択・訓練などを含む一連の活動は，現経営者の権限で推進されると想定されてきたが，Sharma et al. (2003a) は，能力があり信頼されている後継者の存在が承継計画に関する一連の活動に大きな影響を与えている点を指摘し，後継者の重要性を示唆した。

　Sharma et al. (2003a) では承継を追求する意図を，願望（現経営者がファミリービジネスをファミリーで保持する願望），社会的規範（ファミリーのビジネスへの関与）および実現可能性（信頼の高い後継者が承継する意思）に区分し，承継計画活動を後継者の選択・訓練，承継後の事業戦略，承継後の現経営者の役割，および利害関係者に対する決定内容の伝達に区分し，それぞれの要素の相関を分析した。その結果，願望および社会的規範は，どの承継計画活動とも有意の相関関係を示さなかったが，実現可能性は全ての承継計画活動と有意の相関関係を示した（図表5-18）。

　この結果，承継計画は，後継者によるプッシュの結果策定され，現経営者によるプルの影響は小さいと推論した。いい換えれば，承継計画においては

第5章　ファミリービジネスの承継

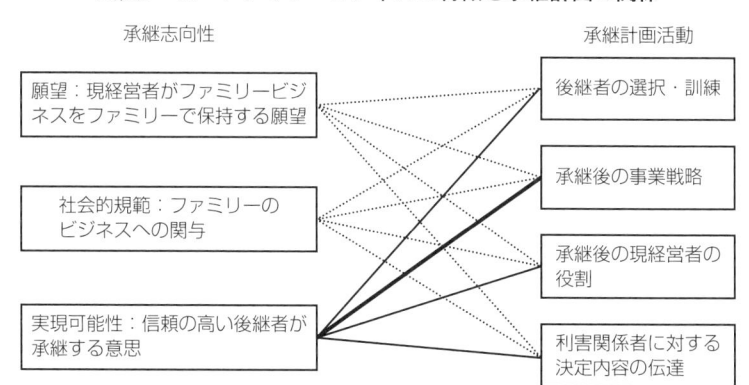

図表5-18　ファミリービジネスの特徴と承継計画の関係

承継志向性　　　　　　　　　　　　　　承継計画活動

願望：現経営者がファミリービジネスをファミリーで保持する願望		後継者の選択・訓練
社会的規範：ファミリーのビジネスへの関与		承継後の事業戦略
		承継後の現経営者の役割
実現可能性：信頼の高い後継者が承継する意思		利害関係者に対する決定内容の伝達

注：点線は統計的有意性なし，実線 $p<0.05$，太線 $p<0.01$ を示す。
出典：Sharma et al.（2003a）を基に筆者が加筆修正して作成

後継者のもつ役割が大きく，現経営者はファミリービジネスをファミリーとして維持したい願望があるにもかかわらず承継計画に積極的でないことになる。

　有能で信頼されている後継者の存在自体は円滑な承継に重要であるが，そうした後継者の有無にかかわらず，ファミリーが一体となって承継に向けた準備をしなければならない点に鑑み，この問題は深刻である。現経営者の深い関与がなければ，成功を導く承継計画はゼロに等しいからである。実現可能性があるから承継を計画するのであって，ファミリービジネスをファミリーとして維持したい願望の故ではない現経営者は，承継の最終的な実行を遅らせ，打ち切り，怠ける可能性が高い。

　なお，承継計画活動の中で比較的実行されているのは利害関係者に対する決定内容の伝達であり，最も実施比率が低いのは承継後の現経営者の役割であった。承継後の現経営者の役割が定まらないと現経営者は次世代に承継することに抵抗を示し，承継が停滞するという問題を生じがちであるが，現実に障害となっていることがうかがえる。

5．専門家のアドバイス

　承継計画の作成にあたって，専門家のアドバイスを求めることは，社内に専門的知識がないファミリービジネスには重要である。特に，創業者あるいは経営者＝株主等強力な支配力をもつ経営者の場合，独善的な決断をするリスクも内包しており，広い視野と客観的な判断ができる専門家の助言を得るのは極めて望ましい。

　MassMutual Survey（2003年）によれば，最も信頼できる相談相手に関する質問では，会計士（34.6％），弁護士（17.1％）がアドバイザーとして高い評価を得ている。最も信頼できる相談相手の上位3位以内合計では，会計士（69％），弁護士（54.2％），つづいて，銀行（21.6％），企業仲間（19.7％）の順である。承継および相続計画に限定すると，最も信頼できる相談相手は会計士が40.7％，弁護士が38％と拮抗している。

ケーススタディ：ナベヤ岡本グループ

＜会社概要＞
社　　名：株式会社ナベヤ
創　　業：1560（永禄3）年
所 在 地：岐阜県岐阜市
代 表 者：代表取締役社長　岡本知彦（16代目）
事業内容：精密治具，治具システム，専用治具などの製造販売
従業員数：160名
資 本 金：9,800万円

　「生まれは葛飾柴又」という名せりふではじまる寅さんシリーズの映画を今でも懐かしがる人は多い。その柴又帝釈天（東京都葛飾区）の釣り鐘を製造したのは戦国時代の永禄3（1560）年創業のナベヤ（岐阜市）というFB（ファミリービジネス）である。

　1953年，最も音色がよい300貫（約1,100kg）という大きさに仕上げられた。

　同社は岐阜城下で初代岡本太右衛門が鋳造業を創業し，1923年に個人商店から法人に変わった。現在の社名は73年以来だが，実際に鍋，釜を造っていた時代もあり，創業の精神を忘れないでモノづくりに徹しようという一徹さが社名

にうかがえる。

そもそも「鍋屋」とは天皇家から授与された称号で、宮中に魔よけの吊り灯籠を納めてきた御鋳物師に遡る。同業は108軒いたが今も家業を守っているのは同社を含めてわずか20軒あまり。

事業継続の秘訣を岡本太右衛門会長（76）は「地味とはいえ、同じものを同じように造っていてはだめ。絶えず時代に応じた商品を開発していく必要がある」と語っている。

事業の中心は工作物などを固定する治具など工作機械・周辺機器で、自社オリジナル製品を開発し、標準化に努めてきたのが同社の特徴であり、強みでもある。また、新素材の開発にも積極的にチャレンジしている。特に耐熱性のあるアルミとセラミックのような複合素材は、熱膨張が低く軽量で丈夫で、同社の伝統的な強みが新製品に活かせる。

岡本会長は62年に社長就任、98年に現社長・岡本知彦（47）と交代するまで36年間経営の指揮を執った。なお、73年に岡本太右衛門（15代）を襲名している。

興味深いのは岡本会長の前（先代）も後（現社長）も養子という点である。岡本会長の子息は娘が3人で、現社長には娘婿が選ばれたが、養子にFBの経営を託す手法は海外諸国よりも日本に多く見られる。なお、創業以来15代目までの当主の就任期間は平均すると29.2年である。

同社は岡本一族によるナベヤ・岡本グループ7社の中核でもある。岡本（岐阜市）は銑鉄鋳物メーカーである。会長・社長ともナベヤの会長・社長が兼務しており、所在地も一緒でグループ内では最も緊密な関係にある。

また、同系企業の鍋屋バイテック（岐阜県関市）は動力伝導装置分野を持ち場として現在ではナベヤをしのぐ事業規模に成長している。関工園と呼ぶ美しい公園を模した本社が同社のユニークな経営哲学を象徴しており、通商産業省（現経済産業省）グッド・デザイン施設（94年度）など多数受賞している。

同社の代表である岡本太一（65）は岡本太右衛門の分家で数代前に独立しており、先代がナベヤに勤務したこともあるが今では非常勤役員の相互派遣にとどまっている。

創業以来100年以上続く老舗の中でも200年以上続く長寿企業は一部である。長寿企業は江戸時代後期の文化2（1805）年以前に創業し、生活密着型の伝統的な業種と技術で誕生した。

そこから技術革新を続け時代の要求にマッチした製品を提供する道を選び、今日に至る近代化の経緯は非常に興味深い。ドイツの学者シュンペーター

(1883-1950) が名づけた「破壊的創造」の見本だからである。

(「経済の隠れた主役　ファミリービジネス探訪」
『フジサンケイ ビジネスアイ』2006年9月8日付)

＜演習課題＞
1．承継プロセスを成功させるための要因を整理しよう。
2．承継プロセスにおける創業者および後継者の役割と課題を整理しよう。
3．(ある1社を想定して) 現経営者の立場で承継計画を作成しよう。
4．(上記企業について) 後継者の立場で承継計画を作成し，前項の回答と比較しよう。
5．ケーススタディを読み，現経営者の立場で承継プロセスを想像・分析しよう。

第6章

ファミリービジネスのガバナンス

第6章では、ファミリービジネスのガバナンスを取り上げる。まず、ファミリービジネスの基本的構造を規定する所有と経営に着目した後、コーポレートガバナンスの中核である取締役会を概観し、特に外部アドバイザーの存在意義を強調する。次にファミリーガバナンスに関して、重要なトピックを取り上げて解説する。一般企業のガバナンスとの相違に着目して、ファミリービジネスにおける2つのガバナンスの目的と仕組みを理解することが肝要である。

本章でガバナンスとは，ビジネスおよびファミリーの各種の「仕組み」を意味する。それは，ファミリービジネスの健全な成長発展を支える存在であり，好業績と長寿性を推進する仕組みに他ならない。普段その仕組みの存在を感じないのは水や空気と同様あたり前のように存在するからであるが，不祥事などの問題が発生すると対応の後れが悔やまれれる。問題を未然に防止するため，最悪の事態を想定して早期に対応策を講じておきたい。

1 ファミリービジネスにおけるガバナンスの重要性とその課題：所有と経営の観点から

1．ファミリーによる経営の利点と危険性

　ファミリーによる経営は，創業者あるいはその子孫がCEOの位置を占める形態が典型的である。前述の通り，ファミリーによる経営は，エージェンシー・コストの低下とスチュワードシップの上昇を生じ，その結果として投資の時間軸を長期化し，企業の能力構築に資することなどが利点として期待できる。しかしながら，放置しておくと，ファミリーによる経営は無責任なリーダーシップ，少数株主の収奪，傲慢，過度のリスク選択など，要するにスチュワードシップの低下を生じる危険性を内包している。

　例えば，エージェンシー・コストの削減は，所有と経営を完全に一致することで実現可能となる。これは，主要株主が経営者に就任する場合が典型的である。非ファミリーCEOの短期的な動機づけとは対照的に，多くの株主＝経営者は事業を効果的に運営する権力，インセンティブを有していると想定できる。ただ乗りエージェンシー・コストが削減され，それ自身が経費節減を生み，経済的業績の顕著な上昇と資源の剰余を生じる結果となる。したがって，ファミリーのCEOが経営するファミリービジネスは，非ファミリーCEOが経営するファミリービジネスあるいは一般企業よりも経済的業績が優れているという想定が可能となる。反対に，ファミリーあるいは他の株主が，誰にも邪魔されないほど強力な支配を一度確立すると，その権力を悪用して資源をビジネスからもち出すことも想定される。この場合，主な株主（結束したファミリーの連合あるいはその代表者）が，少数株主にとっては

貧弱な事実上の「代理人」という位置づけになる。この視点に立てば、ファミリーが支配するビジネスでは、法外な配当が支払われる傾向が強い、経営者の安住、新製品が少ない、新技術に対する投資が少ない（Chandler, 1990）、従業員からファミリーに対する富の再配分が行われる、などの指摘がされる。これらの傾向は、最終的にファミリービジネスのコアコンピタンスおよび経済的業績を弱化させる結果になる。

確かに、ファミリー以外の部外者が越えることが現実的に不可能になる水準に所有集中が到達する問題が指摘されてきた。Morck et al.（1988）によれば、ファミリーによる所有の集中が30％以上になると株式市場における評価が低下しはじめる。

また、ファミリー所有に伴うコストは、独立性をもったファミリー外部からの取締役および一定の影響力のある株主の出現によって減少する可能性もある（Anderson & Reeb, 2003）。さらにこうした外部の取締役および株主が本当に独立性を有していれば、知識および客観性による貢献、異なった視点の提供、ファミリーが見過ごしてきた可能性のある重要な情報の提供などが期待でき、ファミリーの経営者を客観的に監視し、よい経営者の雇用と配置、資源配置に関する意思決定、ファミリーメンバーによる企業の富の収奪回避などで貢献が可能となる（Anderson & Reeb, 2003など）。加えて、外部からの取締役が一定の株式を保有していれば、会社の資源に対して警戒を怠らない守護者となるインセンティブも保有することになる。すなわち、ファミリーから独立した取締役および一定の影響力のある株主が存在すれば、ファミリーによる所有が経済的業績を低下させる傾向は減少する可能性が想定される（Miller & Le Breton-Miller, 2006）。ただし、異なる利害をもつ集団の出現に伴って、エージェンシー・コストが増加したり、スチュワードシップが減少する可能性もあることは忘れてはいけない。

ファミリービジネスの起源をたどれば、創業者が自ら興したビジネスを配偶者の助けをかりて、あるいは次世代の参加を得て、事業規模を拡大し、やがて次世代の成長とともに事業を承継するのが常であった。この段階では、経営・所有とも構造は比較的単純である。しかし、世代の推移ならびに事業の規模拡大とともに関与するファミリーメンバーの層が拡大するに伴い、そ

れぞれの関心事が多様性を帯びる。同時に，ファミリー以外の関係者も増大してくるので，ファミリー内外を合わせた関係者の利害調整の複雑度が増してくる。なお，ファミリービジネスに対するファミリーの関与を，経営と所有について比較すると，ファミリーが所有には必ず何らかの関与をしているのに対し，経営における関与の比率は相対的に低く，取締役会にファミリーメンバーが座を占めていない場合もある。

　以上のような利害関係の複雑度を低減する方法の1つは関係者の種類と人数の管理であり，もう1つは関係者の利害を調整する方法である。ここではまず，関係者の種類と人数について検討しよう。

2．ファミリーメンバーの参画

　ファミリービジネスではファミリーと非ファミリー従業員のいずれの従業員を登用すべきかという課題に常に直面する。Lansberg（1983）は，ファミリーの全ての親戚にファミリービジネスを学習する機会は与えられるが，入社が認められるのは最も優秀なメンバーに限定すべきであると提案した。ファミリーメンバーの参画の是非については，その政治力学的視点も考慮に含める必要がある。また入社後の昇進に関する方針も検討が必要である。

　全般的に，ファミリーメンバーは非ファミリー従業員よりも生産性が高いが，ファミリーメンバーは働きすぎている割には報酬が少ないと感じており（Rosenblatt et al., 1985），ファミリーの CEO はファミリー以外の CEO よりも平均的に報酬が少ない（Gomez-Mejia et al., 2003）。ファミリーメンバーは現在よりも高い給料および特別手当を受け取るに値する（Kirchoff & Kirchoff, 1987）という提言もされている。こうした認識と実態の矛盾は，放置すると戦略実行局面における問題を生じかねない。

　非ファミリー従業員は，ファミリーメンバーの中でも血縁の薄いメンバー（従兄弟など）に比べると生産性が高い（Heck & Walker, 1993）。血縁を頼って働いている者の生産性が最も低いという指摘は採用の面で参考に値するが，ファミリーメンバーの採用を拒むことの政治力学的意味は今後研究を深めるべき課題である。

3．ファミリーメンバーの関与の制限

　ファミリーの関与者が多数になりすぎる弊害を除くため，関与者を制限する方法が提起されている。そのプラス面は複雑度の除去であるが，マイナス面としてはファミリーの結束に対する弊害，および人材の外部放出が指摘される。

　実は，ファミリーの関与者を制限する方法は，日本のファミリービジネスが伝統的に採用してきた方法である。長子相続制に基づいて長男が事業を承継し，次男以下は分家して家業から離れる。創業以来数百年を経た場合でも，株主が数名という形態は，日本ではごく一般的であるが，海外では非常に珍しい。

4．株式保有

　MassMutual Survey（2003年）によれば，今後5年間における株式保有の見通しについて，現在と同じファミリーが企業を支配しているという回答が圧倒的多数（87.8％）を占めている。しかし，過去5年以内の実績では，ファミリーの誰かがファミリービジネスを離職した比率が38.7％，ファミリーメンバーの少なくとも1名が過去5年以内に離婚した比率は21％である。また，過去10年以内に，ファミリービジネスの株式を他のファミリーメンバーから買い取った比率は35.7％である。ファミリービジネスの株式をファミリーメンバー以外にも入手可能としている比率は37.8％である。

　既婚者のうち，婚前合意書[1]を交わした比率は9.7％であるが，ファミリー株主のうちで過去5年以内に離婚を1回以上経験した比率は21％である。これらを勘案すると，大きな問題が見えてくる。株式清算，婚前合意書，株式売買などに関するメカニズムについて，ファミリービジネスは真剣に検討・準備して，株式が分散する問題の発生に備える必要がある。

　ファミリービジネスの54.4％は，株主間で株式の売買に関する合意書を取り決めている。正式な株式償還および清算計画を37.7％がもっており，過去

1　プレナップ（prenuptial agreement：婚前契約）は結婚前に婚約者と交わす生活上の義務，資産の取り扱い，離婚の条件などの合意である。アメリカではよく行われ，ファミリービジネスのメンバー，特に後継者には結婚前の重要な作業である。

10年間に少なくとも株式の一部償還を24.6％が実施している。株式買戻し用の資金を高収益の年に蓄えておく企業は少なく，81％の企業は実施していない。会社株の正式な評価を毎年実施している企業は26.6％，隔年実施は32.5％である。全体として，相続あるいは株式売買のための正確な情報を保有している企業は少ないことになる。

5．ファミリー関係者とファミリー以外の相互融和

　ファミリービジネスにおける最重要な課題の1つに，ファミリー関係者とファミリー以外の関係者の相互融和がある。企業規模が拡大すれば，ファミリー以外の役員や従業員の比重が必然的に増大し，彼らのモチベーションが業績を大きく左右する。そのため，ファミリー以外の役員や従業員が経営を自らの課題として取り組めるよう，公平な取り扱いおよび一体感の醸成が欠かせない。情報の社内公開と共有，経営参画などとならんで，株式保有も有力な施策である。

6．共同経営

　MassMutual Survey（2003年）によれば，CEOが複数存在する共同経営（Co-CEO）体制は全体の12.5％を占めており，CEOが2名が9％，3名以上が3.5％である。同報告書は，「強力な1名のCEOによる経営が必ずしも最適な経営モデルではない可能性がある」と指摘している。将来に関して，35.1％が共同経営体制の可能性を指摘しており，現在（12.5％）の約3倍に急上昇する可能性が示唆されている。多くの場合，回答者は後継者を決定していない状況を勘案すると，この数値は興味深い。共同経営（Co-CEO）体制の可能性を指摘している企業のうち，45.7％は1人が女性になる可能性を指摘している。共同経営体制の成功は，補完する能力および対立を解決する効果的なメカニズムに左右されるであろう。

第6章　ファミリービジネスのガバナンス

2　コーポレートガバナンス

　ファミリービジネスのガバナンスにはコーポレートガバナンスとファミリーガバナンスがある。まず本節では前者を説明する。一般企業のコーポレートガバナンスは，企業の経営を監視・規律すること，またはその仕組みを意味し，企業統治と訳される。その目的として，企業不祥事の防止と，企業の収益力の強化が指摘され，社会全体の視点から見た議論と，投資家の視点から見た議論がある。以下では，コーポレートガバナンスの基本形態に立ち返り，ファミリービジネスに適した姿を明らかにする。

1．ガバナンスの形態

　ガバナンスの方法としては，アメリカおよびイギリスで一般的な証券市場を通じて行われる市場型ガバナンスと，中南米，アジアおよび多くのヨーロッパ諸国におけるトップマネジメント組織を通じて行われる管理型ガバナンスの2種類のモデルが存在する（図表6-1および6-2）。

　市場型ガバナンスは，資本市場が確立しており，株主が広範に分散している国，具体的にはアメリカ，イギリスおよびアイルランドで一般的である。一方，管理型ガバナンスは株式所有が集中しており，支配権が株式所有と完

図表6-1　ファミリービジネスのコーポレートガバナンス

	株主：少数	株主：多数
株主活性度：高	管理型モデル（典型的なファミリービジネス）株主：活発／少数	ダイナスティモデル（ファクショナリズム）株主：活発／多数
株主活性度：低	ポートフォリオモデル（受動的投資家）株主：不活発／少数	市場型モデル（典型的な株式上場企業）株主：不活発／多数

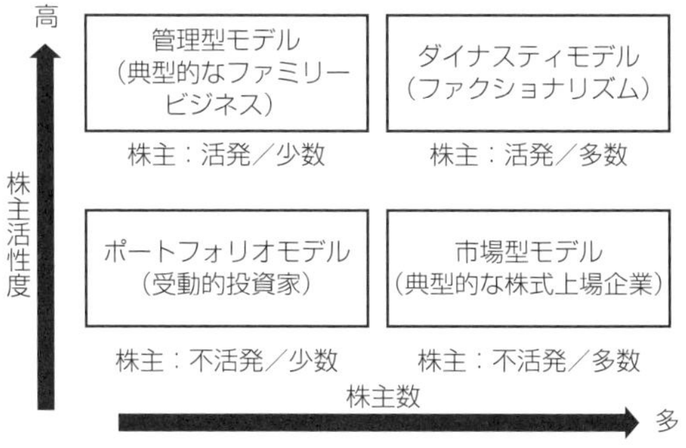

出典：Lane et al.（2006）p. 165に基づき筆者作成

図表6-2　市場型と管理型ガバナンスモデルの比較

		市場型（契約型）	管理型（関係型）
実施地域		アメリカ，イギリス	ヨーロッパ大陸，アジア，中南米
統治の場		証券市場	株主総会／トップマネジメント組織
主な統治形態		株式売却→株価下落・低迷　M&A	経営者の解任・選任　株主代表訴訟
資金調達環境	資金源	証券市場	私的資金
		高い流動性	低い流動性
	株主	広範に分散	集中
		単なる財務的関係	支配権が株式所有と重複
		短期的視点で売買する	長期的視点で維持する
情報開示度		高い	低い

出典：Lane et al.（2006）p. 149に基づき筆者作成

全に分離していないアジア，中南米，多くのヨーロッパ諸国に見られる。

　コーポレートガバナンスは企業の存在自体にかかわる問題を含んでおり，各国の文化，法体系および財務的背景が関与するので，画一的な形態を論じることはできない。特にファミリービジネスの場合，大株主の典型的存在であるファミリーは会社を支配しているが，その投資目的は長期的視点であり，将来の世代を見据えており，アメリカ流の市場型ガバナンスは適しておらず，むしろ害が多いと思われる。

　管理型ガバナンスは関係型ガバナンス[2]とも呼ばれ，社会関係資本の理論から多くを得ている。関係型ガバナンスは，所有ファミリーメンバーおよび経営者の社会関係性に埋め込まれている社会関係資本の創出ならびに活用に依拠している（Granovetter, 1985など）。社会関係資本を構造的，関係的，認知的の3次元に区分すると，構造的次元は関係性ネットワーク全体の特徴，すなわちファミリーの法人，規模，社会的相互作用を，関係的次元は個人的関係性を通じて生み出される資産を，認知的次元は関係者間で共有している解釈および使用言語を提供する諸資源，すなわち共有されたビジョンを取り

---

[2]　管理型ガバナンスを関係型と呼ぶ場合，市場型ガバナンスを契約型と呼ぶ。

第6章　ファミリービジネスのガバナンス

扱う（Nahapiet & Ghoshal, 1998）。

関係型ガバナンスモデルは社会関係資本の前者2つの次元を用いているが，その中心的存在は社会的相互作用である。

社会関係資本のいくつかの側面は，強力な個人的関係性に埋め込まれている共有ビジョンのように，ガバナンスメカニズムとしての役立ちが可能である（Uzzi, 1996など）。多くのファミリービジネスでは，社会的ないし関係型ガバナンスは強力かつ長期的持続が通常である。

伝統，相互の関係性，忠誠心および利他主義が，ファミリービジネスの株主のための価値創造に，如何ほどの資源を使用すべきかを決定する。ファミリーシステムの特徴のうち，企業の活動に最大の影響を与える鍵となるのは，ファミリーメンバー間における暗黙の社会的な結びつきである。

2．取締役会

ここで，コーポレートガバナンスの中核を担う取締役会を取り上げ，その責任と構造を Nash（1988）に沿って述べておこう。

ファミリービジネスにおいて，取締役会は，監視ならびに支援の機能をもっている。

監視（管理）機能は，上級経営者の雇用，報酬，規律および解雇，最高経営陣に対するインセンティブの承認，および行動の監視あるいは行動によって生じると考えられる可視化されたアウトプットの点検に基づいて行われる経営者層の業績評価を主な内容とする。

経営者の監視を強化すると，経営者と取締役会の間の情報の非対称性が軽減され，所属する業界および競合他社に関する傾向について，株主経営者に調査を促す効果も発揮される。取締役会によるチェックは，社外取締役と協働されることが多く，彼らは経営者に対して，その業務の精緻化を求め，戦略に関する伝統的な仮定に反論することが多い。社外取締役は，専門知識と経験から，戦略に関する議論の質的向上に資する。

また，積極的かつ注意深い監視は，戦略の効果的な実行につながる。経営者の意思決定に，詳細な分析と評価が加えられるという認識は，自社のシステムや業務プロセスの評価と戦略との整合に関する経営者の関心を高める効

果がある。取締役会による監視は，さらに下級管理職および従業員を戦略的意思決定に参画させて，彼らの主体性を発揮させることにもつながる。これによって部下の現場における関与度が高まり，戦略の実行を容易にする。

経営者の報酬は会社業績に連動する場合が多いので，取締役による監視の強化は経営者の戦略的選択に対する関与を高め，経営者が戦略的意思決定を上手に実行する動機づけとなる。

取締役会のもう１つの機能である支援の機能には，経営者に対する助言およびコンサルティングの提供，外部環境との接触，地域社会における会社のプレゼンスを含む。ファミリービジネスでは，取締役会は会社とファミリーをつなぐ特別な役割をもつ（Corbetta & Tomaselli, 1996）。

取締役会の役割として，方針策定，長期的経営目標決定，戦略計画実施の点検の支援が重要である。非公開企業の取締役会の場合，経営の目的および方針の決定支援，社長の機能支援，必要に応じたアドバイスおよび相談の提供，戦略的意思決定プロセスへの助力も含まれる。取締役は日常業務に直接かかわるものではないが，良質の取締役会は会社の顧客および納入業者に対する信用度を高め，ファミリー関係者間の各種の紛争において仲裁者として，あるいは外部の敵対者から会社を救ってきた。またオーナーが死亡した場合，取締役会は会社の利益を守ろうとするオーナーの遺志が混乱を最小限に抑えて遂行されるよう見届けることもある。非公開企業の場合，取締役会の最大の資産は社内に存在しない社外の専門家の知識に基づく助言ともいえる。以上のように，取締役会の主な機能は監視（管理）とならんで支援と助言の役割が大きい。

よい取締役の要件としては，最も重要なのは独立性の維持であり，自己利益あるいは利害対立に干渉されない態度である。好奇心をもつ性格は，経営者の考えに対して建設的な質問をする姿勢につながり，重要である。また，定義するのは難しいが重要な属性として，健全な経営判断と常識があり，それぞれの分野で成功を収めた人々に見出される場合が多い。取締役会への出席と事前準備に一定の時間を費やす意志も重要である。通常，１時間の取締役会に対して，３時間を準備に費やすという。そして財務および業務に関する報告書を読み理解できる能力と，欠けている情報を察知する能力をもって

第6章　ファミリービジネスのガバナンス

いる必要がある。その他の要件としては，会社方針，目的，計画，財務的予測の策定および会社財務に関する深い知識があげられる。そして見過ごされがちな性格として，知的な正直さを指摘しておく必要がある。最後に，一緒に働く上でのケミストリーと呼ばれる良好な人間関係が最も重要である。

　こうした行動は，とりわけリーダーがファミリーメンバーあるいはファミリーに感情的に連携しているファミリービジネスに顕著に見られると考えられる（Miller & Le Breton-Miller, 2006）。このような経営者は，ビジネスの使命（ミッション）に深くコミットしており，従業員をはじめとする利害関係者を大切にし，所属するファミリーだけではなく組織全体のために最善を尽くそうとする動機づけが高い（Miller & Le Breton-Miller, 2005）。その結果，極めて長期的な貢献および傑出した能力と卓越した経済的業績を生み出す。

　ファミリービジネスはベンチャー企業と同様に，伝統的に社外取締役の導入に抵抗してきた。その理由として，他人に指図されたくない，あるいは社内の秘密を外部に知られたくないなどがあげられている。しかしながら，取締役会は，その性質上，株主利益を守るのが目的であり，オーナーの権限を侵害するのが本質的な役目ではない。

　スチュワードシップ理論の指摘によれば，ファミリービジネスでは関与する人々の間の関係性の故に，公式のガバナンスおよび管理の仕組みは不要である。それどころか，こうした仕組みはエージェントの行動に対して否定的な影響すら与えかねない。

　自己を犠牲にして組織と他者に尽くすスチュワードシップは，全てのファミリービジネスで実現されるわけではなく，一定の条件を必要とする。採用するガバナンスシステムによっては，非常に短期的かつ利己的な利益しか眼中にないファミリービジネスが出現する可能性も否定できない。

　MassMutual Survey（2003年）によれば，ファミリービジネスのうち半数以上の企業が，自社の取締役会を，極めてよい（22％），よい（36％）と評価しており，合計半数以上が強力で肯定的と評価している。しかし，平均的（15％），平均以下（2％）という回答もあり，何の貢献もしていない（25％）もある。MassMutual Survey（2007年）によれば，回答企業の半数

で取締役会が活性化している。50.9％が取締役会の機能を極めて高いと認識しており、2003年（22％）から大きく向上している。

取締役会の開催頻度は、年１～２回が49.3％、３～４回が19.2％、５回以上が10.1％、１回も開催しないが13.4％である。上場企業（全体の0.9％を占める）の場合は、少なくとも年３～４回以上開催している。取締役の人数は、３～４名が大多数（87.5％）を占め、上場企業では５名以上が過半数（63.6％）である。男女別の中間値は、全体的には男性が２～３名、女性が１～２名であるが、女性が所有かつ経営している企業では、中間値が男性２名、女性２～３名である。男性が所有かつ経営している企業では、中間値が男性３名、女性１名である。

取締役の報酬は低額で、年額4,000ドル未満が17.2％、4,001～25,000ドルが８％、25,000ドル以上が3.1％であり、61％は無報酬である。上場企業の場合は8,000～12,000ドルを支払っている。

取締役会の下に各種委員会を設置している企業は34.1％であり、内訳は監査委員会（29.6％）、報酬委員会（22.7％）、指名委員会（19.9％）、人的資源委員会（7.5％）、財務・銀行委員会（6.6％）、戦略計画委員会（５％）である。

3　ファミリーガバナンス

ファミリービジネスのガバナンスは一般のコーポレートガバナンスとは大きな違いがある。それは、ファミリーメンバーが複数の役割を兼ねていることに起因する。したがって、ガバナンスも、コーポレートガバナンスとファミリーガバナンスの両面から把握する必要がある（図表6-3）。

ただし、全てのファミリービジネスに適したガバナンス機構は存在しない。個々のファミリービジネスでは、３円システムにおけるファミリー、ビジネスおよび所有の構成が異なり、それに合致したガバナンス機構を設計する必要がある。

ファミリーガバナンスとは、ファミリーにおけるファミリー関係者の統治システムを意味し、ファミリーミーティング、ファミリーアセンブリー（年

第6章 ファミリービジネスのガバナンス

図表6-3 ファミリービジネスのガバナンス：課題と分担

課題	ファミリー	取締役会	経営者
ファミリーの価値観，ミッション，ビジョン	◎		
ファミリー内のコミュニケーション	◎		
ファミリーの関係性	◎		
悩み事をもつファミリーメンバーの支援	◎		
ファミリーの対立の解決	◎		
慈善事業	◎	○	○
ファミリーメンバーの雇用	◎	○	○
経営の承継	○	◎	○
配当方針／分配	○	◎	○
証券市場	○	◎	
事業戦略		◎	○
企業文化	○	○	◎
企業倫理		◎	
戦略の立案・実行		○	◎
日常業務遂行			◎
労務管理			◎
報酬	○	○	◎
株式所有承継	◎		
ファミリーとビジネスの関係性	◎	◎	○
取締役会の構成	◎	◎	
取締役の人選	○	◎	
取締役の選定	◎		
業績の評価	○	◎	○
地域関係活動	○	○	◎

注：◎は主な分担，○は副次的な分担を示す．
出典：Aronoff & Ward（1996）pp. 23-24に基づき筆者作成

次総会），ファミリーカウンシルおよび家憲などの諸機構を含めた総合体を意味する。ファミリーミーティングは一族関係者の日常的会合，ファミリーアセンブリーは年次総会，ファミリーカウンシルは諸会議・会合を円滑に準備・運営するための事務局である。また家憲はファミリーの合意事項を明示するもので，表題はクレド，戦略計画など多様で，内容も一族が重視する価値観の他，ファミリーのガバナンス，ファミリービジネスのガバナンスなら

図表6-4　ファミリービジネスの種類とガバナンス機構の適合性

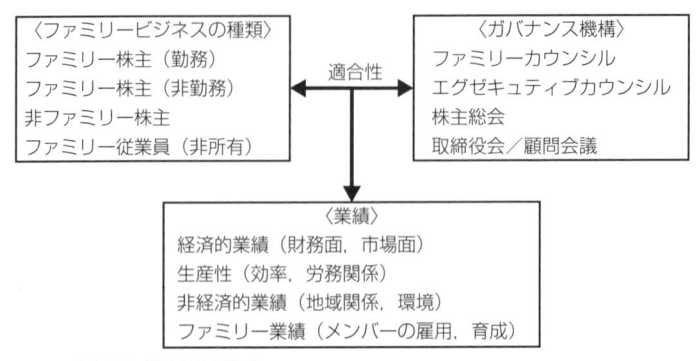

〈ファミリービジネスの種類〉
ファミリー株主（勤務）
ファミリー株主（非勤務）
非ファミリー株主
ファミリー従業員（非所有）

←適合性→

〈ガバナンス機構〉
ファミリーカウンシル
エグゼキュティブカウンシル
株主総会
取締役会／顧問会議

〈業績〉
経済的業績（財務面，市場面）
生産性（効率，労務関係）
非経済的業績（地域関係，環境）
ファミリー業績（メンバーの雇用，育成）

出典：Sharma（2003）に基づき筆者作成

図表6-5　ファミリービジネスのガバナンス構造

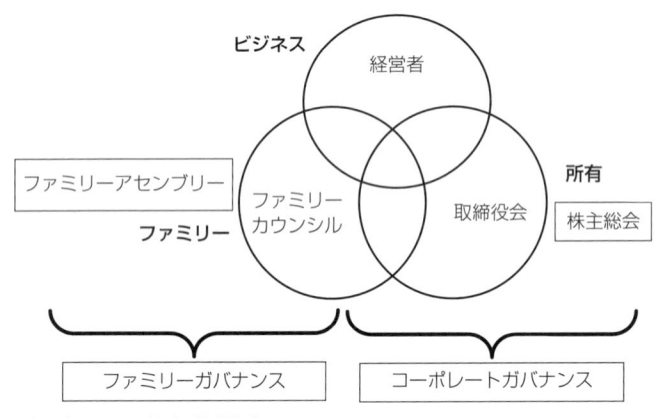

ビジネス：経営者
ファミリー：ファミリーアセンブリー、ファミリーカウンシル
所有：株主総会
取締役会

ファミリーガバナンス　｜　コーポレートガバナンス

出典：Poza（2004）p.138に基づき筆者作成

びに双方の関係（Neubauer & Lank, 1998），メンバー，責任者，討議事項など（Ward, 1987），多様な内容が含まれる。

　図表6-4は，ファミリービジネス，ガバナンス機構および業績の相互関係を表すモデルである（Sharma, 2003）。好業績をあげるには，個々のファミリービジネスに適したガバナンス機構を選択する必要性がある（図表6-5，6-6）。

なおここでは，ガバナンス機構は下記の4種類を想定している。
・ファミリーカウンシル：ファミリーに関連する案件を討議する
・エグゼキュティブカウンシル：従業員に関連する案件を討議する
・株主総会：株主に関連する案件を討議する
・取締役会／顧問会議：全体的な戦略的課題に関連する案件を討議する

ファミリービジネスは，ファミリーメンバー間における緊密な社会的相互作用を通じて，非公式かつ自己強化的なガバナンスの仕組みの構築が可能であり，それはエージェンシー理論が強調してきた公式の仕組みの補完を可能とする。

この考え方はLansberg（1999），Gersick et al.（1997），Neubauer & Lank（1998）など多くの先行研究の指摘と整合しており，ビジネスもファミリーもともに，会社を所有するファミリーの長期的な利益を守るガバナンスを必要としている（Lansberg, 1999）。それは会社を所有するファミリーにおけるビジョンの創造に寄与し，ビジョンが企業の戦略的意思決定および戦略遂行に関する最高経営陣の関与の質的向上を推進する。

1．ファミリーメンバー間の相互作用

関係するファミリーの増大に伴って，自然に起きる相互作用の機会は減少する。それは，例えばファミリーが別の場所で生活するようになれば，分家同士の交流は分家内に比べて希薄になるからである（Gersick et al., 1997な

図表6-6　ファミリーガバナンスの構造と進化

段階	ファミリー側の機構	両者の調整機能	ビジネス側の機構
創業者段階	核家族内のファミリーミーティング（非公式）	日常的会話 合同会議	顧問会議
兄弟段階	ファミリーミーティング（ファミリーメンバー。場合に応じて配偶者も参加） ファミリーカウンシル	日常的会話 合同会議 統治委員会	取締役会
従兄弟段階	ファミリー集会 ファミリーカウンシル	統治委員会	取締役会 各種委員会 ジュニア取締役会

出典：Aronoff & Ward（1996）p. 76に基づき筆者作成

ど)。また,ファミリーのビジネスへの参画も大規模ファミリーでは相対的に弱くなり,ファミリー内部における関係の希薄化を生じる。

ここで,ファミリーガバナンスの重要な役割の1つは,ファミリー機構およびプロセスに託されている(Neubauer & Lank, 1998など)。これによって,ファミリー機構——非公式的な集合,正式のファミリーミーティング,ファミリーカウンシル,ファミリー計画を含む——は,所有ファミリーメンバーのニーズと利害を代表して統合し,ファミリーと会社を結びつける。こうした機構は,ファミリーメンバーが集まって議論する機会を作り出し,所有ファミリーのメンバー間の相互作用の増加をもたらす。

ちなみにファミリーの結束について,戦略,株式所有および経営に関して株主グループとして完全または極めて結束していると回答した比率は,全体の82.9%であった(MassMutual Survey, 2007年)。

2.コミュニケーションの重要性とその方法

ファミリービジネスが直面する諸課題を克服する上で,ファミリー関係者のコミュニケーションは必須の条件である。現代において家族間の意思疎通は希薄化し,価値観の共有は覚束なくなっており,ファミリービジネスではそれがビジネスに与える影響が大きく,問題は深刻である。

Ward(2004)はコーポレートガバナンスの仕組みとして取締役会,ファミリーガバナンスの仕組みとしてファミリーミーティングの重要性を指摘し,ファミリービジネスにおけるコミュニケーション機能の双璧と位置づけている。

MassMutual Survey(2007年)によれば,ファミリーミーティングを少なくとも年1回開催している比率は55.4%である。

ファミリーミーティングは,ファミリーを構成するメンバーが一堂に会し,ファミリーの運営にかかわる案件を話し合うコミュニケーションの場であり,ファミリービジネスも重要な議題の1つである。1年間に数回,定期的な会合をもつ他,ファミリーアセンブリーを催すファミリーも少なくない。

ファミリーを構成するメンバー数が多い場合は,全員が一堂に会する場がファミリーアセンブリーであり,定期的な会合は代表者のみで運営する方法

も可能である。また，本家以外に分家でもファミリーミーティングを開催して，本家と全ての分家が一緒に集まる場をファミリーアセンブリーと呼ぶ場合もある。ファミリーアセンブリーは，議論する機能もあるが，普段会わないメンバーが懇親を深めるという機能も重要である。

　ファミリーが共通の価値観の下に結束を固めることが，こうした仕組みの最大の目的であり，懇談あるいは娯楽が有効な手段である場合も少なくない。ファミリーミーティングにおいても必要に応じて懇親する時間をとればよい。

　出席メンバーにはビジネスに日常的に関与していない者も加える点が重要であり，特に配偶者などファミリーに馴染みの薄い存在に配慮する必要がある。なお，会議はあらかじめ開催通知を発行し，議事録を記録しておくことが推奨される。ファミリーミーティングは，ファミリーの目的，価値観を明確化し，ファミリービジネスをファミリーとして維持することに関する合意を形成する最も重要な活動である。しかしながら，ファミリー間の相互作用とコミュニケーションは，感情を伴い，対応が容易ではないのも事実である。実施する場合には，入念に目的，すなわち開催する必要性と必然性を幹部の間で確認しておくこと，および日常的に意思疎通ができていない疎遠なメンバーを一堂に集める点について，慎重な配慮をしておかないと逆効果にもなりかねない。

　日本では，昭和憲法制定以前は戸主に家督というファミリーを統括する権限と責任があり，家族会議という仕組みが機能していた。また，本家は分家を統率する責任があり，同族団としてファミリーの結束を図る仕組みが存在していた。ファミリーによっては，家憲ならびに家法をもち，ファミリーの複雑度に対応していた。日本のファミリービジネスが世界で卓越した長寿性を維持できた要因の1つとして，こうしたファミリーガバナンスの果たしてきた役割は大きなものがあった。

　昭和憲法の下では，旧来の家族制度は廃止され，こうした機能は公的には存在しない。慣習的に若干の機能は残存しており，何らかの家族会議を維持しているファミリーも存在する。しかし，全体として日本の家族制度は危機的状況にあり，ファミリービジネスの円滑な事業成長と事業承継に対しても大きな障害となっている。

こうした危機的状況を打破する上で，なすべき課題は多い。まず一族関係者相互のコミュニケーションを復活させ，価値観の共有を実現し，ファミリービジネスの持続的成長と次世代への承継に積極的に取り組むことが期待される。また，家法は一族関係者間の意思疎通の場を提供し，ファミリーガバナンスの制度を準備し，最終的にファミリービジネスの永続的発展を推進するメカニズムとして有効性があると思われる。

　例えば，明治時代の著名な実業家である渋沢栄一（1840-1931）が1891（明治24）年に制定した同家の家法はファミリーガバナンスを構成する諸要素を体系的に記述しており，現代のファミリービジネスが自らのファミリーガバナンス制度を構築する上で，格好の出発点となるであろう。渋沢家の家法は明治時代の法的環境下で制定されたが，同族の範囲，義務と責任，機関などファミリーガバナンス設計に関して今日のファミリービジネスが学ぶべき点は多い。なお，渋沢家の家法の概要を章末のケーススタディに収録したので参考にされたい。

　既に一部のファミリービジネスでは，こうした家族の課題と事業承継の深刻な状況を理解し，事態の積極的打開のためにファミリーミーティングを実践しはじめている（武井，2010）。ファミリーガバナンスの仕組みとして，ファミリー・オフィス，持株会社，ファミリーミーティングなど各種の議論がはじまっている。

3．対立の発生と調整

　対立とは，「当事者による願望や欲望に関する不一致の認知」である。ワーク＝グループの間の対立研究に基づいて，対立は次の3種類に区分される（Jehn & Mannix, 2001）。

・業務（達成すべき業務に関する見解の相違）
・プロセス（業務達成に向けたプロセスに関する見解の相違）
・関係性（価値観や態度に関する人間関係の非適合性）

　ここで，関係性に関する対立は，グループメンバーが将来にわたって一緒に働く可能性を減少し，個人ならびにグループの業績にマイナスの影響をもたらす。業務に関する中程度の対立は，異なった意見をもたらし，集団的志

向を防ぐので，グループの業績を向上させる。プロセスに関する対立は，生産性とグループの士気の低下につながっている。

　ファミリービジネス分野における対立理論の適用ははじまってから歴史が短く，異なった対立の性質，原因，含意を明らかにする必要がある。

　ファミリー内部の対立関係を調整し，信頼を構築するには一定のステップを踏む必要がある。信頼を構築する上で，信頼媒介者の重要性を指摘するLaChapelle & Barnes（1998）によれば，信頼媒介者は当事者間の信頼を回復・向上させるための触媒的機能を務める存在であり，関係性における下記の4つの要素が求められる。

・性格：誠実，正直，信用，善良
・能力：才能，専門知識，業績
・予測可能性：貫徹，約束厳守，一貫性
・愛情：他人への思いやり，同情，包容力

　こうした信頼媒介者には，5種類が存在する。第1は，高い地位にいる友人である。低い地位にいる部下が高い地位にいる権威者とでは信頼関係を直接結べない状況が存在する。その場合，高い地位にいる友人が仲介者として高い地位にいる権威者との仲介をする。これは，高い地位にいる権威者が高い地位にいる友人の存在と機能を認めた場合に成立する。

　第2は，女性である。母として妻として，ファミリーメンバー間のコミュニケーションが成立するよう媒介者として機能する可能性がある。さらに，ファミリー以外の関係者に関しても，経営者との仲介をする。女性は，最高信頼責任者[3]と呼ばれるように，貴重な機能が期待される。

　第3は，義理の息子である。ファミリー経営者の娘と結婚してファミリーの一員となった義理の息子は，経営者やファミリー関係者の信頼を得るため，コミュニケーションに人一倍の努力が求められるのが通常である。そのプロセスを経て，経営者ならびに関係者との意思疎通ができるようになれば，媒介者として機能する可能性がある。外部から入ったものとして，客観的かつ冷静にファミリーの現状を観察し，相互の関係性を考慮して，最も望ましい

3　第5章，p. 147参照。

ファミリー関係の構築に貢献できるかもしれない。

第4は，後継者である。後継者が業務に通暁し，ファミリー関係者ならびにファミリービジネス関係者の信頼をかちとれば，経営者の信頼も増す可能性が高い。そうした経緯を経て，ファミリービジネス経営に対する関与度も高まり，経営者が事業の承継を現実問題として考えるようになれば，後継者は媒介者としての役割を十分務めることが可能となる。

第5は，外部アドバイザーである。会計士，税理士，弁護士，コンサルタントなど専門的知識をもつ第三者は，ファミリーおよびファミリービジネスがかかえる課題について，客観的に分析・評価するとともに，最も効果的な提案をする立場にある。経営者だけでなく，多くの関係者を公平に扱うと評価されるようになれば，媒介者として機能することができるようになる。

ファミリー内部における信頼関係はファミリーだけの問題ではない。ファミリー以外の関係者にも極めて大きな関心を寄せている。そこで，高いレベルの信頼関係を構築し，さらにファミリー以外の従業員の信頼もかち得ておくことは，ファミリービジネスの長期的な業績と持続に極めて重要である。もし信頼関係が成立していなければ，ファミリーとファミリー以外の従業員とは他人同士の関係になってしまう。媒介者は，このギャップの橋渡し役としての重要性を熟知し，そのために，前述した信頼の4つの要素を活用しなければならない。

ケーススタディ：渋沢栄一家の家法

渋沢栄一（1840-1931）は第一国立銀行や東京証券取引所など500社余の企業の設立・経営にかかわり，日本資本主義の父といわれるが，その家法については知る人が少ない。渋沢は1869年，明治政府の租税正に就任するが，間もなく大蔵省を辞職し，第一国立銀行の設立（1873年）を皮切りとして500以上の企業創設に関与した。渋沢家の家法が制定されたのは1891年であるが，その契機となったのは長女・歌子の結婚および先妻の死去（ともに1882年）である。

1883年に後妻を迎えた渋沢は「その当然の結果として異母兄弟が出来るような事情になったから，かくては何かにつけても問題も起こりやすい」と憂慮し，「一家を為す以上は，一族の者の心にわだかまりのないような方法を講ずるこ

とが，国家に憲法の必要なのと同様に，肝要であると思った」。長女の娘婿に迎えた穂積陳重（1815-1926）は親族法の大家でもあり，その専門知識を家庭にも応用できないかと常々思っていた渋沢が「一家の憲法としての法律が出来るものかどうか，出来るならつくっておきたいものである」と穂積に相談したところ，意見の一致を見た。

渋沢栄一は家法の制定に並々ならぬ熱意をもって取り組み，大体の趣旨を立案して，その条章編成は穂積陳重に委ねた。施行にあたり，「同族を集め之を示し……自ら家法に依りて家政を執行し，遵奉違わず。以て家法の重んずべきを子孫に示せり」とした。穂積陳重は日本初の法学博士の5人の1人で，東京帝国大学法学部長も務め，わが国民法の祖とされた。渋沢家の家法が制定された1891年は，ボアソナードらの起草による旧民法の公布（1890年）から現行民法典施行（1898年）の間に位置しており，積陳は民法の構想と整合して家法を編成することができた。

渋沢家の家法は下記の前書きを冒頭に掲げ，前文を含む10章87条から構成される。

「余は余が子孫の協和と家道の強固とを永遠に保維せんことを企図し，茲に家法87か条を定め，明治24年7月1日より之を実施す。現在及び将来の余が子孫たる者は謹んで之を遵守し，敢えて違くことある勿（なか）れ」

本文の構成は，家法の目的及び同族の範囲（前文），同族会議（第2章），同族の義務（第3章），相続（第4章），後見（第5章），財産（第6章），会計（第7章），会計監督及び会計監督助役（第8章），支配人（第9章）及び補則（第10章）である。各章の主な内容は次の通りである。

まず，「前文」は第1章に相当し，子孫の協和と家道の強固を永遠に維持するため，明治24年7月1日より之を実施すると定め，子孫の遵守を求めている。冒頭で同族の範囲に関し，渋沢家同族を渋沢栄一およびその嫡出の子ならびにその配偶者および各自の家督相続人と定め，10名を特定した他，さらに栄一嫡出の男女あれば加える（第1条）以外，将来の増加を許さない（第2条）。序列は，渋沢家を同族の宗家とし（第3条），その他は長幼の順序に依り，配偶者は栄一血統の序次に随う（第4条）とした。

「第2章　同族会議」は，同族会議の構成，召集，開催頻度，審議事項を定める。すなわち，同族は皆同族会議員であり（第5条），同族会議は渋沢宗家の戸主が招集する他，同族2名以上の名前を以て招集できる（第7条）。同族会議は少なくとも毎月1回開催し（第8条），同族会議の審議事項として下記を定める：渋沢宗家・同族各家の家政に関する重大の事件，基本財産の処分，

婚姻，養子，葬祭その他重大なる身分の変更，後見人の選定及び免除，基本財産・資財分割，渋沢宗家及び同族各家の予算・決算（第10条）。

「第3章　同族の義務」は，同族会議の認可事項を定めると共に同族の義務，禁止事項及び罰則規定を定める。すなわち，遺言を定める場合は予め同族会議の認可を必要とし（第18条），同族会議の認可を経ずに，他人の為めに保証人となり又は債務の担保（第22条），他人からの負債（第23条），会社の株主又は役員就任（第24条），投機の営業及び道徳上賤む可き業務の従事（第25条）を禁止する。家法を遵守しない者に対する同族会議構成員四分の三以上の同意を以て一定期間同族会議員の地位停止，また情状による第55条の分配金の全部又は一部の支給停止（第26条），同族間又は同族会議と同族との間の紛争の仲裁処理（第28条）を定める。

「第4章　相続」は，相続に関する同族会議の認許事項を定める。すなわち，下記を予め同族会議の認許が必要と定める：隠居（第29条），民法に定めた原因による法定の推定家督相続人の廃除（第30条），遺言による家督相続人の指定（第31条），法定又は指定の家督相続人でない場合の家督相続人選定（第33条）。

「第5章　後見」は，後見人指定，禁治産及び准禁治産と共に監督・財産の管理を定める。すなわち，同族会議の認可による後見人及び後見監督人指定（第37条）の他，禁治産，准禁治産又は仮管理を裁判所に請求する場合は，同族会議は予めその請求者と協議して定め（第40条），禁治産，准禁治産の解除を裁判所に請求する場合は，同族会議は予めその請求者と協議して之を定める（第41条）。同族各家中品行修らざる者又は家財を浪費する者ある場合は，同族会議は監督者を付し品行の監督・財産の管理ができる（第46条）。

「第6章　財産」は，同族の基本財産及び各家の家産を定義した上で，基本財産の保管，処分，共同積立金及び分配金について定めると共に，分割禁止を明確にしている。すなわち，同族の資産を同族の基本財産及び各家の家産に区分し（第48条），基本財産は明治24年6月30日に現存する渋沢宗家の資産を分ちて定め，原簿に登録する（第49条）。基本財産は渋沢宗家が保管し，同族会議の決議に依りて処分可能とし（第52条），基本財産より生ずる利益の内，少なくとも百分の拾を以て共同積立金とし，その残額を同族各家の分配金とし，之を各家の家産に編入する（第53条）。共同積立金は基本財産の増殖補充及び同族各家の厄災救助等に充てる（第54条）。同族各家分配金の定率は次の通り定める：50/100渋沢宗家，10/100穂積家，同阪谷家，同渋沢武之助，同渋沢正雄，同渋沢愛子（第55条）。配当分は各家の歳費及び積立金に分ち，歳費額は

同族会議で定め，残額は総て各家の積立金とし同族会議の議決で処分する（第58条）。同族の基本財産は同族会議で議決しても各家に分割できない（第61条）。第55条の分配金の定率は，渋沢栄一嫡出の子の出生により同族の数が増える場合以外は変更できない（第62条）。

「第7章　会計」は，会計の掌握及び監督，会計年度，決算書及び同族会議による認可を定める。すなわち，同族の基本財産及び渋沢宗家家産の管理収支の会計は宗家の支配人が掌握し，会計監督が監督する（第63条）。会計年度を暦年とし（第64条），支配人は毎年一月二十日までにその年度の基本財産及び宗家の収入支出予算書，前年度の決算書及び前年度中の資産増減調書を，同族各家は各家の収入支出予算書等を会計監督に提出する（第65条）。会計監督は予算書決算書等を取り纏め，毎年一月の同族会議の認可を経る（第66条）。

「第8章　会計監督及び会計監督助役」は，会計監督の選定（第69条），会計監督の担当事項を定める（第70〜75条）。

「第9章　支配人」は，渋沢宗家に支配人壱名を置き（第77条），同族共同の事務及び宗家家政の常務を掌握させる（第78条）。

最後に「第10章　補則」は，家法の解釈，改正，効力，誓約書，同族各家の遵奉義務及び朗読会を定めて，第9章までを補足する。すなわち此の家法の解釈につき同族中意見を異にするときは同族会議之を決する（第81条）。此の家法は同族会議全会一致の同意がなければ改正できず（第82条），同族間に於て契約の効力を有する（第83条）。同族は家法全部実施時に家法遵守を誓い，誓約書に署名捺印する（第84条）。将来同族各家の家督相続人となる者は相続開始時に，同族各家の推定家督相続人たる者は成年到達時に，家法遵奉を誓い，誓約書に署名捺印する（第85条）。同族各家はその親戚に此の家法の趣旨を遵奉させる義務をもち，若し親戚中親族会等の権限に関し故意に家法の趣旨に関し違背する者があれば，同族はその親戚と交誼を絶つべきものとする（第86条）。毎年一月の同族会議にて家法の朗読会を行なう（第87条）。

家法の末尾には「誓約書」が添えられ，明治24年5月17日付で渋沢兼子，穂積陳重，穂積歌子，阪谷芳郎，阪谷琴子が署名捺印している（渋沢篤二のみ明治26年1月25日付）。

なお，家法と同時に家憲（全29条）が定められた。その内容は，「第一則　処世接物の綱順」「第二則　修身斉家の要旨」および「第三則　子弟教育の方法」から構成されており，同家の構成員が遵守すべき価値観を明確化している。その逐条的解題は省略するが，家法に関連する規定として，同族会議における決議事項の遵守（第10条）と並んで，毎年1月の同族会議における家法朗読式

の実施を定めている。

　最後に家法の運用であるが，1891年5月にはじまり，以後毎月開催される同族会議を軸として運用された。上記を総合すれば，同族会議は少なくとも毎月1回開催され，1月の同族会議は家法朗読式を伴う特別の位置づけとしている。財産のうち基本財産に関する会計管理は宗家すなわち渋沢家の支配人に付託し，支配人は毎年1月20日までに予算書ならびに決算書などを会計監督を提出し，その監査を経た上で毎年1月の同族会議に上程し，認可を得る仕組みである。

　1916年，喜寿を迎えた渋沢は実業界の役職から引退した。敬三は渋沢家の宗家となったが，第二次世界大戦後のGHQによる財閥解体指令を受けて，1947年に渋沢同族㈱は解散した。その決定に対する同族の協力を求める同族会の開催も知られており，栄一死後もその精神が承継されていたことがわかる。

<演習課題>

1．ファミリービジネスのコーポレートガバナンスを，一般企業と比較して整理しよう。
2．ファミリービジネスのファミリーガバナンスを整理しよう。
3．（ある1社を想定して）ガバナンスシステムを分析しよう。
4．ガバナンスシステムの欠如ないし弱点がもたらすリスクを考察しよう。
5．ケーススタディ「渋沢栄一家の家法」を読み，現在でも実用可能な項目を5点，そのままでは実用できない項目を3点あげてみよう。

第7章

ファミリービジネスの社会的責任

第7章では，まずファミリービジネスに重要な非経済的目標の位置づけを明らかにする。非経済的業績は経済的業績とならんで重視され，一般企業と大きく異なる特徴となっている。次いで倫理性，社会的責任，さらに地域社会貢献について特徴を述べる。こうした社会的責任の重視こそはファミリービジネスと一般企業の違いを際立たせている特徴であり，わが国における企業を社会的公器とする見方に通じるものがある。

1 ファミリービジネスの価値観

　ファミリービジネスにおいては，社会的責任を重視する点が，一般企業と比べて特徴的であるといえる。以下，特にファミリービジネスに特徴的な点を紹介しよう。

1．非経済的業績の重視

　第4章で述べたように，ファミリービジネスの目標では経済的業績とならんで非経済的業績が重視され，それが一般企業と大きく異なる特徴となっている。Tagiuri & Davis（1992）の調査結果によれば，ファミリービジネスの経営目的では従業員満足が第1位を占める他，個人としての成長ならびに社会貢献，健全な企業市民としての役割の追求，および雇用の安定などが目標の上位を占めていた。利益や規模拡大など経済的業績よりも非経済的業績を経営目的として重視していたわけである。

　MassMutual Survey（2003年）によれば，ファミリーとビジネスの価値観については，類似の価値観を共有している比率は全体の77.3%であり，中でも同一の価値観を共有している比率は40.4%である。そしてファミリービジネスにおけるファミリーの影響は，特に戦略的意思決定およびその根底に存在するビジョンと行動（Chua et al., 1999）において顕著である。

　こうした非経済的業績の重視というファミリービジネスの目標も，ファミリーの価値観を大きく反映している。

　非経済的業績は経済的業績よりも実現に長期間を要するが，ファミリービジネスの特徴である長期的視点に立った経営および寛容資本が，それを可能にしており，これも一般企業と大きく異なる点である。

2．倫理志向

　倫理とは物事の善悪の判断基準であり，善，規範，道徳を意味する。社会慣習として成立している行為規範が含まれるため，時間の経過あるいは住んでいる地域社会によって異なる要素があり，その具体的内容の明確な定義は

容易ではない。

　ファミリービジネスは一般企業と比べて，倫理志向が強いだろうか。あるいは，何らかの相違があるだろうか。これは非常に興味のあるテーマであり，これから重要性を増すと思われる。先行研究は少ないが，1つの例外（Morck & Yeung, 2003）を除いて，いずれもファミリービジネスが一般企業よりも倫理志向が高い，あるいは少なくとも同等以上であると指摘している（O'Boyle et al., 2010など）。

　一般企業ももちろん倫理を志向しているだろうが，ファミリービジネスと一般企業の倫理志向への対応には，ある相違が見られる。すなわち，一般企業は社内規定などを整備して体系的に対応する傾向があるのに対し，ファミリービジネスでは，日常活動や非公式な会話などを通じて倫理志向を進めている傾向がある。

　ファミリービジネスは自らのファミリーおよびビジネスの評判に敏感であり，倫理的な問題を生じないよう配慮している。この傾向はファミリーのビジネスに対する参画度の高さに対応している。反対に，ファミリーの参画度が低い場合，ファミリーの利益をファミリー以外の利益より重視する傾向が示唆されている（Dyer, 1986）。これは，参画度の高いファミリーはスチュワードシップ精神に基づく行動が見られる（Ward, 1987）という指摘に通じるものがある。

　ファミリービジネスの属性と倫理志向の間にも一定の関係が見られ，ファミリーの所有集中度および関与する世代が多いほど，倫理志向が高いという関係が指摘されている（Déniz & Suárez, 2005）。

　ところで，倫理志向と経済的業績との間には何らかの関係が存在するだろうか。図表7－1は興味深い結果を示している。倫理志向は経済的業績に正の相関を示しており，倫理志向は長期的に経済的業績を向上させることが判明したのである。ここで，ファミリーの参画は，倫理志向を中間変数として経済的業績に関連している。ファミリーの参画は倫理志向を高める一方，ファミリーの所有・支配は倫理志向を低める方向に働いている。これについては，Morck & Yeung（2003）などもファミリーの所有・支配が倫理志向を低めるとしており，倫理志向に与えるファミリー参画のプラス・マイナス両面の

図表7-1　ファミリーの参画と倫理志向および経済的業績の関係

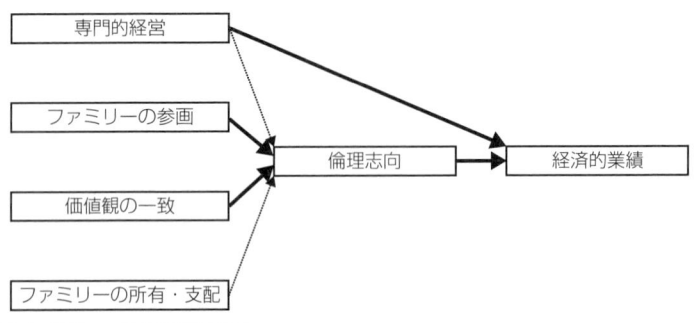

```
専門的経営 ─────────────┐
                         ↓(負)
ファミリーの参画 ──→ 倫理志向 ──→ 経済的業績
                         ↑           ↑
価値観の一致 ─────────────┘           │
                                      │
ファミリーの所有・支配 ───────────────┘
```

注：→は正の関係，--▶は負の関係を表す。
出典：O'Boyle et al.（2010）に基づき筆者作成

影響を統合する説明が求められる。また，図表7-1に示すように価値観の一致が倫理志向と強い相関を示しており，恐らくファミリーメンバーが明確な倫理志向の価値観を維持し続けて経営に参画することが倫理志向を強め，最終的に経済的業績も向上させる結果をもたらすと思われる。対照的に，専門的経営は経済的業績とは正，倫理志向とは負の関係を示している。

　また，ファミリービジネスの業績と社会関係資本ならびに倫理的規範の高さの有意の関係が立証されている。家庭における協調的会話が倫理的規範を高め，ひいてはファミリー社会関係資本の高揚を通じてファミリービジネスの経済的業績に寄与するという関係性が確認されている（Sorenson et al., 2009）。倫理的行動の土台であり社会関係資本の基礎となる信頼が，互酬性と交換の原則とともに家族生活で培われる点を留意しておきたい。

　なお，MassMutual Survey（2007年）によれば，企業の倫理基準を常にまたは頻繁に話し合う機会について，従業員との会合（54％），顧客（48％），役員レベル（45％），取引先（38％），取締役会（36.5％）をあげており，自社の倫理基準は競争他社より高いと60％のファミリービジネスが回答している。倫理基準を文書化している比率（36.6％）は大企業などに比べれば必ずしも高くないが，実践面では人員削減をしないなど高い倫理志向が示されている。

3. 地域社会志向

　ファミリービジネスはファミリーの祖先である創業者が創業した地域に根づいてビジネスを続けるだけでなく，子孫に至るまで地域で生まれ，地域で育ち，ビジネスを継ぐ事例が多い。地域社会志向が強まる環境の下で，利害関係者との関係も長期に維持される。顧客，従業員あるいは供給業者についても，関係が3代続くファミリービジネスが日本では多く見られる。

　MassMutual Survey（2003年）は，現世代の欲求と他の項目との相関にも着目している。「ファミリービジネスの長期的な所有に対する欲求が地域社会などにおける自己アイデンティティと密着していると思う」という質問に対し，46.4％が非常に強く思う，18.7％が多くの場合にそのように思うと回答しており，ファミリービジネスの長期的な所有に対する欲求と，地域社会などにおける自己アイデンティティとの相関関係が示されている。

　ファミリービジネスの地域社会貢献には多様な種類があるが，地域社会貢献を主目的とするファミリービジネスが存在するので1つの例として紹介しよう（後藤，2007）。インドで1900年に創業したムルガッパ・グループは，金融業からはじまり，現在では自動車部品，肥料製造などに多角化した財閥である。1924年から社会貢献を積極的に推進し，AMM財団を基盤として，現在では4つの学校，工業大学，病院4カ所を創業者に関連深い地域を中心に運営している。いずれも地域の発展を目的としているが，「我々は社会貢献を目的として事業を展開しているのであり，社会貢献するために必要な資金を捻出するために，事業を展開している。利益が出たから社会貢献するという発想はない」という基本方針を堅持している。

　ファミリービジネス経営の特質の最たるものは，目先の利益の追求や規模の拡大を目指すのでなく，長期的視点に基づく持続経営を主眼としている点である。そのためには伝統をふまえつつも，それに安住することなく環境の変化に対応しイノベーションを繰り返していくことが必要であり，さらにオープンイノベーションや，「三方よし」の考え方など，地域社会全体の面的発展を目指した取り組みが必要となってくる。

　こうした地域貢献志向のファミリービジネスの経営手法は，企業が持続的に発展していくために必要な要素であり，ファミリービジネスに限らず他の

企業にも応用し得るものであろう。地域においてもこうした企業を育て，地域の核となるリーダー企業，ファミリービジネスを巻き込んだ地域活性化に向けての連携体制を図っていくことが重要である。

地域貢献志向のファミリービジネスの経営手法が広く活用されるようにするためには，講演やセミナー等により地域の各主体への周知を図っていくことも有効であり，また，ファミリービジネス企業との意見交換を通じて自社の経営の課題を洗い出し，自社経営に取り込んでいくことも有意義であると思われる。そうした企業が増えることで志を共有する者同士のつながりが生まれ，行政の枠を超えた地域活性化への面的展開が図られていくものと思われる。

また，自治体においても，地域振興に向けて地域貢献志向の企業をどう位置づけ，さらにどう育成していくかについて検討していくことが必要である。ファミリービジネス企業を核としながら，多様な主体の連携を図り，地域の独自性に応じた将来の発展モデルを描いていく必要があり，ファミリービジネス企業の能力が最大限発揮されるような仕組みを構築していくことが重要である。

4．企業の社会的責任の重視

企業の社会的責任（CSR）も現在進行中の研究分野の1つである。ここでCSRは，企業が利益を追求するだけでなく，組織活動が社会へ与える影響に責任をもち，消費者，投資家等，および社会全体のあらゆるステークホルダー（利害関係者）からの要求に対して適切な意思決定をすることを意味する。

ファミリービジネスのCSRに関する意識調査の結果，次のことが確認されている（Grant Thornton, 2001）。

・環境問題などに対する公式の方針を41％が所有している
・慈善団体などに対する公式の寄付計画を29％が所有している
・CSRを満たす倫理性のある業者を選定する方針を15％が所有している

Sirmon & Hitt（2003）が提示した資源管理と業績を示すモデルを基本として，Chrisman et al.（2003a）は，さらにCSRを統合したモデルを提起し

第7章 ファミリービジネスの社会的責任

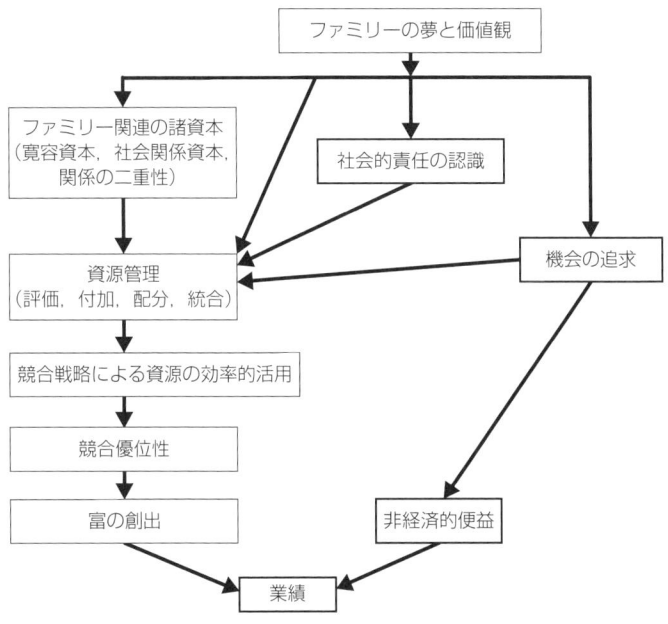

図表7-2 資源管理と経済的目標・非経済的目標の統合モデル

```
                    ファミリーの夢と価値観
                   ↓        ↓        ↓
    ファミリー関連の諸資本
    (寛容資本,社会関係資本,  →  社会的責任の認識
     関係の二重性)
         ↓              ↓           ↓
         ↓         資源管理        機会の追求
         →→→→  (評価,付加,配分,統合)  ←
                    ↓                  ↓
           競合戦略による資源の効率的活用   ↓
                    ↓                  ↓
                 競合優位性              ↓
                    ↓              非経済的便益
                 富の創出               ↓
                    ↓                  ↓
                    →→→→  業績  ←←←←
```

注:細枠部分は Sirmon & Hitt (2003) が提示した。太枠部分は Chrisman et al. (2003a) 提示を示す。
出典:Chrisman et al. (2003a) に基づいて筆者作成

た(図表7-2)。

　ファミリービジネスの特徴として,まずファミリー固有の価値観が企業ビジョンの根底に位置する。それに基づいて経済的目標と非経済的目標の同時追求が基本方針として明示される。非経済的業績の追求が経済的業績を一時的に低下させることがあっても,ファミリーの価値観に基づき妥協を許さない。非経済的目標として,ファミリー関連では関係者の雇用確保などが含まれ,社会的責任としては地域社会における生活の質的向上(QOL),貧困の撲滅,社会の諸課題の解決などが含まれる。

　MassMutual Survey(2007年)によれば,全体の67.2%がビジネスが地域社会における自己アイデンティティに大きく貢献していると回答しているが,これは,ファミリービジネスは一般企業よりも社会的責任の実践度が高いという研究が示すように,高いCSR意識を生む素地となっている。

2　ファミリービジネスと「社会の公器」の概念

　「企業は社会の公器」という概念は極めて日本的で，海外諸国では見られない。日本のファミリービジネスは，その実践を地道に何百年も続けてきた。もちろん当時はそうした概念や社会貢献あるいは企業の社会的責任という概念を知ることもなかったわけである。

　一般企業も近年は社会貢献を重視するようになってきたが，ファミリービジネスの社会貢献には，一般企業と異なる点が存在する。その1つは，前述のように，地域社会との密接な関係を基盤とする点であり，もう1つは古来から地道に実践してきた点である。前者を前提として後者が実現してきたわけである。

　その思想的背景として，筆者は日本における「公」の概念に注目している（後藤，2009）。「公」とは，自らの上位の存在を意味する点に大きな特徴があり，「私」と「公」は対立関係にある。「公」の概念に注目する理由は，「企業は社会の公器」という概念が極めて日本的で海外諸国では見られないこと，その源流が300年前に認められる点にある。この概念が，スチュワードシップに他ならない。

　今から300年前，江戸時代に遡るが，まず心学を提唱した石田梅岩（1685-1744）の思想が重要な意味をもつ。石田梅岩は，『都鄙問答』（1739）などで商業の社会的意義を強調し，正当な手段による利潤を武士が主君から得る禄と同等に評価した。その石門心学は荻生徂徠（1666-1728）など商人を罪悪視し排斥・抑圧する江戸中期における武士階級のイデオロギーに対抗する点において後世の福沢諭吉に匹敵するとも指摘され，利潤はその結果とするヘンリー・フォード（H. Ford, 1863-1947）の理念に通じる進歩性も評価されている。

　それらも重要ではあるが，本論との関係では心学が私欲と公欲を峻別する点に注目したい。公欲とは，親・妻子を大切にし，親族や使用人にも親切にして，不時の困窮に備える節約を意味し，「社会的責任の萌芽」（土屋，1964）と評価される。一方，私欲は己の物欲のみを追求するもので自己中心

第 7 章　ファミリービジネスの社会的責任

的である。

　このように心学は公欲の倫理性と重要性を指摘し，自己中心的な私欲を否定している。商売による利益は関係者一同の働きによるもので，独り占めしてはならない。得た余裕で一門あるいは縁者の難儀を救ってこそ有徳であり，たとえ自ら消費しなくても，人に施さなければ金銭の番犬に等しいからであるという。

　この考え方は，まさにスチュワードシップが示す「他人から委託された仕事を委託者のために実行する精神」に他ならない。他人とは「公」であり，社会であろう。松下幸之助は「企業は社会の公器」を説明するに際して，「経営資源は社会に帰属し，社会福祉に資するため経営者に一時的に預託されたものである」と表現しているのは，極めて適切であり，石門心学の公欲に通底し，スチュワードシップの精神と共通している。

ケーススタディ：S. C. ジョンソン&サン

＜会社概要＞
社　　名：S. C. Johnson & Son, Inc.
創　　業：1886年
所 在 地：アメリカ合衆国ウィスコンシン州
事業内容：家庭用化成品

　S. C. ジョンソン&サンは，1886年，アメリカ合衆国ウィスコンシン州ラシーンで寄木細工の床材メーカーとしてスタートしたのがはじまりで，創業以来，同一のファミリーが一貫した経営方針に基づいてビジネスを行い，5代目に引き継がれている。自社製床材を美しく保ちたいという顧客のニーズに応える形で，床用ワックスを発売したのを皮切りに数々の製品をリリースしてきた。現在は全世界で約50の国や地域でクレンリネス&サニテーションを提供している。
　S. C. ジョンソン&サンは，社員や社会とのかかわりも大切にしてきた。それは，現在も引き継がれており，次のような具体的な制度や施策に見ることができる。
　　・年金や利益分配金制度の早期導入
　　・社外取締役の活用

・アメリカ政府に先駆けて行ったフロンガスの不使用宣言
・税引き前利益の一定額を社会に還元　など

　同社は，その歴史を通して，常に，「企業を存続させるものは人々の信頼と支持であり，他はすべて影に過ぎない」という基本理念に基づいてビジネスを展開してきた。この基本理念は，「私たちの理念（This We Believe）」の中で明文化され，文化や世代を超えて，世界中のソーシャル・キャピタルジョンソン社の経営指針として現在も受け継がれている。

　同社ホームページには，「This We Believe」が次のように掲載されている。

　「This We Believe」は，わが社が責任を果たし，信頼を得なければならない次の5つのグループの人々についての理念を述べている。

1　社員：世界に広がるジョンソン各社の活力や強さの源は，社員にある
2　消費者とユーザー：わが社の製品およびサービスについて，消費者やユーザーから永続的な信頼を得る
3　社会：自由市場経済の中で，リーダーとしての責任を果たす
4　地域社会：全ての活動を通じてその国や地域社会の公益に寄与する
5　世界各国との相互理解を深める

　こうした会社の基本理念は往々にして空理空論に終わりがちであるが，従業員重視あるいは環境問題や地域コミュニティ活動など，題目だけで終わらせずに真剣に取り組んでおり，当然のことを真摯に実行しているところが評価されている。

　同社は2011年，「働きがいのある会社（Great Place to Work）インスティチュート」が新たに発表したリスト「働きがいのあるグローバル企業（World's Best Multinational Workplaces）」で10位にランクづけされた。同社のフィスク・ジョンソン会長兼最高経営責任者（CEO）は「ファミリー企業として，S.C.ジョンソン&サンは働く最高の場所であることに常に専念してきた。しかし，さらに重要なことに，この表彰は当社を成功させようと毎日一生懸命働いている世界中のS.C.ジョンソン・ファミリーの1万3,000名にとっての，極めて素晴らしい証となった」と語っている。

　リスト入りする企業は少なくとも5カ国で「働きがいのある職場リスト」に載らなければならず，世界で少なくとも5,000名を雇用し，その世界労働力の少なくとも40%は企業が本拠とする国以外で働いていなければならない。今回のランキングは，2010年9月から2011年8月にかけてアルゼンチン，カナダ，中米，チリ，ドイツ，イタリア，日本，メキシコ，ポーランド，アメリカ，ベネズエラの各国でベスト企業として認められた多数の子会社にある程度基づい

第7章　ファミリービジネスの社会的責任

ている。
「働きがいのある会社®」のグローバルCEOであるジョセ・トロビ氏は「S.C.ジョンソン&サンは素晴らしい職場づくりに関して世界をリードしている。世界中で長年にわたり，彼らは雇員の職場，体験，生活を一貫して向上させることに専念することを実証してきた」と語った。

S.C.ジョンソン&サンは，それぞれの地域の市場で競争力があるとみなされる様々な機会とメリットを提供している。その中には，170以上のeラーニング機会，有給サバティカル，6カ月間の育児休暇のほか父親産休，養子縁組み休暇がある。ウィスコンシン州ラシーンにあるグローバル本社構内には，フィットネスおよびアクアティック・センター，最新の保育学習センターもある。

同社はまた，こうしたユニークな企業文化がアメリカ国内でも注目され，「最も働きがいのある会社ベスト100社」や「ワーキング・マザーにとって最も優れた100社」などに選出されている。さらに，フォーチュン誌の仕事と生活のバランス，在宅勤務を含む最善の利点を提供するトップ企業などの表彰を受けた他，ヒューマン・ライツ・キャンペーン（Human Rights Campaign）のコーポレート・イクオリティ・インデックス（Corporate Equality Index）で100％レーティングを8年連続して受けた。

同社のパスカル・マイラン上級副社長（グローバル人材担当）は「S.C.ジョンソン&サンは125年にわたり，当社製品を使用するファミリーとそれを製造する人々にとって正しいことをすることに専念し続けてきた。ファミリーのため，企業のためにすることは正しいことであり，我々が操業する地元および世界のコミュニティで素晴らしい職場環境を提供することによって，我々は当社全体がより強い競争力を備えることになると確信している」と語った。

＜演習課題＞
1．ファミリービジネスの非経済的目標の内容を整理しよう。
2．ファミリービジネスにおいて，倫理志向のもつ意義と効果を整理しよう。
3．（ある1社を想定して）社会的責任に関する現状と課題を分析しよう。
4．「社会の公器」という概念をファミリービジネスの視点から分析しよう。
5．ケーススタディを読み，さらに同社ホームページ（http://www.scjohnson.com/en/family/johnsons.aspx）を参照して創業家について調べてみよう。

第8章

ファミリービジネスの文化とグローバル化

第8章では,ファミリービジネスにおける文化的要素の意義と概要を取り上げる。まず,ファミリービジネスの異文化経営にかかわる国民文化,ファミリー文化,および企業文化の3要素の存在を指摘し,それぞれの理解ならびに相互関連にふれる。次に,ファミリービジネスのグローバル化に関して,ファミリービジネスの国際化と戦略的提携,多国籍化,そして国際化モデルを中心的課題として解説する。

1 ファミリービジネスと異文化

　企業が国際化，グローバル化を目指せば，おのずと自国の文化とは異なる文化と出会いその影響を受けることになる。一般企業であれば，海外進出国や地域の文化の影響や多様な文化的背景をもつ従業員の雇用と管理などの異文化経営が課題となる。しかし，ファミリービジネスは3円モデルに表されるようにファミリーとビジネスと，その2つが重なり合う部分によって構成され，経営が行われているため，ファミリービジネスが出会う異文化は，ファミリーとビジネス双方に影響を与える。そのため，国際化，グローバル化する企業の異文化経営で問題とされる国籍，言語，民族，宗教などのマクロレベルだけでなく，性別，世代，社会階級，地域やコミュニティ，組織という様々なレベルの文化を異文化経営の問題として取り組まなければならない。つまりファミリービジネスでは，異文化経営においてマクロレベルの文化である「国民文化」，地域性や性別などが関与する「ファミリー文化」，そしてファミリービジネスとしての「企業文化」，これら3つの文化に対する理解が必要となる。

1．国民文化の5次元とファミリービジネス

　異文化経営の第一人者として知られるホフステッド（G. Hofsted）は文化を「集団やカテゴリーごとに集合的に人間の心に組み込まれたもの」と定義し，IBMを中心に世界40カ国での研究をベースに各国の従業員11万6,000名の仕事に対する価値観を多様な側面から比較した。そして，国ごとに独特の価値観からなる文化的特徴を国民文化の5つの次元として測定している（Hofsted, 1984）。

　①権力格差：権力格差とは，「それぞれの国の制度や組織において，権力の弱いメンバーが，権力が不平等に分布している状態を予期し，受け入れている程度」である。権力格差が大きい組織では権力が少数に集中し，権力格差の小さい組織では分権化され階層構造はフラットになる。中南米諸国とアフリカ，アジア諸国は権力格差が大きく，アメリカやイギリ

ス，ヨーロッパ諸国では権力格差が低い
②個人主義　対　集団主義：個人主義は個人が自分自身や家族を優先的に考える指標であり，個人主義社会では個々の結びつきは緩やかで，個人の利害が集団の利害よりも優先される。集団主義は集団の利害が個人の利害よりも優先され，メンバーは結びつきの強い内集団に統合され，その内集団に忠誠を誓う代わりに保護される。権力格差の大きい文化ほど集団主義的，小さい文化ほど個人主義的である。個人主義が高いのは欧米諸国，低いのは中南米諸国である
③男性らしさ：男女の性別による役割や価値観の相違から表される指標である。男性らしさは，自己主張や競争（高収入，昇進，成功）という男性的な社会的役割や価値観を示し，女性らしさは配慮や思いやりなど，上司や同僚との関係，快適な家庭環境，雇用の安定など生活の質を重視する女性的な役割や価値観を示す。男性らしさの強い文化では，社会生活上，男女の性別役割が明確に区別されるが，女性らしさの強い文化では役割の違いがほとんど存在しない。この指標が低いのは北欧諸国である
④不確実性の回避：不確実性の回避とは，「ある文化のメンバーが不確実な状況や未知の状況に対して脅威を感じる程度」である。不確実性の回避が低い文化では法や規則は少なくリスクへの対応が容易で，人々は感情より合理性を重視し達成欲求が強い。不確実性の回避が高い文化では法や成文化された規則が重んじられ，安全欲求が強い。最も不確実性の回避が高いのは地中海諸国や中南米諸国，最も低い国はシンガポールであった
⑤長期志向：長期志向は物事の結果を気長に待つ指標であり，持続性や忍耐，倹約など未来志向の価値と，秩序や肩書の重視，恥の文化などからなる指標である。「儒教的ダイナミズム」と呼ばれ，中国，韓国，日本など東アジアにおいて高くなっている

ホフステッドの研究による日本の国民文化は，権力格差は平均的だが不確実性の回避が高く，個人主義より集団主義であり，男性らしさの指標が最も高い文化をもち長期志向が高いという結果が示されている。

では，国民文化はファミリービジネスとどのように関係するのだろうか。Chrisman et al.（2002）が国民文化の個人主義と集団主義の指標を中心にアメリカの48州で行った研究では，起業家の経営的視点と新規事業のパフォーマンスに影響を与える大きな要因の1つとして，ファミリービジネスがあげられている。多国籍多人種が生活するアメリカにおいて，個人主義と集団主義という国民文化の指標を用いて分析した場合，人種比率や地域性，都市化，移民，産業よりファミリービジネスのほうが，指標に対する影響が大きいという結果が示されている。国民文化は異なる文化的背景をもつ個々人の集団より，同じ環境において同じ文化的，歴史的背景をもつ個々人からなる集団のほうが，より類似の視点や価値観をもちやすい（Chrisman et al., 2002）。ファミリービジネスは，家族を核とする集団主義的な文化をもつグループであり，同じ価値感や同じ方向性をもつ視点を共有しやすいのである。

2．強いファミリー文化と弱いファミリー文化

　ファミリービジネスでは，それぞれのファミリーが家族の歴史や伝統をもち，地域に根差し，属するコミュニティやグループなどの影響を受け，それぞれに異なる文化，すなわちファミリー文化をもつ。各国に共通するのは，個人よりも集団を優先する集団主義や，一家の長である家父長の権限が強い家父長主義，ファミリーに対する愛着や忠誠心の強さ，結束の強さなどの側面からなるファミリー文化だけでなく，ファミリーのシステムとしての頑強さや柔軟性，社会的弱者であるメンバーへのサポートシステムの維持，社会的ネットワークの強さと社会的貢献などもファミリーの文化的側面といえる。

　Reher（1998）は西ヨーロッパ諸国のファミリーの結びつきを分析し，それを強いファミリー文化と弱いファミリー文化に分類している。強いファミリー文化は，大家族主義や拡大家族からなる強いファミリー社会をもち，ファミリーメンバー同士のつながりが強く，子供や老人，未就労者などをサポートするなど，他のメンバーを守ろうとする意識とサポートシステムをもつ。弱いファミリー文化は核家族化に代表されるように，ファミリーメンバー同士のつながりが弱く，親の威厳は低下し，老人や子供へのサポートは低くなる反面，個々人の自律性を促し，老人は自らの老後のために貯蓄して公共の

サポート等を利用する機会を増やす。強いファミリー文化をもつ国は保守的な傾向が強く、老人の面倒は家族が見るため、老人が独立して生活し孤独になることはなく、女性が育児や出産をしやすい環境であるため出生率が上がる。しかし弱いファミリー文化をもつ国では、このような家族によるサポートがないため、出生率は低下するが、女性は社会進出し、老人は自らの老後の蓄えをして、家族以外に介護を求めるため福利厚生が進む傾向がある。

スペインをはじめとする地中海沿岸の国々は伝統的に強いファミリー文化をもつが、アメリカ、そしてイギリス、ドイツなどのヨーロッパの国々は、伝統的に個人主義が強く弱いファミリー文化をもつ。アジア圏でも儒教の影響の強い中国や韓国などでは、家族や親類縁者によるつながりを重視する強いファミリー文化の国が多い。戦後の日本では核家族化が進み、弱いファミリー文化の国になりつつある。社会や経済の発展に伴い家族のあり方や形が変化すれば、その国の文化だけでなく社会構造や人口比率など様々な側面に影響を与え、それがファミリー文化にも影響するのである。

3. ファミリービジネスの企業文化

次に、ファミリービジネスの企業的側面から文化をとらえる。ファミリービジネスは事業の成功のみならず、ファミリーとビジネスの存続と繁栄を目的とするため、企業利益を第一に考える一般企業とは異なる企業文化をもつ。老舗と呼ばれる100年以上継続するファミリービジネスでは伝統を守ろうとする企業文化が生まれ、家訓や家憲を代々受け継ぎそれを企業理念とし、それが企業文化に浸透する。近江商人の売り手よし、買い手よし、世間よしという「三方よし」も、その取引によって社会全体が幸福になればよい、というファミリービジネスのもつ企業文化に他ならない。世界各国共通するファミリービジネスの企業文化は、所属と信頼を土台として忠誠心を求め、常に結束してビジネスとしての統合を行い、ファミリーだけでなく周囲とハーモニーをとる企業文化をもつ（Ainsworth & Cox, 2003）ものである。

このように、各国に共通する企業文化をもつ反面、外的環境、内的環境の違いから、各々のファミリービジネスには各々異なる企業文化が存在する。ここではダイアー（W. G. Dyer）によるファミリービジネスの企業文化類型

図表8-1　ファミリービジネスの企業文化の類型

	家父長的温情主義型	自由放任主義型	全参加型	専門家型
関係性	ヒエラルキー	ヒエラルキー	グループ志向	個人主義的
人間性	人は信頼できない	人は善で信頼できる	人は善で信頼できる	人は善でも悪でもない
真実性	真実は創業家	真実は創業者，ファミリー	真実はグループによる決定	真実は管理の専門的規則
環境への志向	進取的立場	調和／進取的立場	調和／進取的立場	受身的／進取的立場
個別／普遍主義	個別主義	個別主義	普遍主義	普遍主義
人間活動性	人は自発的である	人は自発的である	人は自発的になる	人は自発的である
時間	現在か過去志向	現在か過去志向	現在か未来志向	現在志向

出典：Dyer（1986）p.214

を紹介する。

　Dyer（1986）は，ファミリービジネスの企業文化を7つの指標から4つのタイプに分類した。用いられた指標は，①関係性（メンバー間の関係や階層），②人間性（人は善か悪か），③真実性，④環境への志向，⑤個別主義／普遍主義，⑥人間活動性（人は基本的に自発的か受動的か），⑦時間の7つである。これにより分類される類型は家父長的温情主義型，自由放任主義型，全参加型，専門家型の4つになる（図表8-1）。

　これらの指標はトロンペナールス（F. Trompanaars）が用いた異文化経営での7つの測定次元である①普遍主義／個別主義，②個人主義／共同体主義，③感情中立的／感情表出的，④特定的／拡散的，⑤業績主義／属性主義，⑥時間との関係，⑦環境との関係と類似するものである。

　さらにファミリービジネスの企業文化は，ファミリーと非ファミリーの違いに加え，マクロレベルの異文化による影響だけでなく性差，結婚などによるメンバーの多国籍化の影響など多様性の影響も考慮しなければならない。(Karatas-Ozkan et al., 2011)。

　また，欧米のファミリービジネスを対象にした異文化研究では，ファミリーやファミリービジネスが存在するコミュニティ要因と宗教的要因の影響が

第8章　ファミリービジネスの文化とグローバル化

大きいことが知られている（Karatas-Ozkan et al., 2011）。宗教的要因による異文化研究は欧米が中心であり，プロテスタンティズムと呼ばれるキリスト教プロテスタントへの宗教心がファミリーの生活習慣や教育に深くかかわり，企業方針や社会貢献活動に影響を与える（Gupta et al., 2011）ことが知られている。

4．ファミリービジネスの異文化多様性

ファミリービジネスの異文化多様性については，Gupta & Levenburg（2010）が2005年から開始した The CASE Project（Culturally Sensitive Assessment Systems and Education）によって，現在，3つのカテゴリーからなる9つの指標にまとめられている。

この指標は，カテゴリー1として，ファミリーのインターフェースは①規制された境界（ファミリーとビジネスの境界が明確か否か），②ビジネスの評判，③関係との橋渡し（ファミリーとファミリー外，コミュニティとの関係性，資源へのアクセス）からなり，カテゴリー2として，ビジネスのインターフェースは④組織的な専門性（ファミリービジネスによる専門家の雇用や方法の採用，専門的レベル），⑤規制されたファミリーパワー（ファミリー力学に影響されない組織構造），⑥競争的な承継（リーダーシップと経営能力のある後継者による承継），カテゴリー3として，ファミリーとビジネスの重なりによるインターフェースは，⑦ジェンダー中心的リーダーシップ（ビジネスでの女性メンバーの活用），⑧操作的な弾力性（危機や辛抱期の予備的メンバーや資源の活用），⑨コンテキスト的な埋め込み（ファミリービジネス発展への相互専門化と資源の供与）からなる。指標は5段階で評価（1は低い〜5は高い）され，世界10の地域について分析を行ったものが図表8-2になる。

この分析から，ファミリービジネスの異文化的な差異は，単一の文化ではなく同種のサブカルチャーをもつ地域的システムよりも，組織的慣行や価値からなる異文化的違いに影響を受けやすいことが示された。また，ファミリーのグローバル志向，国際化教育，ライフサイクル，ビジネスの規模や技術革新の違いから国際化に相違が生じることも述べられている。グローバル志

図表8－2　CASE のファミリービジネスの異文化指標

	サブサハラ	中東	南アジア	東アジア	東欧	中欧	北欧	欧米	中南米	地中海
規制された境界	1	2	3	1	4	4	3	5	2	3
ビジネスの評判	1	2	3	1	4	4	3	5	2	3
関係との橋渡し	1	2	3	1	4	4	3	5	2	3
組織的な専門性	1	2	4	2	3	5	4	5	3	4
規制されたファミリーパワー	1	2	3	1	2	4	4	5	2	3
競争的な承継	1	2	3	1	2	4	3	5	2	3
ジェンダー中心的リーダーシップ	3	1	2	1	5	4	3	4	2	3
操作的な弾力性	3	3	5	5	3	4	4	4	5	4
コンテキスト的な埋め込み	5	5	5	5	5	5	5	5	5	5

注：1はその特徴が低いこと，5はその特徴が高いことを表す。
出典：Gupta & Levenburg（2010）

向をもつファミリービジネスは，どの国，どの地域でも，次世代の後継者に早期から海外留学させ，語学力と国際感覚，国際的なネットワークをもたせ，他国の価値観が理解できる人材を育てようとし，価値ある資源を身内びいきによって損なうことのない組織や専門主義を進めるなど，国際化に適応できるグローバルな競争力を得るための組織開発などを行うのである。

2　ファミリービジネスのグローバル化

　さて，日本のファミリービジネスでも国際化が進んでいる。ここで，経営の国際化とは，企業経営にかかわる活動が国境を越え，国際的な広がりで展開することであり，経営のグローバル化とは企業経営が世界的な規模で展開されることである。ファミリービジネスでも，経営の国際化，グローバル化が新しい市場の発掘や，比較優位となる資源の入手，費用対効果による生産拠点の移転，既存ビジネスの活性化などの方法として選択されている。
　しかし，ファミリービジネスのグローバル化や国際化に関する研究はまだはじまったばかりである。その理由は主に2つある（Casillas et al., 2007）。1つは，ファミリービジネス研究のほとんどが西欧諸国で行われていたため

第8章　ファミリービジネスの文化とグローバル化

である。ヨーロッパでは隣接する国々への進出を目指し早い段階から国際化している企業が多く、国際化がビジネスとして自然な流れであったことがあげられる。もう1つの理由は、ファミリービジネスの国際化に関する研究が、ファミリービジネス研究と国際ビジネスの研究という2つの分野にまたがっているためである。1990年以前は2つの異なる研究分野がそれぞれ独自に研究を進めていたが、1990年以降は、ファミリービジネス研究と国際ビジネス研究が重なり合う部分で、ファミリービジネスの特徴をふまえた研究が進められるようになっている。

そのような経過の中で、Gallo & Sveen（1991）による初期の研究をはじめとして、ファミリービジネスの国際化と企業戦略と企業目標、組織構造と組織システム、企業文化、企業の発展段階、ファミリーの国際化志向など、様々な研究が進んできた。その後、国際化のプロセスやマネジメントプロセス、国際化における知識学習プロセスの研究などプロセス研究に焦点が移り、ここ数年は国際化への志向性、リスクテイキング、組織行動や起業家行動、世代間の起業家精神の移転という、新しい事業創造への行動やイノベーション志向などを中心としたアントレプレナーシップ研究の側面を中心に研究が行われている（Casillas et al., 2010）。

1. ファミリービジネスの国際化と戦略的提携

経営の国際化は、製品の輸出入として海外取引という形からはじまる。その後、海外取引のウエイトが高くなると、企業は海外での現地生産や投資、子会社や現地法人の設立などを開始する。ファミリービジネスの経営の国際化においてもこのプロセスは変わらず、継続的、段階的、発展的な変化のプロセスを踏む。しかしそこには、ファミリービジネスならではの特徴が絡むことになる。

第1に、所有と経営が一致するファミリービジネスの国際化には、オーナー経営者の志向と意思決定が必要である。オーナー経営者の国際化志向や国際化への長期的なコミットメントがなければ、ファミリービジネスが国際化へ向かうことはない。

第2に、ファミリーメンバーの役割や責任、そしてファミリーメンバーを

図表8-3　国際化のコミットメントレベル

	開始 早い：1-2世代	開始 遅い：3世代以降
速度 素早い（1年未満）	最速スピード	ゆっくりだが確実
速度 ゆっくり（1年以上）	方向の喪失	コミットメントなしの願望

出典：Gallo et al.（2004）

含むガバナンス体制が国際化に適しているかである。いくらオーナー経営者が国際化を求めて柔軟でスピードのある戦略的決定を行っても，ファミリーメンバーによる経営陣が国際化への投資を嫌い，経営役割や責任の行使を怠り，組織を硬直化させれば国際化は困難となる。また，ファミリービジネスとして蓄積されてきた強いファミリー文化や伝統，企業文化が，国際化へのプロセスの障害になる可能性もある。

　第3に，ファミリービジネスの特徴である世代や承継といった要素も国際化に影響を与える要因となる。Gallo et al.（2004）によると，次世代が国際化に積極的に参加するファミリービジネス，2世代，3世代と多くの世代がかかわるファミリービジネスほど国際化が達成されやすいという。これは世代によって国際化への意識や行動，情報量が異なるからである。世代の影響は，図表8-3にあるように，国際化へのスタートアッププロセスやコミットメントレベルに違いを生じさせることになる。

　図表8-3の，4つの異なる次元を見てみよう。まず創業者もしくは，創業者とともに2代目が国際化を進めようとする場合，2つの次元がある。「最速スピード」の次元は，ファミリービジネスにとって創業者だけでなく組織も国際化が必要だとコミットメントし，強いリーダーシップが発揮されれば，意思決定や国際化への動きは早く，スタートアップは最速で進められる。しかし「方向の喪失」の次元では，ファミリーおよび組織の意思統一がないままに，創設者の気持ちや意思が先行して国際化が開始されれば，進出先の状況や提携先の選定も詳細に検討されず，リーダーシップが空回りして組織も

第8章　ファミリービジネスの文化とグローバル化

国際化に対応できずに方向を見失うことになる。

　3代目以降が国際化を開始する場合も2つの次元がある。「ゆっくりだが確実」の次元は，国際化へのコミットメントは積極的だが，投資や進出は慎重に最小単位からはじめられる。国際化への過程で起きる問題は些細なことでも解決し，それを学習し積み上げながら進めていくのである。「コミットメントなしの願望」の次元は，経営者が国際化への必要性を感じない，もしくは国際化への願望はあっても文化的理由などで進出が困難，または進出先に信頼できる提携先やパートナーが見つからないという次元である。

　つまり，ファミリービジネスが効果的に素早く国際化を成功させるには，オーナー経営者の志向と必要な経営資源に支えられたプロセスへのコミットメント，ガバナンス，国際化に対応できる組織，次世代の積極的な参加が重要なのである。加えて，進出する市場の潜在的需要と市場を先導する商品，そして財務的資源とパートナーの確保の可能性が必要である（Gallo et al., 2004）。ファミリービジネスの場合，事業拡大や海外市場への進出に際し，進出の速度，経営資源としての資金力や情報収集能力の不足が問題視されることが多く，その補完的役割として海外のパートナーとの戦略的提携が重要視されている（Cappuyns, 2006）。

　ファミリービジネスの多くは大企業ではなく，中小規模の企業であり，単独で海外進出して市場を切り開き，人材や資金などの資源を用い，時間をかけ，安定的な利益を確保するのは難しい。だからといってそれらの問題を解決するため，単に進出先に提携企業やパートナーを見つければよいというものでもない。そのため，ファミリービジネスが国際化に向け戦略的提携を選択する場合，市場の潜在性だけでなく，オーナー経営者やファミリーメンバーによる提携企業やパートナーへの個人的な信頼が基本となる。個人的な信頼を築けるか，関係を長く保てるか，相手がファミリー文化やファミリービジネスの企業文化，伝統を理解してくれるのかなどから，国民文化が異なっても，ファミリービジネス同士であれば類似のファミリー文化をもつ可能性は高くなり，提携先にファミリービジネスを選択しようとする企業も多い。そのため提携先やパートナーへの信頼度は，戦略的提携のタイプを左右する。戦略的提携は信頼の度合いから相互の所有比率が決まり，ファミリービジネ

図表8-4　ファミリービジネスの国際化への戦略的提携

ファミリービジネスの組織的展開

	高い	低い
分配	〈50/50のジョイントベンチャー〉 個人的なコミットメント＝有り パートナーへの信頼＝高い 協働のケイパビリティ＝高い 財産の分配＝有り	〈契約によるジョイントベンチャー〉 個人的コミットメント＝無し パートナーへの信頼＝低い 協働のケイパビリティ＝低い 財産の分配＝契約条件による
財産 100％家族	〈過半数以上所有のジョイントベンチャー〉 個人的コミットメント＝有り パートナーへの信頼＝低い 協働のケイパビリティ＝無し 完全なコントロール（相手の買収）	〈失敗したジョイントベンチャーの構成〉 個人的コミットメント＝無し パートナーへの信頼＝無し 協働のケイパビリティ＝低い 完全なコントロール

出典：Cappuyns（2006）

スの組織的要因や資源状況などから，そのタイプが決まるのである。

戦略的提携を組織的展開から分類したものが図表8-4である。この表では，ファミリービジネスのオーナーシップ比率の程度と，ファミリービジネスの組織的発展レベルの程度や関与レベルにより，50／50のジョイントベンチャー，過半数以上所有のジョイントベンチャー，契約によるジョイントベンチャー，失敗の4つに分類される。どのタイプの戦略的提携が国際化するファミリービジネスにとって適切かどうかは，ファミリーの個人的なコミットメントの程度，パートナーへの信頼の程度，協働のケイパビリティの程度，プロパティやコントロールの程度によって変わる。しかしどのタイプであれ，戦略的提携は個人も組織もコミットメントして信頼し合い，相互に組織的な学習が積極的に行われなければ成功しない。

2．ファミリービジネスの多国籍化

経営の国際化が進んだ企業は国際企業であり，世界各地にその国の国籍をもつ現地法人を子会社としてもちグローバルな視野で経営する企業は多国籍企業である。ファミリービジネスの多国籍企業は，ファミリーの多国籍企業（a family multinational corporation）と称され，1つか複数のファミリーによって所有されコントロールされ，各国で子会社を所有しもしくは海外へ直

接投資し,世代を超えた企業の存続を目的とした長期戦略をもち,国際戦略への高いコミットメントを実現したファミリービジネスのことである。

ファミリーの多国籍企業にはアメリカのウォルマート,日本のトヨタ自動車をはじめ有名な企業も多い。世界的なファミリー多国籍企業10社の詳細については,前述の図表1-5「世界のファミリービジネス売上高トップ10社」を参照してもらいたい(第1章,p.7)。また世界各国の大企業であるファミリー多国籍企業250社の分布調査では,アメリカが過半数を占める。しかし,ファミリービジネスの研究が欧米を中心に行われてきたこと,ヨーロッパやアメリカも国境を隔てて他国とつながっているため,ファミリービジネスは事業発展の早い時期から国際化してきた歴史があることを考えれば,欧米を中心としたファミリービジネスに多国籍企業が多いことは納得がいくだろう。この調査では,日本からイトーヨーカドー,サントリー,熊谷組,大塚製薬,キッコーマンの5社がファミリー多国籍企業250社の中に入っている。

3．ファミリービジネスの国際化モデル

ここまでファミリービジネスの異文化とグローバル化,国際化や多国籍化など,1つ1つの要因について述べてきた。これらが,ファミリービジネスの国際化としてどのように1つに結びつくのかを示したモデルが図表8-5になる。

このモデルは,Casillas et al.（2007）が,1991年の Gallo & Sveen の研究をはじめとし,2005年までの15年間で *Family Business Review, Journal of Small Business Management, Journal of Business Venturing, International Journal of Globalization and Small Business, Journal of Management* に発表されたファミリービジネスの国際化に関する12の論文を分析し,国際化とアントレプレナーシップを軸に,企業や組織としての内的,外的要因だけでなく,ファミリービジネスとしての世代の違いや文化的多様性などを組み入れた砂時計型のモデルである。

まず上方から見ていこう。第1レベルは国際化へのモチベーション,外的要因や内的要因からなり,国際化に向けた外的そして内的な組織的プレッシャー,国際化するための取引先,提携先などのネットワークと企業として国

図表8-5　ファミリービジネスの国際化

```
┌─────────────────────────────────────────────┐
│  ネットワーク    コンピテンシー   組織的プレッシャー  │
└──────┬──────────────┬──────────────┬────────┘
       ▼              ▼              ▼
┌─────────────────────────────────────────────┐
│       社会人口的特徴      認知的特徴           │
│            ↓              ↓                  │
│         創業者の国際化志向                    │
└─────────────────────────────────────────────┘
       ↓                              ↓
┌──────────────────┐      ┌──────────────────┐
│ ファミリービジネス文化 │◄────►│ 上昇志向のマネジメント │
└────────┬─────────┘      └────────┬─────────┘
         ↓        ┌──────┐        ↓
         └───────►│ 国際化 │◄───────┘
                  └──────┘
┌─────────────────────────────────────────────┐
│         2世代／次世代以降の国際化志向          │
│            ↑              ↑                  │
│       社会人口的特徴      認知的特徴           │
└──────▲──────────────▲──────────────▲────────┘
       │              │              │
┌─────────────────────────────────────────────┐
│  ネットワーク    コンピテンシー   組織的プレッシャー  │
└─────────────────────────────────────────────┘
```

出典：Casillas et al. (2007)

際化が可能なコンピテンシーのレベルである。第2レベルは創業者の国際化志向である。このレベルでは，第1レベルの条件や状況が創業者の国際化志向に影響を与える。創業者の国際化志向を左右するのは，認知的レベルの特徴（創業者個人の国際化志向，個人的な価値観，ビジネスへのモチベーションや期待，未来志向など）と，社会人口的レベルの特徴（専門的な経験，過去のトレーニング，海外経験，国際化に関するスキルや理解など）である。創業者の国際化志向は，創業者の個人的価値観とファミリーの価値観からなるファミリービジネス文化に作用し，国際化へ向けたマネジメントをリードする。ファミリービジネス文化は，ファミリービジネスのアントレプレナー

シップ的側面が強調されており，イノベーション志向，柔軟性，リスクテーキング，成長志向が含まれる。同時に，上昇志向のマネジメントにおいて創業者は，組織を自らの延長とみなす傾向が強いため，自らの国際化志向を専門的な組織の開発や専門的経営の開発に向ける。組織は国際化への組織学習を進め，組織や経営陣のイノベーション志向に作用する。創業者の国際化志向が直接的な国際化への機動力となり，これらの要因が相互に作用し，国際化が進むことになる。

　次に下方の第1レベルでは，要因は同じだが内容が異なる。第2レベルで国際化志向を問われる後継者は創業者と違い，歴史，文化，資源，専門性をもつ企業が既に存在し，否が応でも創業者や先代の影響を受けざるを得ない。後継者は企業の存続や拡大など後継であるが故のプレッシャーや責任から，組織改革や事業革新を求め，過去にとらわれない新しい挑戦をしようとする。そのため後継者は創業者より国際化志向が高く，国際化に取り組み，海外での事業拡大に着手する傾向が強くなるのである。また次世代は，家業としての企業文化やビジネス感覚だけでなく，教育などを通じて国際化に向けた準備を早期から行っている場合も多い。これらが次世代の認知的特徴や社会人口的特徴を形成し，国際化志向を高める要因ともなる。

　なお，ここで提示されたファミリービジネスの国際化プロセスは1つのモデルに過ぎない。なぜなら，国際化は長期に及ぶ不確実性の高いプロセスであり，国際化への目的やゴール，オーナー経営者やファミリーメンバー，非ファミリー株主の志向やモチベーション，経営資源により選択される国際化戦略が変わるからである（Casillas et al., 2007）。

　日本経済は低迷し，市場は既に飽和状態の現在，日本のファミリービジネスは，今後ますます国際化を目指し海外進出する企業が増えていくとともに，ファミリービジネスの国際化研究も今後ますます重要性を増すだろう。

ケーススタディ：銀座梅林

＜会社概要＞
社　　名：銀座梅林
創　　業：1927（昭和2）年
所 在 地：東京都中央区銀座
事業内容：飲食業
従業員数：160名（海外を含む）
資 本 金：300万円
売 上 高：16億円（2011年度）

　銀座梅林は1927年，銀座で初めてのとんかつ専門店として開業したファミリービジネスであり，ファミリーによって株式が所有され経営が行われている。梅林は薬剤師だった創業者がその経験を生かし，とんかつに最適のパン粉やかつ丼に最適のタレを開発，「ひと口カツ」「とんかつソース」の開発により成長してきた。現在のオーナー経営者は3代目にあたる。企業としては1947年に有限会社化し，現在の経営陣は2代目，3代目を含むファミリー，従業員は海外を含め160名。銀座梅林としての年商は約16億円（2011年度），3代目の事業拡大により，売上は年々伸びている。

　創業者である初代の時代，洋食は珍しく事業は急速に成長，1ヵ月の営業日数のうち2日で経費が賄え，残りの28日は利益分であったため，初代は店舗を拡大させ企業の発展に努めた。1944年に2代目が事業に参加，戦後ということもあって事業は低迷する。戦前と違い飲食業は儲からなくなるが，初代には以前の成功イメージが強く出店を継続，2代目は初代に反対できなかった。経営が完全に2代目が移行してから採算ベースを見直し，事業存続のため赤字店を閉め本店のみでとんかつ屋の営業を続けた。同時に，初代が購入した土地やビルは店舗を閉店した後を貸しビル業に転換，守りを中心とした堅実な経営方針を徹底した。

　3代目は1984年に入社。2代目は現場を職人任せにしていたため，自ら調理場に立つなど，率先してマーケティングや仕入交渉なども行い組織を再構築してきた。だが，銀座は競争相手の参入が盛んで，これまでの現状維持路線では事業の限界が見える。これまでの堅実路線ではなく，事業を存続させるために店舗を出店し拡大させたいとの思いが強くなっていったが，なかなか思うようには進まなかった。

第8章　ファミリービジネスの文化とグローバル化

　企業成長の転機が訪れたのは2000年以降，老舗有名店のブランド化が進んだことで，飲食業界でも老舗が注目され出店依頼が増えたことによる。2003年，コンビニチェーンの大手フランチャイズ企業からコンビニ店舗での限定販売を提案され，リスクが低くブランドと味は守れるということから，反対した経営陣を説得，従業員の同意を得て販売を開始したところ，1年間で15億円を売り上げ，パーセンテージ契約とはいえ大きな利益を得た。これがファミリーメンバーによる経営陣が現状維持路線を見直すきっかけとなったのである。

　2005年，羽田空港にフランチャイズ（FC）店を開業，自社の業態や組織構造，投資できる経営資源の限界，経営陣の意思など，様々な要因から，多店舗展開を行うよりフランチャイズ化が適していると判断し，フランチャイズという契約による提携をはじめる。2005年，百貨店通販にて冷凍カツを販売，2008年は羽田空港，東京駅にてカツサンド・弁当の販売開始と，新しいチャンネル，マーケットを開拓し，2010年にはJR秋葉原駅構内と成田空港第一ターミナルにFCを開店した。

　3代目は「伝統の味を世の中に広めたい。本物のとんかつを知らなかった人に本物を広めたい」という願いから強い国際化志向をもち，将来的には海外展開も視野に入れていた。国際化への第1歩は，知人の紹介により2005年，ハワイのアラモアナショッピングセンターのシロキヤで，3代目自らがとんかつを揚げてデモ販売を行ったことにはじまる。これが好評だったため某企業からFC展開の申し出があった。提携先企業として仕事のパートナーとして信頼できるかどうか，じっくりと検討し，進出先の市場のニーズなども時間をかけて詳細に調べた結果，契約を結ぶことを決断した。そして2007年，ハワイに海外1号店となるFCをオープンさせた。FCとはいえオープンにあたり場所や店舗の選定，材料の仕入れルート，材料の品質の徹底から，店舗設計，現地の人達の味や好みの調査，マーケティングを徹底して行い，自らのネットワークを使って情報を細かく収集，その上で銀座店から料理長を長期に派遣し，伝統の味を守る技術を習得させるよう努めた。まさにゆっくりだが確実に国際化を進めたのである。その後，FC契約を結んだ企業とともに2009年シンガポール店，香港1号店，2010年には香港2号店，上海店と海外FCを展開している。失敗の責任は自らがとらなければならないという意識から，リスク感覚が強く，多方面にわたる徹底した調査を実施した上で慎重に店舗展開を進めている。商品がその土地で受け入れられるかどうか，地域のイベントなどで短期の対面販売を数回行い，消費者の反応を確かめた上で進出を決定するという手順をふむ。またソースやパン粉など，国によっては現地調達しなければならないものが多

いため，それら材料の品質，味の徹底を行い，銀座店から料理人を派遣，銀座店と同じような店づくりを目指し，従業員らのサービス対応などにも気を配っている。提携先企業もこのような銀座梅林の姿勢を，飲食サービス業として重要視しており，双方の信頼関係により銀座梅林は国際化を進めている。

<演習課題>
1．強いファミリー文化と弱いファミリー文化とは，どのようなものか。
2．世界各国に共通するファミリービジネスの企業文化とはどのようなものか。
3．ファミリービジネスが国際化するために，まず必要なものは何か。
4．老舗が，海外に進出し国際化を目指しながら伝統を守るためには何をすべきか。

終 章

ファミリービジネスと
ファミリービジネス研究の将来展望

1　日本におけるファミリービジネスの将来展望

　本書の第1章で，アメリカの The New York Times 紙が1986年6月に掲載した「ファミリービジネスの再発見」と題する記事を紹介した。アメリカ経済を復活させるための処方箋として必要な製品の高い品質，従業員の重視，長期的視点をファミリービジネスに見出したという内容である。

　筆者はアメリカに1982〜1990年に駐在員勤務しており，当時のアメリカの苦悩と触れ合い，日本から成功の秘密を学び取ろうという国ぐるみの真剣な努力も知っている。しかし，アメリカでも振り返ると優秀な手本となるべき企業が多く，しかもその多くがファミリービジネスであった。ニューヨークタイムズ紙の記事も，ワックスのS.C.ジョンソン&サンを筆頭に，リーバイ・ストラウス，エスティローダ，マリオット，L.L.ビーンズなどを紹介している。

　この記事は，まさに現在の日本に対して大きな問題を提起している。第1は，これらの優秀なファミリービジネスが共通して，確固たる価値観を堅持し，長期的視点に立った経営を長期にわたり実践してきた「ぶれない経営」を実践している点である。さらに社会的に高い倫理観をもち，従業員，顧客を大切にするだけでなく，社会貢献においても積極的である。その根底に，創業者を軸とした創業精神が大きな存在感を示している。

　第2に，消費者がファミリービジネスの商品は丁寧に作られており，一般企業よりも品質が高いと評価していた点である。これについては，ワード（J. Ward）教授の実証研究が簡単に引用されている。また，業界専門家もファミリービジネスの企業価値を高く評価している事例として，のど飴で有名だったリチャードソン・ヴィックスが経営難に陥った際，P&Gに高値で吸収された事実などが紹介されている。要するに，賢い消費者がファミリービジネスのよさを熟知していることに加えて，また業界筋もしっかりそのよさを認識していたのである。

　第3に，当時のアメリカではファミリービジネスの評価が現在ほど高くなかった。1970年代のビジネススクールでは，卒業すれば超破格の報酬で大企

終章　ファミリービジネスとファミリービジネス研究の将来展望

業に就職する風潮が強く，家業を継ぐと同級生に話そうものなら，「まさか」とか「気でも狂ったの？」という反応しか返ってこなかった。ところが，アメリカ経済に変調が生じ，大企業が大幅な人員削減の嵐に見舞われる中で，短期的な経営と無縁なファミリービジネスが見直され，むしろ家業を継ぐ同級生に羨望のまなざしが向けられていると伝えている。1960年代，70年代の風潮から脱却して，今や多くの若い野心家達がファミリービジネスを就職の場として選ぶようになっている。折しも，1980年代は，第二次世界大戦後に創業した経営者が一斉に引退する時期にあたっており，若い世代が大きく飛躍できる場が提供される時期でもあった。

この「ファミリービジネスの再発見」が現在の日本に示唆する点は明白ではないだろうか。まず，バブル経済崩壊後の長期にわたる不況にあえぐ日本で，大企業が短期利益の追求に翻弄され，事業リストラクチャリングの名目で大幅な人員削減に走り，伝統ある日本的経営に大きな傷を生じた。その結果，従業員の一体感を喪失させ，さらに製品・サービスの品質にも重大な問題を生んできたのは，多くが認めるところであろう。いま経営の原点に立ち戻り，日本的経営のよさと強さを再発見すべき段階にきている。その見本が足元のファミリービジネスに見出せるはずである。

次に，日本でも消費者はファミリービジネスの商品のよさ，品質に対するこだわりを熟知している。その典型が，老舗企業に対する信頼である。老舗企業に関するマスコミ報道は，ほぼ毎日行われており，日本ほど老舗企業が高い信頼を得ている国は世界中に存在しないと思われる。老舗企業はわずかの例外を除けば，ことごとくファミリービジネスであるという事実は，これまで述べてきた通りである。ただし，消費者が老舗企業をファミリービジネスと認識しているかどうか，それは別問題である。

そして，客観的情勢が1980年代半ばのアメリカに酷似している。ただし，これだけ不況が長期化したにもかかわらず，日本ではファミリービジネスに関する認識が高まりを見せるに至っていない。大学生は依然として大企業志向から脱却しておらず，大企業と中小企業の求人倍率は大きな乖離が続いている。若い世代のファミリービジネスを承継する意欲は，いまだ低迷を続けている。

しかし，緩やかではあるが若干の変化，少なくともその兆しが見えはじめている。マスコミの論調には，ファミリービジネスの強さに注目する傾向が2000年代中葉から増えている。主要ビジネス誌，主要経済紙が2007年に大特集を組み，「異端の理論」としてではあるがファミリービジネス論に紙面を大きく割くところまできている。

　現場では，ファミリービジネスを継ごうという機運が，女性と外国人にも見られる。日本酒の蔵元で女性の杜氏が活躍するようになり，外国人が日本のファミリービジネスのよさに傾倒し，世界に向けて情報発信する事例も見られる。そして，日本の消費者は老舗を愛する精神，購買行動に満ちあふれている。

　一方，第二次世界大戦後，日本経済は急速な発展を遂げ，先進国の仲間入りを果たすとともに，日本を取り巻く環境は大きく変化してきた。中でも長期不況とグローバル化はファミリービジネスを中心とする中小企業構造に大きく影響を与え，まさに構造的大転換を迫られている。1985年のプラザ合意による急速な円高の進行，その後のバブル景気と崩壊，ベルリンの壁の崩壊による国際関係の基本的転換，さらには新興諸国の勃興に直面して，日本型下請システムの崩壊とコスト削減が重要課題とされてきた。

　一方では，IT技術を中心とする新市場機会の誕生を機として，ベンチャー企業と呼ばれる革新的な中小企業も多く登場している。中小企業における成長と衰退という二極分化が生じ，在来型の中小企業と革新的な中小企業との新旧交代が加速している。

　こうした構造変化は，まさに日本のファミリービジネスが直面する経営課題であり，その真価が問われている。ファミリービジネスがもつ強みを自覚し，一層強化するとともに，その弱点についても是正ないし補強する真剣な挑戦が今まさに求められている。

　話題は変わるが，世界中からファミリービジネスが集まり，FBNサミット（ファミリービジネス・ネットワーク世界大会）が毎年開催される。その会場には，主催国のセレブが登場し，ホストを務めるのが慣習である。ドイツではコール元首相，オランダでは王女，そしてモナコでは王子アルベール二世公が臨席した。王子は正式の開会挨拶において，「皆様方ファミリービ

終 章　ファミリービジネスとファミリービジネス研究の将来展望

ジネスのおかげで世界の経済が成り立っており，改めてお礼を述べたい」と謝辞を述べた。

現在直ちに同じことが日本で起きるとは想像し難いが，10年後に実現しないと断言もできない。確かに日本と海外諸国の温度差が大きいのは事実であるが，この温度差が永続すると考えるのも非現実的であろう。世の中は日進月歩のスピードで進化を続けており，日本だけが取り残されてよいはずがない。

日本で同族経営といえば不祥事を連想しがちであるが，海外ではファミリービジネスと呼ばれ，経済の主役として肯定的に評価されている。海外諸国と同じく，日本の経済を支えているのもファミリービジネスであるが，マスコミ報道を含めて世間の認識はかなり異なっており，国内外の温度差は著しい。

この責任の一端は，大学などに身を置く我々研究者にもある。それは，ファミリービジネスを時代遅れの前近代的存在とみなし，ファミリービジネス経営を重要なテーマとしてこなかったからである。大学で学ぶ経営学の多くは，実態的には大企業の経営学であり，つまるところ上場企業を対象とした経営学が主流をなしている。もちろん，中小企業論は既に1つの研究領域を構築しており，文字通り中小企業を研究対象としているが，ファミリーにかかわる要素が重要視されてきたとはいい難い。

いずれにおいても，本書が取り上げた次世代教育，世代間コミュニケーション，事業承継，会社株の評価などには多くの紙面や時間を費やしていないのが現状である。学生は大企業を企業と同一視し，就職先としても大企業を目標とし，最初から家業の承継を選択肢に含まない環境で育ってきた。

本書では，ファミリービジネスが一般企業に比べて業績面で優れている点を紹介した。企業の長寿性におけるファミリービジネスの優位性と同様に，日本では従来注目されてこなかったが，しかし，いずれも日本人が知らないだけの話で，筆者が通説に挑戦しているわけでもない。ファミリービジネスは一般企業に比べて業績がよく，社歴も長続きしている事実は世界各国で確認済みである。

本書を執筆した大きな動機として，ファミリービジネスの当事者の方々に

自信をもっていただきたかった点は付記しておきたい。後継者の道を選ぶことに悩んでいる若い方々を含めて、「ファミリービジネスに誇りをもとう！」と声を大にして主張したい。実際、海外諸国では、当事者が「当社はファミリービジネスで、私は3代目です」などと胸をはって活躍している。

筆者はファミリービジネスについて講演する機会があるが、先日も「日頃モヤモヤと不明解であったものが、スッキリと整理され大変有難かったです」というアンケートを頂戴して、嬉しかったのを記憶している。ファミリービジネスの意義をお話して、改めて価値を見直し、涙を流された方も少なくない。「自分の人生に初めて誇りを覚えた」という発言もいただいている。

本書は、ファミリービジネスの長所と弱点を含め、その全貌を客観的に記述した。それはテキストとして当然であるが、全体を通してファミリービジネスの復権を唱えているのも事実である。第1章で指摘したように、ファミリービジネスは日本の経済に欠かせない重要な存在であり、その健全な成長と承継を守らなくてはならない。そのために、ファミリービジネスの本質を正面から見据えて、その特徴を存分に発揮する経営を自信をもって貫いていきたいと真摯に願うものである。

2　ファミリービジネス研究の将来展望

世界のファミリービジネス研究は、「優れた理論ほど実践的なものは存在しない」という信念に導かれて、理論的レベルの向上と並行して、実践的な知見の提供を意識的に追求してきた。一方、ファミリービジネスの当事者ならびに各方面から支援する専門家集団は、最新理論の吸収に努める傍ら、現場で得られた新しい知見について研究者と協働して、体系化の努力を蓄積してきた。

本節では、本分野における今後の展望として、各章で述べた内容との重複を避け、以下の3点を追加しておきたい。

第1は、高齢化がファミリービジネスに与えるインパクトである。人口構成の変化に伴い、承継計画はファミリービジネスにとって重要度が一層増す問題となっている。第二次世界大戦以降に創業した起業家は、世界の巨大な

終章　ファミリービジネスとファミリービジネス研究の将来展望

富を築いてきたが，ファミリービジネスに蓄積してきた富の承継方法を決めなければならない年齢に到達している。

1980年代末期に，アメリカでは2040年までに約10.4兆ドルの純資産が次世代に移転され，そのうち4.8兆ドルは20年以内に移転されるであろうという推定が発表された。この画期的な「承継イベント」は，アメリカ歴史上における最大の世代間における富の移転であり，アメリカにおける今後の経済の健全な発展がファミリービジネスにおける円滑な承継と富の移転に左右されることになる。

不的確な相続計画，次世代への移行準備の失敗は，相続税を支払う資金不足とあいまって，ファミリービジネスの失敗3大要因に数えられる。しかしながら，ファミリービジネスの19％は，遺書を残す以外には，格別の相続計画を完了していないのは憂慮すべきことであろう。

以上の予測はアメリカを対象としているが，日本も状況は全く同様と思われる。とりわけ，日本は高齢化が世界的にも例を見ないほど急速に進んでいる。高齢化は社会のあらゆる活動を対象として，間違いなく大規模かつ根源的な影響を与える。経済産業活動も例外ではなく，今から万全の準備が求められるが，日本では上記のような研究はされておらず，したがって問題の指摘もまだなされていない。

わが国のファミリービジネスこそ早期から万全の対策を講じておく必要がある。そして，その経済に対する貢献度を考慮して，行政部門はファミリービジネスにおける高齢化に早急に取り組むことが求められる。そのためには，ファミリービジネスが理論研究ならびに実証研究をふまえて，政策提言を行える段階まで急速に到達する必要がある。

ファミリービジネス研究が行政施策に顕著な影響力を示した好例として，スペインがあげられる。同国はファミリービジネス研究者が多く，大学におけるファミリービジネス・教授チェア数も世界一多い。同時に，FBN組織は，入会基準を同国トップ100社に限定して権威を高めるとともに，全国に支部を組織して裾野を広げ，組織力を強化してきた。

こうした組織強化の背後で大学における調査研究が大きな支援を行っており，学術と組織力の総合力によって中央政府に影響力を発揮して，税制を中

心に実績をあげている[1]。学術研究が実務的効果を発揮し，活性化したファミリービジネスが研究活動の活性化を促進する。同国で既に起動している相互の好循環的なサイクルは，日本における当該分野のモデルとして，ぜひベンチマーキングしておきたい。

本分野における今後の展望として指摘しておきたい第2の点は，ファミリーが社会に果たす役割の重要性である。第二次世界大戦後，核家族化が進行し，さらに家庭内においても個人化が重複する形で進んでいる。核家族化と個人化が，日本の社会全体に対して極めて深刻な影響を及ぼしている点については，それぞれの分野における専門家を中心に分析され，社会に対する警鐘も見られるが，十分に成果が生まれているとはいい難いのではないだろうか。

こうした文脈でファミリービジネスを考える時，その秘める可能性の大きさに社会は気づいてよいのではないかと思われる。親子の絆，夫婦の絆，さらに世代を結ぶ連帯感と価値観の共有，これらはいずれもファミリービジネスが重視する構成要素であるが，わが国では社会の近代化に付随して失われてきたものでもある。

また，自営業では一般的であった働く場と生活の場の一体化が，現在のサラリーマンを中心とする職業形態では，全く消滅して久しい。若者が職業を考えようとしても，体感できる場が身近に存在しない。ファミリービジネスには，これらの失われた要素が充満している。

21世紀の社会が向かうべき方向は，それぞれの専門家が検討しており，筆者は語るべき内容をもたず，本書が目的とするところでもない。しかし，こうした社会的視点からファミリービジネスの価値を再定義する試みには深い意義がある。ファミリーの結束がなければ，ファミリービジネスは存在しない。第1章で述べたように，ファミリーに関する諸方面の研究が，ファミリービジネスの存在基盤に関する研究として融合するよう，学際的な研究が強く望まれる。

第3点として，日本から海外に向けた研究成果の発信が強く求められてい

1　FBN事務局から聴取。2004年9月9日。

終章　ファミリービジネスとファミリービジネス研究の将来展望

る。日本におけるファミリービジネス研究は2000年以降にはじまった状況で，研究成果の蓄積は乏しいが，海外諸国と比較して興味ある事実が明らかになりつつある点は本論でも述べた通りである。とりわけファミリービジネスの長寿性に対する海外研究者の関心は高く，承継における養子制度，株主の絞り込み，家訓・家憲など，日本から海外に向けた研究成果の発表が期待されている。

　ファミリービジネス分野の研究がもつ実務的価値を高める上でも，海外との共同研究の意義は大きい。わが国ファミリービジネスの健全な成長，加えて経済産業を再活性する観点からも，ファミリービジネス研究が果たすべき実務的な責務は極めて大きい。国内におけるファミリービジネスに対する否定的な環境は，当該分野における研究不在も原因の１つであると指摘せざるを得ないだろう。

　今後，この分野に対する関心の一層の高まりを背景として，ファミリービジネス研究の更なる向上が期待される。単に研究調査が量的に拡大するだけでなく，質的な向上が一層求められるであろう。そのためにも，同じ道を先行して現在に至っている海外諸国の研究者との共同作業に蓄積されている多くの知見に学ぶ必要がある。

　学術的な理論の精緻化だけにとどまらず，ファミリービジネス当事者に役立つ知見を提供する実践経営上の貢献が必要性を増すに違いない。そのためにも，関連分野との相互提携，共同研究を通じた視野の拡大，複合化が一層進められなければならない。

　ファミリービジネスに関する一般理論を構築するための努力が世界各国で加速的に進められている。ぜひ日本の研究者，特に前途ある若い研究者が多数隊列に加わることを念願して，本書を閉じたい。

参考文献 (◎印は基本文献)

Adams, R., Almeida, H., & Ferreira, D.（2009）"Understanding the Relationship between Founder-CEOs and Firm Performance," *Journal of Empirical Finance*, **16**(1), 136-150.
Adler, P. & Kwon, S.（2002）"Social Capital: Prospects for a New Concept," *The Academy of Management Review*, **27**(1), 17-40.
Ainsworth, S. & Cox, J. W.（2003）"Families Divided : Culture and Control in Small Family Business," *Organization Studies*, **24**, 1463-1485.
Alchian, A. & Demsetz, H.（1972）"Producdon, Information Costs and Economic Organization," *The American Economic Review*, **62**(2), 777-795.
Alcorn, P.（1982）*Success and Survival in the Family-Owned Firm*, McGraw-Hill.
Aldrich, H. E. & Cliff, J. C.（2003）"The Pervasive Effects of Family on Entrepreneurship: Toward a Family Embeddedness Perspective," *Journal of Business Venturing*, **18**(5), 573-596.
Allouche, J., Amann, B., Jaussaud, J., & Kurashina, T.（2008）"The Impact of Family Control on the Performance and Financial Characteristics of Family versus Nonfamily Businesses in Japan: A Matched-pair Investigation," *Family Business Review*, **21**(4), 315-329.
Anderson, R. & Reeb, D.（2003）"Founding-Family Ownership and Firm Performance: Evidence from the S & P 500," *The Journal of Finance*, **58**(3), 1301-1327.
Anderson, R., Duru, A., & Reeb, D.（2009）"Founders, Heirs and Corporate Opacity in the United States," *Journal of Financial Economics*, **92**(2), 205-222.
Andres, C.（2008）"Large Shareholders and Firm Performance: An Empirical Examination of Founding-family Ownership," *Journal of Corporate Finance*, **14**(4), 431-445.
Argenti, J.（1976）*Corporate Collapse: The Causes and Symptoms*, Mcgraw-Hill（中村元一訳『会社崩壊の軌跡：生き残るための戦略』日刊工業新聞社, 1977年）.
◎Aronoff, C., Astrachan, J., & Ward, J. eds.（2002）*Family Business Sourcebook*, Third Edition, Family Enterprise Publishers.
Aronoff, C. & Ward, J.（1992）"The Critical Value of Stewardship," *Nation's Business*, **80**(4), 49.
Aronoff, C. & Ward, J.（1996）"Successfully Selling the Family Business," *The Family Business Advisor*, **5**(10), 4-5.
Aronoff, C. & Ward, J.（2001）*Family Business Ownership: How to Be an Effective Shareholder*, Family Enterprise Publishers.
Astrachan, J.（1988）"Family Firm and Community Culture.," *Family Business Review*, **1**(2), 165-189.
Astrachan, J. & Keyt, A.（2003）"Commentary on : The Transacting Cognitions of Non-family Employees in the Family Business Setting," *Journal of Business Venturing*, **18**(4), 553-558.

Astrachan, J., Klein, S., & Smyrnios, K. (2002) "The F-PEC Scale of Family Influence: A Proposal for Solving the Family Business: Definition Problem," *Family Business Review*, **15**(1), 45-58.

Astrachan, J. & Kolenko, T. (1994) "A Neglected Factor Explaining Family Business Success: Human Resource Practices," *Family Business Review*, **7**(3), 251-262.

Astrachan, J. & Shanker, M. (2003) "Family Businesses' Contribution to the U.S. Economy: A Closer Look," *Family Business Review*, **16**(3), 211-219.

Audia, P. G., Locke, E. A., & Smith, K. G. (2000) "The Paradox of Success : An Archival and a Laboratory Study of Strategic Persistence following Radical Environmental Change," *Academy of Management Journal*, **43**, 837-853.

◎Ayres, G. (1998) "Rough Corporate Justice," *Family Business Review*, **11**(2), 91-106.

Barach, J., Gantisky, J., Carson, J., & Doochin, B. (1988) "Entry of the Next Generation: Strategic Challenges for Family Business," *Journal of Small Business Management*, **26**, 49-56.

Barney, J. (1986) "Organizational Culture: Can It Be a Source of Sustained Competitive Advantage?," *The Academy of Management Review*, **11** (3), 656-665.

Barney, J. (1991) "Firm Resources and Sustained Competitive Advantage," *Journal of Management*, **17**, 99-120.

Barney, J. (1995) "Looking Inside for Competitive Advantage," *Academy of Management Executive*, **9**(4), 49-61.

Barontini, R. & Caprio, L. (2006) "The Effect of Family Control on Firm Value and Performance: Evidence from Continental Europe," *European Financial Management*, **12**(5), 689-723.

Barry, B. (1975) "The Development of Organisation Structure in the Family Firm," *Journal of General Management*, **3**, 42-60.

Beck, L., Janssens, W., Debruyne, M., & Lommelen, T. (2011) "A Study of the Relationships between Generation, Market Orientation, and Innovation in Family Firms," *Family Business Review*, **24**(3), 252-272.

Beckhard, R. & Burke, W. (1983) "Preface," *Organizational Dynamics*, **12**, 12.

Beckhard, R. & Dyer, W. G., Jr. (1983) "Managing Change in the Family Firm: Issues and Strategies," *Sloan Management Review*, **24**, 59-65.

Bennedsen, M., Nielsen, K., Pérez-González, F., & Wolfenzon, D. (2007) "The Role of Families in Succession Decisions and Performance," *Quarterly Journal of Economics*, **122**(2), 647-691.

Berle, A. & Means, G. (1932) *The Modern Corporation and Private Property*. The Macmillan Company (森杲訳『現代株式会社と私有財産』北海道大学出版会, 2014年).

Blotnick, S. (1984) "The Case of the Reluctant Heirs," *Forbes*, Jul. 1984, 134-180.

Bossaerts, P. & Fohlin, C. (2000) "Has the Cross-section of Average Returns Always been the Same? Evidence from Germany, 1881-1913," *Social Science Working Paper*

1094, California Institute of Technology.
◎ Brown, F.(1993)"Loss and Continuity in the Family Firm,"*Family Business Review*, **6**(2), 111–130.
Brun de Pontet, S. Wrosch, C., & Gagne, M.(2007)"An Exploration of the Generational Differences in Levels of Control Held among Family Businesses Approaching Succession,"*Family Business Review*, **20**(4), 337–354.
Bygrave, W. & Zacharakis, A.(2008)*Entrepreneurship*, John Wily & Sons Inc.(高橋徳行・田代泰久・鈴木正明訳『アントレプレナーシップ』日経BP社, 2009年).
Cabrera-Suárez, K., De Saa-Perez, P., & Garcia-Almeida, D.(2001)"The Succession Process from a Resource-and Knowledge-based View of the Family Firm,"*Family Business Review*, **14**(1), 37–48.
Cappuyns, K.(2006)*Internationalization of Family Business through Strategic Alliances : an Exploratory Study. Handbook of Research on Family Business*, Edwaed Elger Publishing.
◎Carlock, R. & Ward, J.(2001)*Strategic Planning for the Family Business: Parallel Planning to Unify the Family and Business*, Palgrave Macmillan.
Carlock, R. & Ward, J.(2010)*When Family Businesses are Best*, Palgrave Macmillan(階戸照雄訳『ファミリービジネス 最良の法則』ファーストプレス, 2015年).
Carney, M.(2005)"Corporate Governance and Competitive Advantage in Family-Controlled Firms,"*Entrepreneurship Theory and Practice*, **29**(3), 249–265.
Casillas, J. C., Acedo. F. J., & Moreno, A. M.(2007)*International Entrepreneurship in Family Businesses*, Edwaed Elger Publishing.
Casillas, J. C., Moreno, A. M., & Acedo. F. J.(2010)"Internationalization on Family Business : A Theoretical Model Base on International Entrepreneurship Perspective,"*Global Management Journal*.
Cater, J. & Schwab, A.(2008)"Turnaround Strategies in Established Small Family Firms,"*Family Business Review*, **21**(1), 31–50.
Chandler, A.(1977)*The Visible Hand: The Managerial Revolution in American Business*, The Belknap Press of Harvard University Press(鳥羽欽一郎・小林袈裟治訳『経営者の時代：アメリカ産業における近代企業の成立』(上/下), 東洋経済新報社, 1979年).
Chandler, A.(1990)*Scale and Scope:The Dynamics of Industrial Caitalism*, Free Press.
Chrisman, J., Chua, J., & Sharma, P.(1998)"Important Attributes of Successors in Family Businesses: An Exploratory Study,"*Family Business Review*, **11**(1), 19–34.
Chrisman, J., Chua J., & Steiner, L.(2002)"The Influence of National Culture and Family Involvement on Entrepreneurial Perceptions and Performance at the State Level,"*Entrepreneurship Theory and Practice*, **26**(4), 113–130.
Chrisman, J., Chua, J., & Litz, R.(2003a)"Discussion: A Unified Systems Perspective of Family Firm Performance: An Extension and Integration,"*Journal of Business Venturing*, **18**(4), 467–472.

◎Chrisman, J., Chua, J., & Sharma, P. (2003b) "Current Trends and Future Directions in Family Business Management Studies: Toward a Theory of the Family Firm," Coleman White Paper Series.

Chrisman, J., Chua, J., & Steier, L. (2003c) "An Introduction to Theories of Family Business," *Journal of Business Venturing*, **18**(4), 441-448.

Chrisman, J., Chua, J., & Zahra, S. (2003d) "Creating Wealth in Family Firms thorough Managing Resources: Comments and Extensions," *Entrepreneurship Theory and Practice*, **27**(4), 359-365.

◎Chrisman, J., Chua, J., & Sharma, P. (2005) "Trends and Directions in the Development of a Strategic Management Theory of the Family Firm," *Entrepreneurship Theory and Practice*, **29**(5), 555-576.

Chua, J., Chrisman, J., & Sharma, P. (1999) "Defining the Family Business by Behavior," *Entrepreneurship Theory and Practice*, **23**, 19-39.

Chua, J., Chrisman, J., & Sharma, P. (2003) "Succession and Nonsuccession Concerns of Family Firms and Agency Relationships with Nonfamily Managers," *Family Business Review*, **16**(2), 89-107.

Churchill, N. & Hatten, K. (1987) "Non-Market-Based Transfers of Wealth and Power: A Research Framework for Family Businesses," *American Journal of Small Business*, **11**(3), 51-64.

Churchill, N. & Lewis, V. (1983) "The Five Stages of Small Business Growth," *Harvard Business Review*, **61**, 30-51.

Collins, O., Moore, D., & Unwalla, D. (1964) "The Enterprising Man. East Lansing: Bureau of Business and Economics Research," Graduate School of Business Administration, Michigan State University.

Corbetta, G. & Tomaselli, S. (1996) "Boards of Directors in Italian Family Businesses," *Family Business Review*, **9**(4), 403-421.

Covin, J. & Slevin, D. (1991) "A Conceptual Model of Entrepreneurship as Firm Behavior," *Entrepreneurship Theory and Practice*, **16**(1), 7-25.

Craig, J. & Moores, K. (2005) "Balanced Scorecards to Drive the Strategic Planning of Family Firms," *Family Business Review*, **18**(2), 105-122.

◎Daily, C. & Dollinger, M. (1992) "An Empirical Examination of Ownership Structure in Family and Professionally Managed Firms," *Family Business Review*, **5**(2), 117-136.

Daily, C. & Dollinger, M. (1993) "Alternative Methodologies for Identifying Family-versus Nonfamily-managed Businesses," *Journal of Small Business Management*, **31**(2), 79-90.

Danco, K. (1981) *From the Other Side of the Bed: A Woman Looks at Life in the Family Business*, The Center for Family Business, University Press.

Davis, J. (1982) "The Influence of Life Stage on Father-Son Work Relationships in Family Companies," Unpublished doctoral dissertation, Harvard Business School (cited in Davis, J. & Tagiuri, R., 1989).

参考文献

Davis, J. & Tagiuri, R. (1989) "The Influence of Life Stage on Father-Son Work Relationships in Family Companies," *Family Business Review*, **2**(1), 47-74.

Davis, J., Schoorman, F., Mayer, R. & Tan, H. (2000) "The Trusted General Manager and Business unit Performance: Empirical Evidence of a Competitive Advantage," *Strategic Management Journal*, **21**(5), 563-576.

Davis, J., Schoorman, F., & Donaldson, L. (1997) "Toward a Stewardship Theory of Management," *Academy of Management Review*, **22**(1), 20-47.

Davis, P. (1983) "Realising the Potential of the Family Business," *Organisational Dynamics*, **12**(1), 47-56.

Davis, P. (1986) "Family Business: Perspectives on Change," *Agency Sales Magazine*, Jun, 9-16.

Déniz, D. & Suárez, M. (2005) "Corporate Social Responsibility and Family Business in Spain," *Journal of Business Ethics*, **56**(1), 27-36.

DeNoble, A., Ehrlich, S., & Singh, G. (2007) "Toward the Development of a Family Business Self-Efficacy Scale: A Resource-Based Perspective," *Family Business Review*, **20**(2), 127-140.

Dewey, J. (1900) *The School and Society and the Child and the Curriculum*, University of Chicago Press.

Dumas, C. (1989) "Understanding of Father-Daughter and Father-Son Dyads in Family-Owned Businesses," *Family Business Review*, **2**(1), 31-46.

Dyer, J. H. & Singh, H. (1998) "The Relational View: Cooperative Strategy and Sources of Interorganizational Competitive Strategy," *Academy of Management Review*, **23**(4), 660-679.

Dyer, W. G., Jr. (1986) *Cultural Change in Family Firms: Anticipating and Managing Business and Family Transitions*, Jossey-Bass.

◎Dyer, W. G., Jr. (1988) "Culture and Continuing in Family Firms," *Family Business Review*, **1**(1), 37-50.

Dyer, W. G., Jr. (1989) "Integrating Professional Management into a Family-owned Business," *Family Business Review*, **2**(3), 221-235.

Dyer, W. G., Jr. (1996) "Culture and Continuity in Family Firms," *Family Business Sourcebook II*, Business Owner Resources.

Eaton, C., Yuan, L., & Wu, Z. (2002) "Reciprocal Altruism and the Theory of the Family Firm," Paper presented at the Second Annual Conference on Theories of the Family Enterprise: Search for a Paradigm, Wharton School of Business, Philadelphia, December (cited in Chrisman, J., Chua, J. & Sharma, P., 2003b).

Eckrich, C. & Loughead, T. (1996) "Effects of Family Business Membership and Psychological Separation on the Career Development of Late Adolescents," *Family Business Review*, **9**(4), 369-386.

Fama, E. & Jensen, M. (1983a) "Separation of Ownership and Control," *Journal of Law and Economics*, **26**(2), 301-325.

Fama, E. & Jensen, M. (1983b) "Agency Problems and Residual Claims," *Journal of Law and Economics*, **26**(2), 327-349.
Favero, C., Giglio, S., Honorati, M., & Panunzi, F. (2006) "The Performance of Italian Family Firms," *ECGI Working Paper Series in Finance, No. 127/2006*, Brussels, Belgium: European Corporate Governance Institute as cited in Sacristán-Navarro, M. et al. (2011).
Filatochev, I., Lien, Y., & Piesse, J. (2005) "Corporate Governance and Performance in Publicly Listed, Familycontrolled Firms: Evidence from Taiwan," *Asia Pacific Journal of Management*, **22**(3), 257-283.
Freeman, R. (1984) *Strategic Management: A Stakeholder Approach*, Pitman.
Gallo, M. A., Arino, A., Manez, I., & Cappunyns, K. (2004) "Internationalization via Strategic Alliances in Family Business," *The Chair of Family Business*, WP No. 540.
Gallo, M. A. & Sveen, J. (1991) "Internationalizing the Family Business : Facilitating and Restraining Factors," *Family Business Review*, **4**, 181-190.
Gallo, M. A., Tapies, J., & Cappuyns, K. (2000) "Comparison of Family and Non-family Business: Financial Logic and Personal Preference," Research Paper No. 406 BIS, University of Navarra.
Gálve, C. & Salas, V. (1996) "Ownership Structure and Firm Performance: Some Empirical Evidence from Spain," *Managerial and Decision Economics*, **17**(6), 575-586.
◎Gersick, K., Davis, J., Hampton, M., & Lansberg, I. (1997) *Generation to Generation: Life Cycles of the Family Business*, Harvard Business Review Press（岡田康司・犬飼みずほ訳『オーナー経営の存続と継承：15年を越える実地調査が解き明かすオーナー企業の発展法則とその実践経営』流通科学大学出版、1999年）.
Gersick, K., Lansberg, I., Desjardins, M., & Dunn, B. (1999) "Stages and Transitions: Managing Change in the Family Business," *Family Business Review*, **12**(4), 287-297.
Gomez-Mejia, L., Larraza-Kintana, M., & Makri, M. (2003) "The Determinants of Executive Compensation in Family-controlled Public Corporations," *Academy of Management Journal*, **46**, 226-237.
◎Gordon, G. & Nicholson, N. (2010) *Family Wars: The Real Stories Behind the Most Famous Family Business Feuds*, Kogan Page.
Goto, T. (2006) "Longevity of Japanese Family Firms," in P. Poutziouris et al. (eds.), *Handbook of Research on Family Business*, Edward Elgar, pp. 517-534.
Granovetter, M. (1973) "The Strength of Weak Ties," *American Journal of Sociology*, **78**(6), 1360-1380.
Granovetter, M. (1985) "Economic Action and Social Structure: The Problem of Embeddedness," *American Journal of Sociology*, **91**(3), 481-510.
Greenberg, J. (1987) "A Taxonomy of Organizational Justice Theories," *The Academy of Management Review*, **12**(1), 9-22.
Greenwood, R. (2003) "Commentary on: Toward a Theory of Agency and Altruism in Family Firms," *Journal of Business Venturing*, **18**(4), 491-494.

参考文献

Gudmundson, D., Hartman, E. A., & Tower, C. B. (1997) "Family Business Strategies: A Comparative Study," ICSB World Conference Proceedings, San Francisco.

Gupta, V. & Levenburg, N. (2010) "A Thematic Analysis of Cultural Variations in Family Businesses: The Case Project," *Family Business Review*, **23**(2), 155-169.

Gupta. V., Levenburg, N. M., Moore. L., Motwani, J., & Schwarz, T. (2011) "The Spirit of Family Business : A Comparative Analysis of Anglo, Germanic and Nordic Nations," *International Journal of Cross Cultural Managemant*, **11**(2), 133-151.

Habberson, T. & Astrachan, J. (1997) "Perceptions Are Reality: How Family Meetings Lead to Collective Action," *Family Business Review*, **10**(1), 37-52.

◎ Habbershon, T. & Williams, M. (1999) "A Resource-Based Framework for Assessing the Strategic Advantages of Family Firms," *Family Business Review*, **12**(1), 1-25.

Habbershon, T., Williams, M., & MacMillan, I. (2003) "A Unified Systems Perspective of Family Firm Performance," *Journal of Business Venturing*, **18**(4), 451-465.

Hall, D. (1986) "Dilemmas in Linking Succession Planning to Individual Executive Learning," *Human Resource Management*, **25**(2), 235-265.

Han, J., Kim, N., & Srivastava, R. (1998) "Market Orientation and Organizational Performance: Is Innovation a Missing Link?" *Journal of Marketing*, **62**(4), 30-45.

Handler, W. (1989) "Methodological Issues and Considerations in Studying Family Businesses," *Family Business Review*, **2**(3), 257-276.

Handler, W. (1990) "Succession in Family Firms: A Mutual Role Adjustment between Entrepreneur and Next-Generation Family Members," *Entrepreneurship Theory and Practice*, **15**(1), 37-51.

Handler, W. (1992) "The Succession Experience of the Next-Generation," *Family Business Review*, **5**(3), 283-307.

Handler, W. (1994) "Succession in Family Business: A Review of the Research," *Family Business Review*, **7**(2), 133-157.

Handler, W. & Kram, K. (1988) "Succession in Family Firms: The Problem of Resistance," *Family Business Review*, **1**(4), 361-381.

Hanifan, L. (1916) "The Rural School Community Center," *The Annals of the American Academy of Political and Social Science*, **67**(1), 130-138.

Harveston, P., Davis, P., & Lyden, J. (1997) "Succession Planning in Family Business: The Impact of Owner Gender," *Family Business Review*, **10**(4), 373-396.

Harvey, M. & Evans, R. (1995) "Life After Succession in the Family Business: Is It Really the End of Problems?" *Family Business Review*, **8**(1), 3-16.

Heck, R. & Walker, R. (1993) "Family-owned Home-businesses: Their Employees and Unpaid Helpers," *Family Business Review*, **6**(4), 397-415.

Hofstede, G. (1984) *Culture's Consequences: International Differences in Work-related Values*. Sage (万成博・安藤文四郎訳『経営文化の国際比較―多国籍企業の中の国民性』産業能率大学出版部, 1984年).

Hollander, B. (1987) "Silver Spoon Syndrome," in Aronoff, C., Astrachan, J., & Ward, J.

eds. (2002) *Family Business Sourcebook*, Third Edition, Family Enterprise Publishers, p. 539.
◎Hollander, B. & Elman, N. (1988) "Family-Owned Businesses: An Emerging Field of Inquiry," *Family Business Review*, 1(2), 145-164.
Howorth, C., Westhead, P., & Wright, M. (2004) "Buyouts, Information, Asymmetry and the Family Management Dyad," *Journal of Business Venturing*, 19(4), 509-534.
Hughes, J. (2004) *Family Wealth — Keeping It in the Family: How Family Members and Their Advisers Preserve Human, Intellectual, and Financial Assets for Generations*, 2nd, Revised and Expanded Edition, Bloomberg Press.
Jaffe, D. & Lane, S. (2004) "Sustaining a Family Dynasty: Key Issues Facing Complex Multigenerational Business- and Investment-owning Families," *Family Business Review*, 17, 81-98.
Jehn, K. & Mannix, E. (2001) "The Dynamic Nature of Conflict: A Longitudinal Study of Intragroup Conflict and Group Performance," *The Academy of Management Journal*, 44(2), 238-251.
Jensen, M. & Meckling, W. (1976) "Theory of the Firm: Managerial Behavior, Agency Costs and Ownership Structure," *Journal of Financial Economics*, 3(4), 305-360.
Kahn, J. & Henderson, D. (1992) "Location Preferences of Family Firms: Strategic Decision Making or 'Home Sweet Home'?" *Family Business Review*, 5(3), 271-282.
Karatas-Ozkan, M., Nicolopoulou, K., Inal, G., & Ozbilgin, M. (2011) "Cross-cultural Perspectives of Diversity within Family Business," *International Journal of Cross Cultural Management*, 11(2), 107-111.
◎Kaye, K. (1996) "When the Family Business Is a Sickness," *Family Business Review*, 9(4), 347-368.
Kellermanns, F. & Eddleston, K. (2006) "Corporate Entrepreneurship in Family Firms: A Family Perspective," *Entrepreneurship Theory and Practice*, 30(6), 809-830.
◎Kenyon-Rouvinez, D. (2001) "Patterns in Serial Business Families: Theory Building through Global Case Study Research," *Family Business Review*, 14(3), 175-192.
◎Kenyon-Rouvinez, D. & Ward, J. (2005) *Family Business Key Issues*, Palgrave Macmillan (富樫直記監修『ファミリービジネス 永続の戦略:同族経営だから成功する』ダイヤモンド社, 2007年).
Kepner, E. (1991) "The Family and the Firm: A Coevolutionary Perspective," *Family Business Review*, 4, 445-461.
Kets de Vries, M. (1993) "The Dynamics of Family Controlled Firms: The Good and the Bad News," *Organizational Dynamics*, Winter, 59-71.
Kirchhoff, J. & Kirchhoff, B. (1987) "Family Contributions to Productivity and Profitability in Small Business," *Journal of Small Business Management*, 25, 25-31.
Kohli, A. K. & Jaworski, B. J. (1990) "Market Orientation: The Construct, Research Propositions, and Managerial Implications," *Journal of Marketing*, 54(2), 1-18.
Kowalewski, O., Talavera, O., & Stetsyuk, I. (2010) "Influence of Family Involvement in

参考文献

Management and Ownership on Firm Performance: Evidence from Poland," *Family Business Review*, **23**(1), 45-59.
Krackhardt, D. (1992) "The Strength of Strong Ties: The Importance of Philos in Organizations," in N. Nohria & R. Eccles (eds.), *Networks and Organizations: Structure, Form, and Action*, pp. 216-239, Harvard Business School Press.
Kram, K. E. & Isabella, L. (1985) "Mentoring Alternatives: The Role of Peer Relationships in Career Development," *Academy of Management Journal*, **28**, 110-113.
LaChapelle, K. & Barnes, L. (1998) "The Trust Catalyst in Family-Owned Businesses," *Family Business Review*, **11**(1), 1-17.
Lane, S., Astrachan, J., Keyt, A., & McMillan, K. (2006) "Guidelines for Family Business Boards of Directors," *Family Business Review* **19**(2), 147-167.
Lansberg, I. (1983) "Managing Human Resources in Family Firms: The Problem of Institutional Overlap," *Organizational Dynamics*, Summer, 39-46.
Lansberg, I. (1988) "The Succession Conspiracy," *Family Business, Review*, **1** (2), 119-143.
Lansberg, I. (1991) "On Retirement: A Conversation with Daniel Levinson," *Family Busines Review*, **4**(1), 59-73.
◎Lansberg, I. (1999) *Succeeding Generations: Realizing the Dream of Families in Business*, Harvard Business School Press.
Lauterbach, B. & Vaninsky, A. (1999) "Ownership Structure and Firm Performance: Evidence from Israel," *Journal of Management and Governance*, **3**(2), 189-201.
Lawrence, P. & Lorsch, J. (1967) "Differentiation and Integration in Complex Organizations," *Administrative Science Quarterly*, **12**(1), 1-30.
Lee, M. (2006) "Family Firm Performance: Further Evidence," *Family Business Review*, **19**(2), 103-114.
Levinson, D. (1978) *The Seasons of a Man's Life*, Ballantine Books.
Levinson, H. (1971) "Conflicts that Plague the Family Business," *Harvard Business Review*, **49**, 90-98.
Levinson, H. (1974) "Don't Choose Your Own Successor," *Harvard Business Review*, **52**, 53-62.
◎Litz, R. & Kleysen, R. (2001) "Your Old Men Shall Dream Dreams, Your Young Men Shall See Visions: Toward a Theory of Family Firm Innovation with Help from the Brubeck Family," *Family Business Review*, **14**(4), 335-352.
Longenecker, J. & Schoen, J. (1978) "Management Succession in the Family Business," *Journal of Small Business Management*, **16**(3), 1-6.
Martínez, J., Stohr, B., & Quiroga, B. (2007) "Family Ownership and Firm Performance: Evidence from Public Companies in Chile," *Family Business Review*, **20**(2), 83-94.
Massis, A., Chua, J., & Chrisman, J.(2008) "Factors Preventing Intra-Family Succession," *Family Business Review*, **21**(2), 183-199.
Matsuno K., Mentzer, J., & Özsomer, A. (2002) "The Effects of Entrepreneurial

Proclivity and Market Orientation on Business Performance," *Journal of Marketing,* **66** (3), 18-32.

Maury, B. (2006) "Family Ownership and Firm Performance: Empirical Evidence from Western European Corporations," *Journal of Corporate Finance,* **12**(2), 321-341.

McCann, III, J., Leon-Guerrero, A., & Haley, Jr., J. (2001) "Strategic Goals and Practices of Innovative Family Businesses," *Journal of Small Business Management,* **39** (1), 50-59.

McConaughy, D. (1994) "Founding-family-controlled Corporations: An Agency-theoretic Analysis of Corporate Ownership and its Impact upon Performance, Operating Efficiency and Capital Structure," Doctoral dissertation, University of Cinncinati (cited in Shanker, M. & Astrachan, J., 1996).

McConaughy, D. (2000) "Family CEO vs. Nonfamily CEOs in the Family Controlled Firm: An Examination of the Level and Sensitivity of Pay to Performance," *Family Business Review,* **13**(2), 121-131.

McConaughy, D. & Phillips, G. (1999) "Founders versus Descendants: The Profitability, Efficiency, Growth Characteristics and Financing in Large, Public, Founding Family-controlled Firms," *Family Business Review,* **12**(2), 123-130.

McConaughy, D. L., Walker, M. C., Henderson, G., & Mishra, C. (1998) "Founding Family Controlled Firms: Efficiency and Value," *Review of Financial Economics,* **7**(1), 1-19.

Micelotta, E. & Raynard, M. (2011) "Concealing or Revealing the Family? Corporate Brand Identity Strategies in Family Firms," *Family Business Review,* **24**(3), 197-216.

Miller, D., Steir, L., & Le Breton-Miller, I. (2003) "Lost in Time: Intergenerational Succession, Change and Failure in Family Business," *Journal of Business Venturing,* **18** (4), 513-551.

◎Miller, D. & Le Breton-Miller, I. (2005) *Managing for the Long Run: Lessons in Competitive Advantage from Great Family Businesses,* Harvard Business School Press (斉藤裕一訳『同族経営はなぜ強いのか?』ランダムハウス講談社, 2005年).

Miller, D. & Le Breton-Miller, I. (2006) "Family Governance and Firm Performance: Agency, Stewardship, and Capabilities," *Family Business Review,* **19**(1), 73-87.

Miller, D., Le Breton-Miller, I., Lester, R., & Cannella, A. (2007) "Are Family Firms Really Superior Performers?" *Journal of Corporate Finance,* **13**(5), 829-858.

Mishra, C. & McConaughy, D. (1999) "Founding Family Control and Capital Structure: The Risk of Loss of Control and the Aversion to Debt," *Entrepreneurship Theory and Practice,* **27**(4), 53-65.

Mitchell, R. K., Morse, E. A., & Sharma, P. (2003) "The Transacting Cognitions of Nonfamily Employees in the Family Business Setting," *Journal of Business Venturing,* **18**(4), 533-551.

Molly, V., Laveren, E., & Deloof, M. (2010) "Family Business Succession and Its Impact on Financial Structure and Performance," *Family Business Review,* **23**(2), 131-147.

Monsen, R. J. (1969) "Ownership and Management: The Effect of Separation on

Performance," *Business Horizons*, **12**(4), 45-52.
Morck, R., Shleifer, A., & Vishny, W. (1988) "Management Ownership and Market Valuation : An Empirical Analysis," *Journal of Financial Economics*, **20**, 293-315.
Morck, R. & Yeung, B. (2003) "Agency Problems in Large Family Business Groups," *Entrepreneurship Theory and Practice*, **27**(4), 367-382.
Mustakallio, M., Autio, E., & Zahra, S. A. (2003) "Relational and Contractual Governance in Family Firms: Effects on Strategic Decisions Making," *Family Business Review*, **15**(3), 205-222.
Nahapiet, J. & Ghoshal, S. (1998) "Social Capital, Intellectual Capital, and the Organizational Advantage," *Academy of Management Review*, **23**(2), 242-266.
Narver, J. C. & Slater, S. F. (1990) "The Effect of a Market Orientation on Business Profitability," *Journal of Marketing*, **54**, 20-35.
Nash, J. (1988) "Boards of Privately Held Companies: Their Responsibilities and Structure," *Family Business Review*, **1**(3), 263-269.
Nelton, S. (1999) "Why Women Are Chosen to Lead," *Nation's Business*, **87**(4), 48-50.
◎Neubauer, F. & Lank, A. (1998) *The Family Business: Its Governance for Sustainability*, Routledge.
O'Boyle, Jr., E., Rutherford, M., & Pollack, J. (2010) "Examining the Relation Between Ethical Focus and Financial Performance in Family Firms: An Exploratory Study," *Family Business Review*, **23**(4), 310-326.
O'Hara, W. (2004) *Centuries of Success: Lessons from the World's Most Enduring Family Businesses*, Adams Media Corp.
Patrick, A. (1985) "Family Business: The Offspring's Perception of Work Satisfaction and Their Working Relationship with Their Father," Unpublished doctoral dissertation, The Fielding Institute (cited by Handler, W., 1994).
Penrose, E. (1995) *The Theory of the Growth of the Firm*, Oxford University Press（日高千景訳『企業成長の理論』ダイヤモンド社, 2010年）.
Pérez-González, F. (2006) "Inherited Control and Firm Performance," *The American Economic Review*, **96**(5), 1559-1588.
Pindado, J., Requejo, I., & De la Torre Olvera, Ch. (2008) "Does Family Ownership Impact Positively on Firm Value? Empirical Evidence from Western Europe, Nuevas," *Tendencias en Dirección de Empresas* (Working Paper No. 2), Burgos y Salamanca, Spain: Universidades de Valladolid as cited in Sacristán-Navarro, M. et al. (2011).
Piper, T. (2007) *Mechanisms to Assure Long-Term Family Business Survival: European University Studies*, Peter Lang.
Portes, A. (1998) "Social Capital: Its Origins and Applications in Modern Sociology," *Annual Review of Sociology*, **24**, 1-24.
◎Poutziouris, P., Smyrnios, K., & Klein, S. eds. (2006) *Handbook of Research on Family Business*, Edward Elgar.

Poza, E. J. (2004) *Family Business*, Thomson/South-Western. Publishing.
Poza, E. J. (1989) *Smart Growth: Critical Choices for Business Continuity and Prosperity*, Jossey-Bass.
◎Poza, E. J. (2009) *Family Business*, Third Edition, South-Western Publishing.
◎Poza, E. J., Johnson, S., & Alfred, T. (1998) "Changing the Family Business through Action Research," *Family Business Review*, **11**(4), 311-323.
Randoy, T. & Goel, S. (2003) "Ownership Structure, Founding Family Leadership, and Performance in Nowegian SMEs : Implications for Financing Entrepreneurial Opportunities," *Journal of Business Venturing*, **18**, 619-637.
Reher, D. S. (1998) "Family Ties in Western Europe : Persistent Contrasts," *Population and Development Review*, **24**(2), 203-234.
Reynolds, P., Bygrave, W., Autio, E. & Others (2004) *Global Entrepreneurship Monitor: 2003 Summary Report*, Babson College.
Ring, P. & Van de Ven, A. (1994) "Developmental Processes of Cooperative Inter-organizational Relationship," *Academy of Management Review*, **19**(1), 90-118.
Rogal, K. (1989) "Obligation or Opportunity: How Can Could-Be Heirs Assess Their Position?" *Family Business Review*, **2**(3), 237-255.
Rosenblatt, P., deMik, L., Anderson, R., & Johnson, P. (1985) *The Family in Business*, Jossey-Bass.
Ross, S. (1973) "The Economic Theory of Agency: The Principal's Problem," *American Economic Review*, **63**(2), 134-139.
Sacristán-Navarro, M., Gómez-Ansón, S., & Cabeza-García, L. (2011) "Family Ownership and Control, the Presence of Other Large Shareholders, and Firm Performance: Further Evidence," *Family Business Review*, **24**(1), 71-93.
Salvato, C. (2004) "Predictors of Entrepreneurship in Family Firms," *Journal of Private Equity*, **27**(3), 68-76.
Sardeshmukh, S. & Corbett, A. (2011) "The Duality of Internal and External Development of Successors: Opportunity Recognition in Family Firms," *Family Business Review*, **24**(2), 111-125.
Schein, E. (1968) "Organizational Socialization and the Profession of Management," *Industrial Management Review*, **9**(2), 1-16.
Schein, E. (1976) "The First Job Dilemma: An Appraisal of Why College Graduates Change Jobs and What Can Be Done About It," In J. B. Ritchie & P. H. Thompson (eds.), *Organization and People*, New York: West.
Schein, E. (1983) "The Role of the Founder in Creating Organizational Cultures," *Organizational Dynamics*, **12**(1), 13-28.
Schein, E. (1985) *Organizational Culture and Leadership: A Dynamic View*, Jossey-Bass.
Schulze, W. S., Lubatkin, M., H, & Dino, R. N. (2003) "Toward a Theory of Agency and Altruism in Family Firms," *Journal of Business Venturing*, **18**(4), 473-490.
Schumpeter, J. A. (1926) *Theorie der wirtschaftlichen Entwicklung: Eine Untersuchung*

über Unternehmergewinn, Kapital, Kredit, Zins und den Konjunkturzyklus, 2nd revised ed., Leipzig: Duncker & Humblot（塩野谷祐一・東畑精一・中山伊知郎訳『経済発展の理論』(上・下), 岩波書店, 1977年).

Schumpeter, J.（1939）Business Cycles : A Theoretical, Historical, and Statistical Analysis of the Capitalist Process, McGraw-Hill Book Company（金融経済研究所訳『景気循環論：資本主義過程の理論的・歴史的・統計的分析』1-5, 有斐閣, 1958年).

Schwass, J.（2006）Wise Growth Strategies in Leading Family Businesses, Palgrave Macmillan.

Seymour, K.（1993）"Intergenerational Relationships in the Family Firm: The Effect on Leadership Succession," Family Business Review, 6(3), 263-281.

Shane, S. & Venkataraman, S.（2000）"The Promise of Entrepreneurship as a Field of Research," Academy of Management Review, 25(1), 217-226.

Shanker, M. & Astrachan, J.（1996）"Myths and Realities: Family Businesses' Ontribution to the US Economy: A Framework for Asessing Family Business Statistics," Family Business Review, 9(2), 107-123.

Sharma, P.（2001）"Stakeholder Management Concepts in Family Firms," in Proceedings of 12th Annual Conference of International Association of Business and Society, 254-259 (cited in Sharma, P., 2004).

Sharma, P.（2003）"Stakeholder Mapping Technique: Toward the Development of a Family Firm Typology," Laurier School of Business & Economics Working Paper 2003-01 MOB.

◎Sharma, P.（2004）"An Overview of the Field of Family Business Studies: Current Status and Directions for the Future," Family Business Review, 17(1), 1-36.

Sharma, P., Chrisman, L., & Chua, J.（1997）"Strategic Management of the Family Business: Past Research and Future Challenges," Family Business Review, 10(1), 1-35.

Sharma, P., Chrisman, J., & Chua, J.（2003a）"Succession Planning as Planned Behavior: Some Empirical Results," Family Business Review, 16(1), 1-15

Sharma, P., Chrisman, J., & Chua, J.（2003b）"Predictors of Satisfaction with the Succession Process in Family Firms," Journal of Business Venturing, 18(5), 667-687.

Sharma, P. & Irving, P.（2005）"Four Bases of Family Business Successor Commitment: Antecedents and Consequences," Entrepreneurship Theory and Practice, 29(1), 13-33.

Simon, H.（2009）Hidden Champions of the Twenty-First Century: Success Strategies of Unknown World Market Leaders, Springer-Verlag.

Sirmon, D. & Hitt, M.（2003）"Managing Resources: Linking Unique Resources, Management, and Wealth Creation in Family Firms," Entrepreneurship Theory and Practice, 27(4), 339-358.

Smith, A.（1776）An Inquiry into the Nature and Causes of the Wealth of Nations（水田洋監訳・杉山忠平訳『国富論』岩波文庫, 2000年)

Sonnenfeld, J. (1991) *The Hero's Farewell: What Happens When CEOs Retire*, Oxford University Press.

Sorenson, R. (2000) "The Contribution of Leadership Style and Practices to Family and Business Success," *Family Business Review*, **13**(3), 183-200.

Sorenson, R., Goodpaster, K., Hedberg, P., & Yu, A. (2009) "The Family Point of View, Family Social Capital, and Firm Performance: An Exploratory Test," *Family Business Review*, **22**(3), 239-253.

Sraer, D. & Thesmar, D. (2006) "Performance and Behavior of Family Firms: Evidence from the French Stock Market," (*ECGI Working Paper Series in Finance, No. 130/2006*), Brussels, Belgium: European Corporate Governance Institute as cited in Sacristán-Navarro, M. et al. (2011).

Steier, L. (2003) "Variants of Agency Contracts in Family-financed Ventures as a Continuum of Familial Altruistic and Market Rationalities," *Journal of Business Venturing*, **18**(5), 597-618.

Szulanski, G. (2000) "The Process of Knowledge Transfer: A Diachronic Analysis of Stickiness," *Organizational Behavior and Human Decision Processes*, **82**(1), 9-27.

Tagiuri, T. & Davis, J. (1992) "On the Goals of Successful Family Companies," *Family Business Review*, **5**(1), 43-62.

Tokarczyk, J., Hansen, E., Green, M., & Down, J. (2007) "A Resource-based View and Market Orientation Theory Examination of the Role of 'Familiness' in Family Business Success," *Family Business Review*, **20**, 17-31.

Trostel, A. & Nichols, M. (1982) "Privately-held and Publicly-held Companies: A Comparison of Strategic Choices and Management Processes," *Academy of Management Journal*, **25**, 47-62.

Uzzi, B. (1996) "The Sources and Consequences of Embeddedness for the Economic Performance of Organizations: The Network Effect," *American Sociological Review*, **61**(4), 674-698.

Vago, M. (2004) "Integrated Change Management: Challenges for Family Business Clients and Consultants," *Family Business Review*, **17**(1), 71-80.

Van den Berghe, L. & Carchon, S. (2003) "Agency Relations within the Family Business System: An Exploratory Approach," *Corporate Governance*, **11**(3), 155-285.

Venter, E., Boshoff, C., & Maas, G. (2005) "The Influence of Successor-Related Factors on the Succession Process in Small and Medium-Sized Family Businesses," *Family Business Review*, **18**(4), 283-303.

Vilaseca, A. (1996) "Finance in Family Business," *Research Paper No. 287BIS*, University of Nevarra.

Villalonga, B. & Amit, R. (2006) "How Do Family Ownership, Control and Management Affect Firm Value?" *Journal of Financial Economics*, **80**(2), 385-417.

◎Ward, J. (1987) *Keeping the Family Business Healthy: How to Plan for Continuing Growth, Profitability, and Family Leadership*, Jossey-Bass.

参考文献

◎Ward, J. (1988) "The Special Role of Strategic Planning for Family Businesses," *Family Business Review*, **1**(2), 105-117.
Ward, J. (1997) "Growing the Family Business: Special Challenges and Best Practices," *Family Business Review*, **10**(4), 323-337.
◎Ward, J. (2004) *Perpetuating the Family Business: 50 Lessons Learned from Long Lasting, Successful Families in Business*, Palgrave Macmillan.
Warner, W. & Abegglen, J. (1955) *Big Business Leaders in America*, Harper Collins.
Weber, M. (1947) *The Theory of Social and Economic Organization*, translated by A. M. Henderson & T. Parsons, The Free Press and the Falcon's Bring Press(世良晃志郎訳『支配の社会学』(Ⅰ・Ⅱ), 創文社, 1960年).
Westhead, P. & Cowling, M. (1998) "Family Firm Research: The Need for a Methodological Rethink," *Entrepreneurship Theory and Practice*, **23**(1), 31-56.
White, R. N.(1977) "The Organizational Context of Professional Socialization: A Case Study of Two Business Schools," paper presented at the annual meeting of the American Sociological Association, Chicago (cited in Dyer, W., 1989).
Wiklund, J. (1999) "The Sustainability of the Entrepreneurial Orientation: Performance Relationship," *Entrepreneurship Theory and* Practice, **24**, 37-48.
Winter, M., Dans, S., Koh, S., Fredericks, K., & Paul, J. (2004) "Tracking Family Businessed and Their Owners Over Time: Panel Attrition, Manager Departure and Business Demise," *Journal of Business Venturing*, **19**(4), 535-559.
Wortman, M. (1995) "Critical Issues in Family Business: An International Perspective of Practice and Research," proceedings of the 40th International Council for Small Business Research Conference, Sydney, NCP Printing, University of Newcastle, NSW, Australia.
Zahra, S. (2005) "Entrepreneurial Risk Taking in Family Firms," *Family Business Review*, **18**(1), 23-40.
Zahra, S., Hayton, J., & Salvato, C. (2004) "Entrepreneurship in Family vs. Non-Family Firms: A Resource-Based Analysis of the Effect of Organizational Culture," *Entrepreneurship Theory and Practice*, **28**(4), 363-381.
◎Zahra, S. & Sharma, P. (2004) "Family Business Research: A Strategic Reflection," *Family Business Review*, **17**(4), 331-346.

稲葉陽二(2007)『ソーシャル・キャピタル―信頼の絆で解く現代経済・社会の諸課題―』生産性出版。
落合康裕(2014)「ファミリービジネスの事業継承研究の系譜」『事業承継』3。
落合康裕(2014)『ファミリービジネスの事業継承研究―長寿企業の事業継承と継承者の行動―』学位請求論文。
柏木仁.(2005)「スチュワートシップ理論：性善説に基づく経営理論―理論の解説，先行研究の整理，今後の研究の方向性―」『経営行動科学』18(3)，235-244。
官文娜(2010)「日中伝統家業の相続に関する歴史的考察：北京同仁堂楽家と三井家との

比較において」『立命館文學』617, 89-72。
◎倉科敏材（2003）『ファミリー企業の経営学』東洋経済新報社。
◎倉科敏材編著（2008）『オーナー企業の経営：進化するファミリービジネス』中央経済社。
後藤俊夫（2005a）「ファミリービジネス研究の意義と課題」『実践経営』42。
後藤俊夫（2005b）「ファミリー・ビジネスの現状と課題：研究序説」『静岡産業大学国際情報学部研究紀要』7, 205-239。
後藤俊夫（2005c）「沖縄県ファミリービジネス実態調査」（未公開）。
後藤俊夫（2006）「静岡県におけるファミリービジネスの現状と課題」『実践経営』43。
後藤俊夫（2007）「ファミリービジネスとフィランソロピー：キッコーマン㈱創業家の事例」第3回韓中日国際学術大会。
◎後藤俊夫（2009）『三代, 100年潰れない会社のルール』プレジデント社。
後藤俊夫（2013）「ファミリービジネスの経営承継と資産承継—その整合性に関する考察—」『事業承継』2, 53-65。
後藤俊夫（近刊）「親族内承継と親族外承継—所有権承継を中心に—」『事業承継』4。
齋藤卓爾（2006）「ファミリー企業の利益率に関する実証研究」『知的財産法制研究 II』通巻第7号, 171-185。
茶木正安（2008）「我国ファミリー企業のパフォーマンスについて：収益性と市場価値についての実証分析」『日本経営品質学会誌』3(1), 2-16。
茶木正安（2009）『日本の上場ファミリー企業における正当性とコーポレート・ガバナンスに関する統合的実証研究：時系列（1995年〜2004年）分析』学位請求論文。
◎武井一喜（2010）『同族経営はなぜ3代でつぶれるのか？』クロスメディア・パブリッシング。
中小企業庁編（2004）『中小企業白書2004年版』ぎょうせい。
中小企業庁編（2006）『中小企業白書2006年版』ぎょうせい。
沈政郁（2010）『日本の同族企業：長期データセット（1955-2000年）を用いた実証分析』学位請求論文。
土屋喬雄（1964）『日本経営理念史—日本経営哲学確立のために—』日本経済新聞社。
内閣府（2011）「平成23年度年次経済財政報告：日本経済の本質的な力を高める」。
中沢康彦（2014）『星野佳路と考えるファミリービジネスマネジメント1 継ぐべきか, 継がざるべきか』日経BP社。
西川盛朗（2012）『長く繁栄する同族企業の条件』日本経営合理化協会。
本庄裕司・安田武彦（2005）「事業の撤退か継続か：大田区・東大阪市を対象とした実証分析」経済産業研究所ディスカッション・ペーパー, 05-J-007。
宮島英昭・青木英孝・新田敬祐（2002）「経営交代の効果とガバナンスの影響：経営者のエントレンチメント・コストからの接近」早稲田大学ファイナンス総合研究所（WIF）ワーキングペーパー, WIF-02-002。
森川英正（1993）「日本のトップ・マネジメント」伊丹敬之他編『日本の企業システム第3巻 人的資源』有斐閣。
森川正之（2008）「同族企業の生産性：日本企業のマイクロデータによる実証分析」経済産業研究所ディスカッション・ペーパー, WIF 08-J-029。

参考文献

八木陽一郎（2008）「内省経験が変革型リーダーシップに与える影響：中小企業後継経営者を対象とした実証分析を通じて」『日本政策金融公庫論集』7，67-80。

横澤利昌編著（2000）『老舗企業の研究：100年企業に学ぶ伝統と革新』生産性出版。

参考 URL

Family Business (2009) "World's 250 Largest Family Businesses," *Family Business* (http://www.familybusinessmagazine.com).

Grant Thornton (2001) Grant Thornton Family Business Survey (http://www.gt.co.za).

Jayne A. & Kristie, L. (2009) The world's largest family businesses. *Family Business Magazine*, Spring 2009. (http://www.familybusinessmagazine.com/index.php?/articles/single/the_worlds_largest_family_businesses1)

MassMutual (1995, 2003, 2007, 2008) American Family Business Survey (http://www.massmutual.com/mmfg).

O'Hara, W. T. (2004) *The Oldest Family Businesses in America* (http://web.bryant.edu/business/family_business.html).

U. S. Trust, Bank of America Private Wealth Management (2008) Protecting the Family Fortune (http://www.ustrust.com).

Weber, J. & Lavelle, L., with Lowry, T., Zellner, W., & Barrett, A. (2003) "Family, Inc" *Business Week*, November 10 (http://www.businessweek.com).

人名索引

A
Adams, R. ······················ 21, 23
Adler, P. ······················ 45
Ainsworth, S. ·················· 213
Alchian, A. ···················· 54
Allouche, J. ···················· 22
Amit, R. ······················ 23
Anderson, R. ········· 7, 20-22, 36, 57, 134, 175
Andres, C. ···················· 22
Aronoff, C. ············ 47, 185, 187
Astrachan, J. ······ 5, 39, 82, 102
Audia, P.G. ···················· 55

B
Barnes, K. ····················· 191
Barney, J. ····················· 57
Barontini, R. ···················· 22
Beckhard, R. ·············· 61, 128
Beck, L. ························ 113
Bennedsen, M. ·················· 23
Berle, A. ························ 53
Bowen, M. ······················ 61
Breton-Miller, I. ··············· 183
Burke, W. ······················ 128

C
Cappuyns, K. ·············· 219, 220
Caprio, L. ······················ 22
Carlock, R. ··········· 67, 100, 141, 143, 145
Casillas, J.C. ············ 216, 217, 221-223
Cater, J. ························ 89
Chandler, A. ··············· 73, 175
Chrisman, J. ··········· 141, 202, 203, 212
Chua, J. ·················· 149, 198
Corbett, A. ····················· 144
Cox, J.W. ······················· 213
Craig, J. ························ 106

D
Danco, K. ······················ 133

Davis, J. ······ 55, 56, 61, 104, 123, 129, 141, 151, 152, 198
Demsetz, H. ····················· 54
Déniz, D. ······················· 199
DeNoble, A. ···················· 145
Dewey, J. ··················· 40, 58
Dyer, J. H. ················· 61, 102
Dyer, W. G., Jr. ······ 61, 76, 199, 213, 214

E
Eckrich, C. ····················· 150
Eddleston, K. ············· 108, 110
Erikson, E.H. ···················· 51

F
Fama, E. ························ 55
Favero, C. ······················ 23
Filatochev, I. ···················· 23
Ford, H. ······················· 204
Freeman, R. ···················· 146
Freud, S. ························ 51

G
Gallo, M.A. ··············· 217-219
Gálve, C. ······················· 23
Gersick, K. ··········· 31, 64, 65, 68, 107, 187
Gomez-Mejia, L. ················ 176
Goshal, S. ········ 58, 60, 102, 181
Granovetter, M. ············ 59, 180
Greenberg, J. ··················· 154
Gupta, V. ·················· 215, 216

H
Habbershon, T. ······ 37, 57, 58, 102, 157
Hall, D. ······················· 133
Handler, W. ········ 130, 136, 137, 140, 167
Hanifan, L. ················· 40, 58
Heck, R. ······················· 176
Henderson, D. ··················· 99
Hitt, M. ················ 44, 202, 203
Hofstede, G. ···················· 210

Hollander, B. ··················· 153

I
Irving, P. ······················ 146
Isabella, L. ···················· 151

J
Jaffe, D. ······················· 109
Jehn, K. ······················· 190
Jensen, M. ················ 35, 53-55

K
Kahn, J. ························ 99
Karatas-Ozkan, M. ············· 215
Kaye, K. ························ 88
Kellermanns, F. ·········· 108, 110
Kenyon-Rouvinez ················ 87
Kepner, E. ····················· 110
Kets de Vries, M. ······ 155, 157, 167
Kirchoff, B. ···················· 176
Kirchoff, J. ···················· 176
Kleysen, R. ···················· 110
Kowalewski, O. ·················· 23
Krackhardt, D. ·················· 59
Kram, K. E. ···················· 151
Kwon, S. ························ 45

L
LaChapelle, K. ················· 191
Lane, S. ·················· 109, 179
Lank, A. ············· 186, 187, 188
Lansberg, I. ······ 27, 61, 74, 119, 129, 132, 133, 166, 176, 187
Lauterbach, B. ·················· 23
Lawrence, P. ···················· 61
Le Breton-Miller, I. ······· 28, 53, 175
Lee, M. ························ 22
Levenburg, N. ············ 215, 216
Levinson, D. ···················· 91
Levinson, H. ·············· 133, 152
Litz, R. ······················· 110
Lorsch, J. ······················ 61

人名索引

Loughead, T. 150

M

Mannix, E. 190
Martinez, J. 22
Massis, A. 155, 156, 157
Maury, B. 22
McCann, J. 111
McConaughy, D. 22
McConaughy, D.L. 134
Means, G. 53
Meckling, W. 35, 53-55
Micelotta, E. 114
Miller, D. 21, 23, 28, 53, 109, 143, 175, 183
Moores, K. 106
Morck, R. 175, 199

N

Nahapiet, J. 58, 60, 102, 181
Nash, J. 181
Nelton, S. 155
Neubauer, F. 186, 187, 188

O

O'Boyle, E. 199, 200
O'Hara, W. 28

P

Penrose, E. 57
Pérez-Gónzalez, F. 157
Phillips, G. 22
Pindado, J. 22
Portes, A. 59
Poza, E. 110, 186
Putnam 59

R

Raynard, M. 114
Reeb, D. 7, 20-22, 36, 134, 175
Reynolds, P. 6
Ring, P. 103
Rosenblatt, P. 176
Ross, S. 53

S

Sacristán-Navarro, M. 23
Salas, V. 23
Salvato, C. 110
Sardeshmukh, S. 144

Schein, E. 73, 81, 82, 132
Schumpeter, S. 118
Schwab, A. 89
Schwass, J. 28
Seymour, K. 166
Shane, S. 110
Shanker, M. 5
Sharma, P. 97, 104, 132, 146, 147, 168, 169, 186
Simon, H. 29
Singh, R. 102
Sirmon, D. 44, 202, 203
Sorenson, R. 135, 200
Sraer, D. 23
Suárez, M. 199
Sveen, J. 217
Szulanski, G. 151

T

Tagiuri, J. 123
Tagiuri, R. 104, 141, 152, 198
Talcott, P. 60
Thesmar, D. 23
Tokarczk, M. 57
Trompanaars, F. 214

U

Uzzi, B. 59, 103, 181

V

Vago, M. 108
Vanderbilt, C. 159
Van de Ven, A. 103
Vaninsky, A. 23
Venkataraman, S. 110
Venter, E. 130, 131
Villalonga, B. 23

W

Walker, R. 176
Ward, J. 27, 28, 47, 64, 67, 97, 100, 103, 109, 117, 118, 141, 143, 145, 159, 168, 185-188, 199
Weber, M. 29
White, R.N. 81
Williams, M. 37, 58
Williamson, M. 57

Y

Yeung, B. 199

和文

石田梅岩 204
稲葉陽二 59
ヴェーバー, M. 53
荻生徂徠 204
柏木仁 56
ガロ, G. 148
倉科敏材 5
後藤俊夫 5, 8, 12, 13, 128, 163, 165, 201
齋藤卓爾 25
渋沢栄一 190, 192
ジョンソン, A. 148
スミス, A. 53
武井一喜 190
茶木正安 24
土屋喬雄 204
ビルズ, M. 148
本庄裕司 90
松下幸之助 205
宮島英昭 36
森川正之 36
八木陽一郎 143
安田武彦 90
横澤利昌 29
レーガン, G. 148
ロックフェラー二世, J. 91, 159

事項索引

欧文

- 2円モデル ……………………… 32
- 3円モデル ……………………… 30
- 3段階発展モデル ……… 64, 97
- CARA オペレーションズ‥ 148
- CASE Project ………………… 215
- CECS …………………………… 151
- Chief Trust Officer ………… 147
- CSR …………………………… 202
- E&J ガロ・ワイナリー …… 148
- Family Business Network (FBN) ……………………… 27
- *Family Business Review* …… 15, 221
- FBN …………………………… 230
- Fortune1000社 ……………… 148
- Fortune500社 …………………… 7
- Fortune 500社 ………………… 21
- *Fortune* 誌 …………………… 149
- F-PEC …………………………… 39
- Grant Thornton …………… 202
- IMD-Lombard OdierDarier Hentsch 賞 ………………… 27
- L. L. ビーン …………………… 228
- MassMutual Survey …… 75, 148, 149, 160-163, 170, 177, 178, 188, 198, 200, 201, 203
- MBO …………………………… 85
- *Organizational Dynamics* …… 61
- P&G …………………………… 228
- ROA ………………………… 21-23
- ROE ……………………… 22, 23
- S.C. ジョンソン＆サン …… 84, 104, 205, 228
- SK グループ …………………… 7
- S&P 500社 …………………… 7
- *The New York Times* 紙 …………………………… 15, 228
- TOB …………………………… 85
- U-ホール ……………………… 140
- VRIO フレームワーク ……… 57
- ZARA ……………………………… 2

あ 行

- 圧力の連続的蓄積 …………… 69
- アドバイザー ………………… 170
- アニェッリ …………………… 105
- アルセロール・ミタル ………… 7
- アングロサクソン型の経営論 …………………………… 16
- 安定期 …………………………… 69
- アンティノリ ………………… 105
- アントレプレナーシップ …………………………… 99, 217
- 暗黙知 ……………… 37, 42, 151
- 意思決定 ……………………… 123
- 遺書 …………………………… 161
- 異性間の承継 ………………… 155
- 依存心 ………………………… 153
- 一族メンバー間の摩擦 …… 129
- 一般管理 ……………………… 142
- 一般システム理論 …………… 60
- 従兄弟の時代 ………………… 66
- 従兄弟連合 …………………… 67
- イトーヨーカ堂 ……………… 221
- イノベーション ……………… 107
- 異文化 ………………………… 215
- インセンティブ ……………… 34
- 引退 …………………… 163, 166
- インターフェース …………… 215
- インテグリティ ……………… 141
- インテリジェンス …………… 141
- ヴィックス …………………… 228
- ウォルマート ………………… 7, 221
- 売上純利益率 ………………… 22
- 永続組織 ……………………… 123
- エグゼキュティブカウンシル …………………………… 187
- エコノミック・マン ………… 56
- エージェンシー費用 ………… 54
- エージェンシー問題 …… 34, 54
- エージェンシー理論 ………… 53
- エージェント ………………… 34
- エスティローダ ……………… 228
- エスプリ ……………………… 140
- エフィカシー ………………… 143
- エルメス ………………………… 2

- 円熟期 ………………………… 138
- エントレンチメント ………… 36
- エンパワーメント …………… 135
- 王朝 …………………………… 159
- 大塚製薬 ……………………… 221
- オーナー ……………………… 30
- オペレーション ……………… 142
- 親からの独立心 ……………… 132
- 親子関係 ……………………… 156
- 親子間の支援関係 …………… 52

か 行

- 会計士 …………… 89, 170, 192
- 会社ロゴ ……………………… 117
- 外部アドバイザー …………… 192
- 外部志向型 …………… 59, 114
- 外部の専門家 ………………… 135
- 外部利害関係者 ……………… 147
- カーギル ………………… 7, 104
- 核家族化 ……………… 213, 234
- 学際的な特徴 ………………… 15
- 学童期 ………………………… 52
- 隠れたチャンピオン ………… 29
- 家憲 …………………… 185, 195
- 過去の否定 …………………… 122
- 家族会議 ……………………… 189
- 家族システム論 ……………… 61
- 家族団らん …………………… 140
- 家族と協働する機会 ………… 145
- 家族内の力関係 ……………… 61
- 家族療法 ……………………… 61
- 価値観 ……… 78, 80, 82, 88, 100, 102, 119, 135, 190, 203
- 過渡期 ………………………… 68
- 家督 …………………………… 189
- カナディアン・タイヤ ……… 148
- ガバナンス …………………… 218
- 株式買取資金 ………………… 156
- 株式公開 ……………… 83, 158
- 株式償還 ……………………… 177
- 株式所有比率 ………………… 9
- 株式非公開化 ………………… 85
- 家父長的 ……………… 74, 79, 81
- 家父長的温情主義型 ………… 214
- 株主資本比率 ………………… 24

256

事項索引

株主数·················9
株主総会···············187
株主への利益還元········104
家法················190, 192
借入金················121
関係型ガバナンス········180
関係性ダイナミクス······147
監視················34
感情················189
感情型···············146
感情資本··········105, 106, 147
感情の貯蔵庫···········147
寛容資本············45, 123
管理型ガバナンス········179
ギアチェンジ············69
機会主義··········35, 54, 103
起業家精神·············107
企業市民··············104
企業の社会的責任········202
企業文化·········37, 56, 210
議決権株·············159
技術的機会·········108, 110
帰属意識·············151
キッコーマン········105, 221
規範型···············146
基本的枠組············149
逆選択···············54
逆行型···············66
キャリア・アセスメント···144
キャリア・カウンセリング
··················78
キャリアに関する関心····141
強いファミリー文化······212
強制型···············146
業績優位性············20
競争の激化············118
競争優位性············37
兄弟間の対立········35, 119
兄弟共同経営··········67
兄弟による受容····136, 138
兄弟の関係性·········154
兄弟の時代············66
協働················139
共同経営·············178
巨視的な創業者········154
銀行················170
銀座梅林·············224
緊縮戦略··············90
近代化············72, 109
グッチ················2

熊谷組···············221
クレド···············185
クレーンズ············104
グローバル化·········216
グローバル・マーケット····99
君主型···············166
経営資源の異質性········57
経営資源の固着性········57
経営者安住············36
経営責任者の年令········11
経営戦略··············96
経営モデル············16
経験················39
経済的業績············199
契約理論··············57
結束················104
結束型···············59
研究開発············123
研究テーマ············14
現経営者と後継者の関係性
················130, 131
権力················39
権力格差·············210
権力者型経営者·········36
コアコンピタンス·······111
後継者育成············166
後継者の承継意欲·······131
後継者の承継準備···130, 131
後継者の役割··········136
公式の仕組み·········187
硬直性············109, 111
行動経済学············154
後方支援·············147
公欲················204
高齢化··········163, 232
コーク・インダストリー····7
国際化············99, 216
国際化志向········222, 223
国民文化············210
個人主義·············211
個人的影響力······136, 138
個人的指導力·········142
個人的性格···········142
個人的な信頼·········219
個人的なニーズ········136
個人的目標···········145
コーポレートガバナンス···56
コミットメント····43, 48, 71, 103, 119, 122, 139
コミュニケーション···83, 129,

················130, 142, 188
コミュニティー要因······214
顧問会議·············187
雇用················104
雇用確保·············203
根気・意欲の欠如·······153
コンサルタント······89, 192
婚前合意書···········177
コンセンサス·······89, 119

さ　行

最高信頼責任者······147, 191
再取得················87
財務資本··············57
財務的安全性·········104
サウザム·············105
サムスン··············7
参画型···············134
参照型···············134
サンタンデール銀行······7
サントリー···········221
三方よし·········201, 213
時価総額··············24
自我同一性············52
自我の延長···········132
事業機会·············109
事業再生··············88
事業承継税制··········85
事業の成長曲線········65
事業売却··············86
資源の束··············37
資源ベース理論····36, 57, 58
自己アイデンティティ···136, 137, 201
自己管理··········151, 154
自己効力感···········143
自己認識·············133
資産の承継···········157
資産の分割···········159
資産保全·············160
資産を維持する仕組み···158
自主性···············99
市場型ガバナンス······179
市場志向·············112
市場対応·············108
自信················141
次世代へ継承する意思··2, 3
下働き···············138
実現可能性···········168
シニア・アドバイザー···147

257

死に対する恐怖……………132	新時代の構想……………71	創業者精神………………37
死の到来……………………166	人事評価プロセス…………121	創業者の課題……………135
資本集約度…………………121	親族………………………4	創業者の時代……………66
資本の制約…………………118	人的資源………………42, 45	創業者のもつ影響力……134
社会関係資本…… 40, 45, 58, 59	人的資本……………………58	創業者の役割……………132
社外勤務経験………………111	親等………………………4	相互融和…………………178
社会貢献……………………104	信用………………………123	相互理解…………………104
社会システム理論…………60	信頼媒介者………………191	相続計画…………………168
社会資本……………………58	心理社会的発達論…………52	相続税……………… 121, 161
社会的規範…………………168	心理療法士…………………89	相続税・贈与税の納税猶予制
社会的精神発達理論………51	衰退期……………………53	度………………………85
社会の公器…………………204	垂直統合…………………121	相続のルール……………160
弱いファミリー文化………212	すかいらーく………………85	壮年期……………………52
社内教育……………………111	スズキ……………………2	贈与税……………………162
社内研修……………………79	鈴与………………………124	組織資本…………………58
ジャパン・フード＆リカー・	スタンダード・オイル……159	組織内正義………………154
アライアンス（JFLA）…90	スチュワードシップ…… 45, 55	組織の変革………………122
社齢………………………8	ステークホルダー………146	ソーシャル・キャピタル
従業員満足…………………104	ストック・オプション…… 80,	……………………… 40, 58
従業員持株会………………31	120	ソーシャル・ネットワーク理
宗教的要因…………………214	スペイン…………………233	論………………………134
集団主義……………………211	スマッカーズ……………104	存続資本…………………45
柔軟性………………………109	生産………………………142	**た　行**
自由放任型…………… 134, 214	成熟期………………… 52, 53	大使型……………………166
受託責任……………………45	成人………………………52	ダイナスティ……………159
循環型………………………66	成人初期…………………138	対立………………………190
渉外…………………………142	成長期……………………53	多角化……………………99
将軍型………………………166	成長指向性………………114	多国籍企業………………220
承継計画……………………162	成長阻害要因……………117	打算型……………………146
承継時期……………………164	青年期……………………52	他社勤務…………………129
承継対象範囲………………164	生命保険…………………161	他人資本…………………121
承継に対する抵抗…………129	税理士……………………192	ダブルバインド理論……133
承継に向けた意欲…………130	世代間における相互理解…138	ターンアラウンド………88
承継の阻害要因………155, 156	世代間の関係性…………150	短期的な動機づけ………174
承継の特徴…………………128	節税………………… 122, 162	探索型市場志向…………112
承継の満足度………………130	セレンディピティ………120	単子相続…………………160
承継プロセス………………129	先行型市場志向…………112	男性らしさ………………211
少数株主………………… 34, 35	全参加型…………………214	地域志向…………………99
情報の共有…………………121	漸進型……………………66	知事型……………………166
情報の非対称性…… 47, 54, 110	選択肢の探索……………70	知識学習プロセス………217
ショーエン…………………140	セントラリティ…………134	知識ベース理論…………42
初期追随者…………………108	専門家型…………………134, 214	父＝息子関係………129, 151
私欲…………………………204	専門経営者………………128	チーム生産………………54
助言…………………………182	専門的経営………………72, 113	チームワーク志向………121
女性…………………… 28, 147	戦略計画………43, 75, 108, 111	中央集権化………………113
所有と経営の一致…………46	戦略的意思決定…………103	中小企業庁…………… 11, 30
自律型システム……………123	戦略的提携………………219	中心性……………………134
シルバースプーン症候群…153	戦略の実行………………100	長期志向…………………211
人材の欠如…………………74	戦略の評価・管理………100	長子相続…………… 28, 66, 177
新事業………………………109	創業期……………………53	

258

丁子屋······················48
長寿企業大国·················26
長寿性······················25
つなぎ役····················165
強い紐帯·····················59
低コストのガバナンス··········45
定点観測······················8
撤回不能信託·················160
伝統的な慣習·················72
伝統的な相続·················66
投下資本収益率···············24
投資の消極性·················107
東証一部上場企業······22, 24, 25
同性間の承継·················155
同族会議····················193
独裁型·····················134
独立性·················175, 182
トービンのq···········21-23
富の創出····················158
トムソン・ロイター············105
トヨタ···············2, 7, 221
取締役会··········87, 181, 187
トリーニ····················105
トンプキンズ·················140

な 行

内省経験····················144
内部志向·····················89
内部志向型···················59
内部利害関係者···············147
ナベヤ岡本グループ············170
鍋屋バイテック················171
日経ビジネス·················24
ニッチ市場··················160
乳児期······················52
入社後の昇進·················176
入社条件····················168
入社を選択する意思決定·······144
二律背反····················101
人間関係···············141, 149
納税猶予制度·················161
ノードストローム·············104

は 行

廃業······················128
配偶者····················189
配当·················10, 175
配当政策···················121
橋渡し型····················59
働きがいのある会社···········206

発展に向けた圧力··············69
パートナー··················147
ハニエル····················104
パラレルプランニングプロセス（PPP）············100
バランス・スコアカード······106
反応型市場志向···············112
引き金······················70
非経済的業績·················198
ビジネススクール·········73, 77
ビジョン···················101
広い視野····················111
ビンガム····················140
ファミリーアセンブリー·····184, 188
ファミリー以外の従業員········148
ファミリー以外の（優秀な）経営幹部··················120
ファミリーオフィス············91
ファミリーカウンシル·······87, 185, 188
ファミリーガバナンス·········184
ファミリー社会関係資本········40
ファミリー性············37, 58
ファミリー大連合··············67
ファミリー中核戦略············114
ファミリーにおける指導力······142
ファミリーの影響力·············2
ファミリーの経営参画···········2
ファミリーの参画度···········199
ファミリーの評価············142
ファミリーの和··············130
ファミリーパートナーシップ·····67
ファミリービジネス関係資本·····40
ファミリービジネス・システム···61
ファミリービジネス・スコアカード····················106
ファミリービジネスにおける目標······················97
ファミリービジネスの異質性···101
ファミリービジネスの再発見·····15
ファミリービジネスの強み·······12
ファミリービジネスの比重········4

ファミリービジネス発展の3次元モデル··················64
ファミリービジネス・バランス・スコアカード········106
ファミリー副次戦略···········116
ファミリー文化··············210
ファミリー補強戦略···········116
ファミリーミーティング·······38, 87, 102, 184, 188, 190
ファミリーメンバーの入社要件····················43
フィアット··············2, 105
フィデリティ・インベストメンツ····················148
フィナンシャル・プランナー····89
フィランソロピー·············91
夫婦の絆··················234
フェラガモ·············2, 105
フォード·············2, 7, 105
孵化期間······················8
不確実性の回避···············211
複数のファミリーメンバーの関与·······················2
プジョー・シトロエン··········7
物的資本·····················58
ブランド················114, 123
プリツカー··················105
プリンシパル·················34
プレナップ··················177
文化·························39
分家·················158, 177
紛争回避·····················89
平均寿命····················27
ベストプラクティス············124
変化に対する抵抗·········88, 107
弁護士···········89, 170, 192
補佐役····················147
星野リゾート·················90
星野旅館·····················90
保守的な傾向·················109
ポッカコーポレーション········85
ポートフォリオ···············158
ホンダ·······················2

ま 行

マーケティング··············142
マッケットイン··············105
マリオット··················228
マルキン忠勇·················90

マルハチ村松……………92
ムルガッパ……………201
メンター…………91, 122, 152
目標の設定……………97
持株会社………………158
モチベーション…………123
モラルハザード…………54
盛田……………………90
モルソン・クアーズ……105
モンダヴィ……………140

や 行

役割分担………………156
遊戯期…………………52

養子……………………28
幼児期…………………52
ヨーロッパ連合（EU）……5
弱い紐帯………………59

ら 行

ライバル意識……………154
ライフサイクル………51, 136
利害一致仮説……………35
利害関係者…………30, 146
リスク回避………………113
リスク回避性……………107
リソース・ベースト・ビュー
　　………………………57

リーダーシップ…………118
利他主義………46, 47, 55, 56
立地選好…………………99
リーバイ・ストラウス…77, 84, 228
倫理……………………198
ルイ・ヴィトン……………2
ロックフェラー…………159
ロレンツィン……………140

わ 行

ワークライフ・バランス…145
ワールド…………………85

260

■編著者紹介
後藤　俊夫（ごとう　としお）第1章～第2章・第3章～第7章・終章執筆
　1966年　東京大学経済学部卒業
　1966年　日本電気㈱入社
　1974年　ハーバード大学ビジネススクール修了（経営学修士）
　1999年　日本電気㈱退職
　1999年　静岡産業大学国際情報学部教授
　2005年　光産業創成大学院大学教授
　2010年　日本経済大学経済学部教授を経て同経営学部長，大学院教授　現在に至る
主要業績
『三代，100年潰れない会社のルール：超長寿の秘訣はファミリービジネス』プレジデント社（2009年）
『老舗企業の研究：100年企業に学ぶ伝統と革新』生産性出版（共著，2000年，2012年改訂新版）
『ファミリービジネス白書【2022年版】：未曾有の環境変化と危機突破力』白桃書房（監修，2021年）
「親族内承継と親族外承継―所有権承継を中心に―」『事業承継』4（2015年）
"Longevity of Japanese Family Firms," P. Poutziouris et al. (eds.), *Handbook of Research on Family Business*, Edward Elgar（分担執筆，2006年）
"Secrets of Family Business Longevity in Japan from Social Capital Perspective," K. Smyrnios et al. (eds.) *Handbook of Research on Family Business*, 2nd Edition. Edward Elgar（共著，2013）

■執筆者紹介
嶋田　美奈（しまだ　みな）補章・第8章執筆　商学博士，文学修士，臨床心理士
　2010年　早稲田大学大学院商学研究科博士課程満期取得退学
　2010年　ハリウッド大学院大学准教授
　2015年　㈱ＩＣＤ取締役　現在に至る
主要業績
「ミドルのコーポレート・アントレプレナーシップ行動を促進する組織要因の探索的研究」『日本経営学会誌』第28号（2011年）
「ファミリービジネスの社内起業にアントレプレナー的オリエンテーションが及ぼす影響」『日本経営学会誌』第32号（2013年）

■ファミリービジネス
　―知られざる実力と可能性―

■発行日──2012年7月16日　初版発行　　　　　〈検印省略〉
　　　　　2024年3月26日　第4刷発行

■編著者──後藤　俊夫

■発行者──大矢栄一郎

■発行所──株式会社　白桃書房
　　　　　〒101-0021　東京都千代田区外神田5-1-15
　　　　　☎03-3836-4781　📠03-3836-9370　振替00100-4-20192
　　　　　https://www.hakutou.co.jp/

■印刷・製本──藤原印刷

© Toshio Goto 2012　Printed in Japan　ISBN 978-4-561-23583-5　C3034
本書のコピー，スキャン，デジタル化等の無断複製は著作権法上での例外を除き禁じられています。本書を代行業者等の第三者に依頼してスキャンやデジタル化することは，たとえ個人や家庭内の利用であっても著作権法上認められておりません。

JCOPY　〈出版者著作権管理機構　委託出版物〉
本書の無断複製は著作権法上での例外を除き禁じられています。複製される場合は，そのつど事前に，出版者著作権管理機構（電話 03-5244-5088, FAX 03-5244-5089, e-mail：info@jcopy.or.jp）の許諾を得てください。
落丁本・乱丁本はおとりかえいたします。

好評書

後藤俊夫 監修　落合康裕 企画編集　荒尾正和・西村公志 編著
ファミリービジネス白書企画編集委員会 編
ファミリービジネス白書【2022年版】　　　本体価格 3636円
　　未曾有の環境変化と危機突破力

金　泰旭 編著
地域ファミリー企業におけるビジネスシステムの形成と発展
　　日本の伝統産業における継承と革新　　　　　　本体価格 3000円

古瀬公博 著
贈与と売買の混在する交換　　　　　　　　　　本体価格 4600円
　　中小企業M&Aにおける経営者の葛藤とその解消プロセス

落合康裕 著
事業承継のジレンマ　　　　　　　　　　　　　本体価格 3200円
　　後継者の制約と自律のマネジメント

落合康裕 著
事業承継の経営学　　　　　　　　　　　　　　本体価格 2273円
　　企業はいかに後継者を育成するか

東京　**白桃書房**　神田

本公告の価格は本体価格です。別途消費税が加算されます。